Goldmarie

Arbeit, Geld und Karma
ein Werkstattgespräch

Herausgegeben von Christiane Feuerstack

Borbyer Werkstatt Verlag

ISBN 978-3-940586-01-8

1. Auflage 2008
© Borbyer Werkstatt Verlag GmbH Eckernförde

Internet: www.borbyverlag.de
verlag@borbyverlag.de

© 2008 Borbyer Werkstatt Verlag GmbH Eckernförde
Umschlaggestaltung: fognin
Umschlagmotiv: Laurence Rogez
Herstellung: fognin

Das Geheimnis der Goldmarie

Arbeit, Geld und Karma
- ein Werkstattgespräch

Herausgegeben von Christiane Feuerstack

Borbyer Werkstatt Verlag Eckernförde

Inhaltsverzeichnis

Warum und wie dieses Buch entstand - ein Vorwort 10
Christiane Feuerstack, Einleitung 13
Neuorientierung und Chancen in einer sich wandelnden Arbeitswelt 13
Das bedingungslose Grundeinkommen 14
Das Geheimnis der Goldmarie 16
Ein neues Bewusstsein 19
Der moderne Lebenseinweihungsweg und seine Prüfungen 20
Neue Sinnfindung durch Karmaerkenntnis 22
Individuelles und kollektives Karma 25
Schatten und Trugbilder 28
Die „Berufung" zum Beruf machen 32
Leid, Bereitwilligkeit und Freude 34
Karmische Aufgaben 37
Erfolg und „Scheitern" 41
Geld und Sicherheit 43
Eine neue Sozialkultur 45
Wo ist mein Platz? 50
Christiane Feuerstack, Die Methode des meditativen Gesprächs 52
Beispiele aus der Praxis 52
Gerlinde 1. Sitzung: Die eigene Kraft zurückgewinnen 54
2. Sitzung (vier Monate später) 55
3. Sitzung (weitere vier Monate später) 57
Krankheit als zukünftiges Karma 59
Helmut, Imagination 60
Stirb und Werde 61
Dorothea, Imagination 61
Die Wüste beleben 63
Claudia, 1. Sitzung 64
2. Sitzung (neun Monate später) 65
3.Sitzung (vier Monate später) 66
Günther Hofmann, Beruf als Schicksal - Das Schicksal des Berufs
   Spirituelle Impulse für eine neue Berufskultur 68
Berufsschicksal als Last und als Chance 68
Die Umgestaltung des Berufslebens seit dem Beginn der Neuzeit 71
Die schicksalhafte Gestaltung des Lebens 75

Berufsarbeit als Keim zur Weiterentwicklung der Welt 78
Heide Oehms, Das Gesetz von Geben und Nehmen 80
Die Mitte finden 80
Gesetze des Geldes 81
Soziale Absicherungssysteme 82
Biografisches 83
Unsere Gesellschaft hat die Schwesterlichkeit vergessen 86
Meine freiberufliche Tätigkeit 86
Persönliche Haltung im Umgang mit Geben und Nehmen 89
Meine karmische Erkenntnis 90
Heidemarie Schwermer, Christiane Feuerstack, Leben ohne Geld 92
Es ist das Gefühl einer neuen Leichtigkeit in mir... 92
Tauschringe 93
Das Paradies ist möglich 94
Zweifel und Ungeduld 95
Interview 96
Heidemarie Schwermer, Ein Experiment etabliert sich zu einer neuen
Lebensform 105
Wie ich ohne Geld lebe 106
Ein ganzheitliches Sein 107
1. Der politische Aspekt 107
2. Der philosophische Aspekt 108
3. Der psychologische Aspekt 108
4. Der spirituelle Aspekt 109
Markus Feuerstack, Unsere Götter sind zuverlässig 110
Matthias Klausener, Gute Kräfte mobilisieren 116
Kindheit und Jugend 116
Schauspielschule 117
Berufliche und seelische Irritationen 119
Karmische Erkenntnisse im Osten 121
Eigene Theaterproduktionen und Eröffnung eines Kulturbüros 122
Unfall – Das Ende der Schauspielerkarriere 123
Frühere Leben 124
Gegenwart 125
Clivia Blank, Inneres Drängen – es ist an der Zeit 126
Imaginationen: 128
Thomas Anton Weber, Es gibt keine richtige oder falsche Seite 135

Anne Fischer, Den Knoten lösen und verwandeln 145
Imagination 148
Martin Rebholz, Kunst: auf dem Weg zum Sozial-Gestaltungsimpuls 152
Die erste Schulzeit 152
Studium der Malerei und autodidaktische Ausbildung zum Kunstlehrer .. 153
Erfahrungen mit der Imaginationsarbeit 155
Die Wandlung oder Umstülpung von der ersten zur zweiten Lebenshälfte 155
Neuorientierung 156
Aktuelle Situation 159
Imagination: Die Brücke 160
Zweiter Teil (einige Wochen später) 161
Immo Lünzer, Mit Biografie- und Karmaarbeit in die Zukunft 163
Dora Schmid, Sprung in den Jungbrunnen des Geistes 168
Zum Äußeren 168
Krise und Umschwung 169
Wandlung: Die Kunst hilft beim Transformieren 170
Unfreiwilliges Einzelgängertum und Weitung des Blickwinkels 171
Karma-Arbeit 171
Unfassbar und konkret 172
Imaginationen als ein ätherisches Bilderweben 173
Ich verknüpfe die beiden vorigen Geschichten 174
Stroh zu Gold spinnen 175
Florian Hainke, Hoffnung und Enttäuschung 176
Imagination: Der Einsiedler 183
Kai Harster, Ich wuchs zu einem nicht umzuwerfenden Menschen ... 186
Die Rückführungen und mein heutiges Leben 189
Marie-Sabine Gerber, In den Klauen des Systems 192
Phillip Sander, Reisender sein 206
Imagination: 209
Silvia Vereeck, Gedicht 211
Christiane Feuerstack, Gelassen wie ein Baum 212
Sabine Wandelt-Voigt, Leben – Atem - Arbeitsbiografie 229
Ich beginne mit dem heutigen Tag, dem 11. Juni 2007 231
Von Anfang an 232
Herkunft 232
Schule versus wirkliche Schule, das Leben draußen, von 6 - 18 233
Kreis und leere Mitte – eine Art Vision 236

Ausbildung in der Warteschleife – vom 18. bis 21. Jahr 238
Markante Eindrücke aus der Zeit: 239
Mein Weg ist der 240
Therapie und Kunst – wie kriege ich das zusammen? 241
Sprache 242
Auf der Suche nach meinem geistigen Umfeld 243
Sieben Jahre Eurythmie von 21 – 28 244
30 – 35: Studium der Sprechkunst 247
Vom 33. – 41. Jahr „Eurythmie und Atemarbeit im Wirtschaftsleben" ... 248
Mitten rein 248
„Ein Atemgespräch als Beratungsform in einer Entscheidungsfrage" 251
Tod - und der Zopf wird weiter geflochten 255
Lehraufträge für Sprecherziehung an Hochschulen und „ErzählTheater
    Sabine Wandelt" 256
Ken Keyes, Jr. Der hundertste Affe **259**
Anmerkungen **261**

Christiane Feuerstack

Warum und wie dieses Buch entstand - ein Vorwort

Kann es etwas Spannenderes geben als das Leben selbst, als menschliche Schicksale, markante Biografien, verschlungene oder auch verworrene Lebenswege, die sich bei tieferer Betrachtung als sinnvoll gewobenes Kunstwerk entpuppen?

Ja, es gibt etwas noch Spannenderes, nämlich den Blick über das einzelne Leben hinaus zu erweitern auf die weit umfassendere Entwicklung der menschlichen Individualität durch viele Erdenleben hindurch. Was ist es, das den einen Menschen an schwierigen Lebensumständen verzweifeln oder gar zerbrechen lässt, während ein anderer durch dieselben Umstände wächst und innerlich stark wird? Womit hängen Erfolg und Misserfolg, die „Gunst des Schicksals" oder „Schicksalsschläge" zusammen? Sind wir vom Zufall abhängig oder waltet eine verborgene Weisheit in unserem Lebenslauf? Worin besteht unsere Freiheit und worin unsere Abhängigkeit?

Ich habe das Glück, seit vielen Jahren Menschen auf dem Weg der Erinnerung ihrer früheren Erdenleben begleiten zu dürfen. Dadurch habe ich Einblicke in die geistigen Gesetzmäßigkeiten der menschlichen Entwicklung erhalten, die mich viele Erscheinungen des Lebens völlig anders bewerten ließen, als es unseren Denkgewohnheiten und üblichen Wertsystemen entspricht. Oft habe ich erlebt, wie durch die Erkenntnis eines tieferen Sinnzusammenhanges den Menschen ein großer Leidensdruck genommen wurde. Versagensängste, Schuldgefühle und falsche Erwartungen an sich selbst oder andere verschwanden durch neue Sichtweisen und Bewertungen.

Nicht nur für wenige Betroffene können solche Einsichten heilsam sein, sie können auch für die gesamte Gesellschaft zu heilsamen Prozessen und neuen Gestaltungen führen. Es entstand bei mir der Impuls, anhand konkreter Beispiele die transformierende Kraft dieser inneren Erkenntnisarbeit aufzuzeigen.

Parallel dazu beschäftigte mich die Frage, welche Konsequenzen sich aus der Einsicht in individuelle Schicksalsaufgaben für die heutige Arbeitssituation Einzelner, aber auch der gesamten Gesellschaft ergeben können. Das Thema erweiterte sich um die Konfrontation mit den Bedingungen auf dem heutigen Arbeitsmarkt, um den Umgang mit Geld oder dessen Nichtvorhandensein, und um eine Neubewertung der Begriffe Erfolg und Scheitern. Ich suchte und fand einige Menschen, die bereit waren, etwas aus ihrer Berufsbiografie im Hinblick auf die erwähnten Fragen mitzuteilen. Wie führen Krisen, Umbrüche und seelische Prüfungen zu inneren Wandlungen, zur Suche nach der eigentlichen Lebensaufgabe und zur Umsetzung des neu Erkannten in das äußere Leben?

Ich habe alle Beitragenden ausdrücklich um wahrhaftige Schilderungen gebeten, nicht um beschönigende „Erfolgsgeschichten." Misserfolge, Frustration und Resignation gehören ebenso dazu wie offene Fragen und Zweifel. Daraus ergibt sich, dass die einzelnen Beiträge als Denkanstöße zu sehen sind, die sich nicht im Sinne einer einheitlichen Aussage ergänzen, sondern auch divergieren können. Es kamen sehr unterschiedliche Berichte zusammen, die zum Teil sachliche Betrachtungen zu den Themenbereichen Beruf, Geld oder soziale Gestaltung enthalten, teilweise auch sehr intime Schilderungen innerer Wandlungsprozesse.

An dieser Stelle möchte ich allen Autoren meinen herzlichen Dank aussprechen für ihre Bereitschaft, sehr persönliche Dinge preiszugeben, die anderen Menschen richtungweisend sein können. Erwähnt werden soll, dass die Anzahl der in Frage kommenden Menschen durch das vorgegebene Thema sehr eingeschränkt war. Von diesen waren wiederum einige aus zeitlichen oder persönlichen Gründen nicht in der Lage, einen Beitrag zu schreiben. So ist die jetzige Auswahl kein repräsentativer Querschnitt, sondern aus den vorhandenen Möglichkeiten zusammengestellt. Ein großer Teil der Menschen, die diese vertiefende Erkenntnisarbeit suchen, ist im anthroposophischen Umfeld tätig oder durch eine entsprechende spirituelle Weltanschauung geprägt. Das hat gewisse Ähnlichkeiten der beschriebenen Erfahrungen mit sich gebracht. Dennoch denke ich, dass viele der geschilderten Erlebnisse ebenso auf andere Arbeitsbereiche übertragbar sind. Sie stellen die Suche nach Authentizität, Individualität und Freiheit dar, in einer Arbeitswelt, die vielfach geprägt ist von Angepasstheit, Macht und Unterwürfigkeit, von Existenzangst und Ausbeutung.

In einigen Berichten werden Erfahrungen mit „Biografiearbeit" beschrieben. Bei dieser Therapieform handelt es sich im Gegensatz zu der von mir praktizierten „Imaginations- und Karmaarbeit" um eine Bewusstseinsarbeit an Motiven, Krisen und Umbrüchen innerhalb der jetzigen Biografie. Erfahrungsgemäß häufen sich solche Umbruchsituationen in bestimmten Lebensaltern, wie z. B. das Phänomen der „midlife-crisis". Auch der Rhythmus von jeweils sieben Jahren ist mit neuen Entwicklungsschritten und damit einhergehend oft mit inneren Krisen verbunden. Markante Einschnitte von außen hängen dagegen häufig mit kosmischen Rhythmen zusammen, wie z. B. dem „Mondknoten-Zyklus", der auch in einigen Berichten erwähnt wird. Mit Mondknoten werden die Schnittpunkte der Umlaufbahn des Mondes mit der Ekliptik bezeichnet, die in etwas mehr als achtzehneinhalb Jahren einmal rückwärts durch den Tierkreis wandern. In einigen astrologischen Richtungen leitet man aus der Stellung des Mondknotens die karmische Aufgabenstellung für das jetzige Leben ab. Wenn dieselbe Position wie zum Zeitpunkt der Geburt wiederkehrt, drängt sich das zu bearbeitende Thema oft in sehr eindringlicher Weise ins Leben, wie eine Mahnung, die eigentliche Aufgabe nicht zu vergessen. Das kann mehr oder weniger dramatisch verlaufen.

Im Gegensatz zur Biografiearbeit beschränkt sich die Karmaarbeit nicht auf biografisch bedingte Umbrüche und Entwicklungen, sondern sucht den roten Faden einer Individualität durch ihre vergangenen Inkarnationen aufzuspüren. Dazu gehören beispielsweise auch Leben, die schon kurz nach der Geburt endeten, die also nicht Biografie im eigentlichen Sinne genannt werden können. Ebenso gehört als ein wichtiger Teil zur Karmaarbeit das Heraufholen der Erinnerungen an Erlebnisse der Seele nach dem Tod. Der Rückblick auf das verflossene Leben, die Bewertung desselben aus einer übergeordneten Sicht, sowie daraus resultierende Impulse für die Zukunft sind entscheidende Faktoren der Karmaforschung.

Reinkarnationstherapie, spontan auftretende Erinnerungen an frühere Leben oder der weit umfassendere Ansatz der „Imaginations- und Karmaarbeit" können tiefgreifende Wandlungen im Leben eines Menschen auslösen. Es bleibt aber immer in die Freiheit des Menschen gestellt, diese Hilfestellungen aufzugreifen oder die Chancen ungenutzt zu lassen. Insofern ist dieses Buch als Anregung für suchende Menschen zu verstehen, nicht als Konzept für soziale oder politische Gestaltungen.

Christiane Feuerstack

Einleitung

Neuorientierung und Chancen in einer sich wandelnden Arbeitswelt

Die heutige Arbeitswelt ist in einem grundlegenden Wandel historischen Ausmaßes begriffen. Menschliche Arbeitskraft wird durch den Einsatz von Maschinen und Computern zunehmend überflüssig gemacht, für wichtige soziale, pflegende oder kulturelle Tätigkeiten ist häufig kein Geld da und diejenigen, die noch das Privileg eines festen Arbeitsplatzes im herkömmlichen Sinne haben, geraten zunehmend unter Druck. Viele Menschen klammern sich an scheinbare Sicherheiten, obwohl sie in ihrer Arbeit keinen rechten Sinn mehr sehen, keine Freude daran haben, sich an ihrem Arbeitsplatz unwohl, ausgebeutet oder gar schikaniert fühlen. Die fortschreitende ungleiche und ungerechte Verteilung von Arbeit und Geld führt zunehmend zu sozialen Spannungen.

Es ist absehbar, dass in Zukunft die Entkoppelung von Arbeit und Einkommen weiter fortschreiten wird. Schon heute werden Arbeitslose, Rentner, Kinder, Jugendliche, Kranke, Hausfrauen, aber auch Richter, Politiker und andere Beamte auf je verschiedene Weise alimentiert.

Von der Arbeit derjenigen, die noch „in Lohn und Brot" sind, wird das Geld über Steuern an den übrigen Teil der Bevölkerung abgeführt. Andererseits werden diejenigen, die unfreiwillig „arbeitslos", besser gesagt einkommenslos sind, durch politische Eingriffe in entwürdigender Weise reglementiert und oft in niederste, gering entlohnte Arbeiten gezwungen.

Alles deutet darauf hin, dass wir vor einem grundlegenden Wertewandel stehen und einen neuen Maßstab als geistige Orientierung brauchen. Könnte in dieser zunächst aussichtslos und negativ empfundenen Situation nicht auch eine große Chance liegen? Verspricht uns nicht die Entlastung von der niederen Arbeit durch Maschinen eine Zunahme an Freiheit, die es uns erlaubt, in der Arbeit einen neuen Sinn zu suchen? Einen Sinn, der in der freien Entfaltung des Potenzials jedes Einzelnen bestehen würde und in dem Zusammenklang der einmaligen Fähigkeiten der Individuen? Angesichts dessen, dass zurzeit so viel an menschlichem Potenzial brach liegt, sei es durch Arbeitslosigkeit, sei es durch stumpfsinniges Funktionieren müssen, sollte es einem als Ideal erscheinen, jedem Menschen die Möglichkeit zu kreativen Leistungen im Rahmen seiner wirklichen Fähigkeiten zu geben. Der Kulturfortschritt wird gebremst, wenn nicht gar verhindert dadurch, dass selbst hoch qualifizierte und motivierte Menschen ihr Können und ihre Ideen gar nicht mehr in die Gemeinschaft einbringen können. Sei es, weil sie keine Arbeit finden oder aus der Not heraus etwas arbeiten (müssen), was weder ihren Fähigkeiten und Bedürfnissen noch dem Bedarf der Gemeinschaft entspricht. Sollte es in einer reichen Gesellschaft nicht möglich sein, dass Menschen ihrer wahren Berufung folgen können, ohne dabei existentielle Not zu leiden, weil sie in der herkömmlichen Arbeitswelt keinen Platz finden? Könnte es nicht mehr Gerechtigkeit in der Verteilung des Reichtums geben, damit alle Menschen vom Kulturfortschritt profitieren können?

Das bedingungslose Grundeinkommen

Es ist in den letzten Jahren viel in Richtung der Idee eines bedingungslosen Grundeinkommens für alle gefordert worden. Dahinter steckt der Gedanke, die ohnehin für sogenannte Transferleistungen benötigten Gelder gerechter zu verteilen und nicht, wie im Falle der Arbeitslosigkeit an Zwangsmaßnahmen und Kontrollen zu koppeln. Dieses sollte nicht finanziert werden durch die Arbeit derjenigen, die heute noch Steuern und Sozialabgaben zu zahlen haben, sondern aus einer Konsumsteuer in entsprechender Höhe. Diese Idee ist nicht neu. Der verstorbene Nobelpreisträger Milton Friedman plädierte schon 1962 für ein Grundeinkommen, für das er das Konzept einer so genannten „negativen Einkommenssteuer" entwickelte. In jüngster Zeit sorgt das Konzept des Drogerie-Unternehmers Götz Werner für Aufmerksamkeit, nach dessen Vorstellungen jedem Bürger etwa achthundert Euro im Monat zustehen sollen. Das Prinzip dieses Bürgergelds sieht vor, dass jeder diesen vom Staat garantierten Betrag erhält, ohne Gegenleistung, auch ohne die Pflicht, einen Job zu suchen. Die Finanzierbarkeit dieser bedingungslosen

Leistung ist genauso umstritten wie die These, jeder Mensch würde gerne arbeiten, wenn man ihn frei lässt, das zu machen, was er für sinnvoll und seinen Fähigkeiten entsprechend betrachtet. Gegner befürchten, dass nur noch sehr wenige Menschen arbeiten würden, wenn sie nicht müssen, und halten das Ganze für eine Träumerei weltfremder Idealisten. Befürworter sehen dagegen die Chance, dass sich die Kulturnation wieder zu erheben beginnt, wenn im Sinne der inneren Werte wieder gearbeitet werden kann, denn dann können sich die Menschen auch ändern. Unter dieser Annahme wurden bereits in den Sechziger und Siebziger Jahren in den USA Experimente durchgeführt, in denen ausgewählten Familien bis zu fünf Jahren lang ein Grundeinkommen auf Sozialhilfeniveau zur Verfügung gestellt wurde. Das Ergebnis war ernüchternd: Die Leute arbeiteten deutlich weniger. Dennoch gilt unter einigen Politikern, wie beispielsweise dem thüringischen Ministerpräsidenten Dieter Althaus, die Idee des bedingungslosen Grundeinkommens inzwischen als ernst zu nehmende Alternative zum beschäftigungsfeindlichen Sozialstaatmodell aus dem vorletzten Jahrhundert. Man kann hoffen, dass diese Ideen weiterentwickelt und erprobt werden.

Alle diese Überlegungen greifen jedoch als äußere Maßnahmen zu kurz, solange nicht in breiten Bevölkerungsschichten ein Bewusstseinswandel einsetzt und die Suche nach einem neuen Lebensinhalt bestimmt. Sich selbst den Impuls zu einer sinnvollen Arbeit zu geben, wenn von außen kein Anstoß dazu kommt, erfordert ein hohes Maß an Selbstdisziplin und Mut zur freien Tat. Ein bedingungsloses Grundeinkommen würde von den Empfängern eine Initiativkraft und Selbstverantwortung abverlangen, der sie vielleicht gar nicht gewachsen sind. Die Entwicklung der letzten Jahrhunderte hat es mit sich gebracht, dass wir daran gewöhnt sind, in allen Bereichen des Lebens Autoritäten über uns zu haben und funktionieren zu müssen. Am Anfang des Lebens sind es Eltern, Lehrer und Erzieher, die über uns bestimmen, im Berufsleben folgen die Chefs, im gesellschaftlichen Leben ordnen wir uns der allgemeinen Moral oder kollektiven Werten unter. Als Bürger sind wir verpflichtet, die Gesetze des Staates zu befolgen, selbst wenn sie ungerecht sind. Selbst wenn wir in unserem Land eine vergleichsweise große Wahlfreiheit haben, folgen wir auch bei der Berufswahl oft äußeren und inneren Zwängen statt der wahren Berufung. Dass durch die Einführung eines bedingungslosen Grundeinkommens automatisch ein entsprechender Bewusstseinswandel bewirkt wird, ist zu bezweifeln, da das Abgeben von Verantwortung an Autoritäten, gleich welcher Art, in jedem Fall bequemer ist, als den Mut zu wirklicher Freiheit zu haben. Idealerweise sollte die Einführung eines Grundeinkommens mit einer Bewusstseinsveränderung einhergehen, die diese natürliche Bequemlichkeit überwinden hilft.

Ein solcher gleichzeitiger innerer Wertewandel, der unser kollektives Weltbild radikal ändert, könnte von einem tief greifenden Verständnis der geistigen Gesetze von Reinkarnation und Karma ausgehen. Mit Karma wird das geistige Gesetz von Ursache und Wirkung bezeichnet, wie es sich im menschlichen Schicksal im Laufe wiederholter Erdenleben auswirkt. Es erklärt den Sinn vieler menschlicher Erfahrungen, die ohne das Verständnis dieses Gesetzes als ungerecht empfunden werden. Es bietet eine Erklärung für die Verwicklungen und Erfahrungen des menschlichen Daseins und vermittelt uns das sichere Wissen, dass unser Schicksal nicht vom Zufall abhängt, sondern unsere eigene Schöpfung ist, bewusst oder unbewusst. Dieses kosmische Gesetz ist so unbestechlich wie die Naturgesetze, denen wir ebenfalls unterworfen sind, unabhängig davon, ob wir sie durchschauen und akzeptieren oder nicht.

Das Geheimnis der Goldmarie

Was wäre wohl aus der Goldmarie geworden, wenn sie ein bedingungsloses Grundeinkommen zur Verfügung gehabt hätte? Hätte sie auf der faulen Haut gelegen wie ihre Schwester, die Pechmarie? Oder hätte sie ein selbst bestimmtes Leben ohne diese entwürdigende Schufterei im Hause ihrer Stiefmutter geführt und wäre ihren Neigungen nachgegangen?

In unseren Märchenbildern sprechen sich tiefgründige Wahrheiten aus. In dem Märchen von der Frau Holle werden urbildhaft geistige Gesetze sichtbar. Nicht nur die vordergründige Moral, dass Fleiß belohnt und Faulheit bestraft wird, wird hier gezeigt. Es geht um eine innere Haltung des Dienens, der Selbstlosigkeit, um eine Haltung, die nicht fragt: „Wozu soll ich das tun? Was bringt mir das? Warum ausgerechnet ich?" Die Goldmarie ist in keinem Augenblick auf den zu erwartenden Lohn ausgerichtet. Sie tut, was verlangt wird, zuerst von den Menschen, von denen sie abhängig ist und ausgebeutet wird, und danach aufgrund dessen, dass sie sieht und hört, was die Umwelt verlangt. Die Äpfel sind reif, das Brot ausgebacken.

Sie packt aus freiem Antrieb zu, ohne zu fragen, wer hier eigentlich zuständig sei, und ohne sich etwas mitzunehmen oder zu erwarten. Zwischen dem Gehorchen müssen gegenüber ihrer Stiefmutter (ein Symbolbild für die steife, verhärtete Materie) und dem freiwilligen Gehorchen ihrer inneren Stimme gegenüber liegt der verzweifelte Sturz in den Brunnen. Sie hatte nichts mehr zu verlieren. Sie musste es wagen.

Dank ihrer Fähigkeiten, die sie durch harte Arbeit und geduldiges demütiges Dienen bei der Stiefmutter erworben hat, besteht sie auch in der anderen Umgebung, in der es auf die freiwilligen Impulse zum Dienst an der Welt ankommt. Durch das eigene Leid ist sie sensibilisiert worden für die Not der Umwelt. Sie nimmt wahr, was gebraucht wird und hilft mit, dass es „schneit in der Welt," dass Reinheit und Klarheit die Erde bedecken.

Das Schicksal der „Pechmarie" ist hinlänglich bekannt. Sie hatte nur den Verdienst im Kopf, nicht den Dienst. Wo sie nicht den unmittelbaren Nutzen einsieht oder sogar Unannehmlichkeiten für sich befürchtet, dass sie sich schmutzig machen oder ihr ein Apfel auf den Kopf fallen könnte, verweigert sie den Dienst. Sie geht sogar so weit, sich aus Berechnung selbst Leid zuzufügen, sich in den Finger zu stechen, damit die Spule blutig aussieht, um ihr eigennütziges Ziel zu erreichen. Der „Lohn" entspricht dann sicher nicht dem, was sie sich erhofft oder berechnet hatte. Aber sie hat im wahren Sinn des Wortes „Erfolg" gehabt, nämlich indem etwas „erfolgt" ist aus ihren Taten.

Auch wenn das derzeitige politische System für viele Menschen zu entwürdigenden und leidvollen Situationen führt und wertvolle Potenziale nicht zur Entfaltung kommen lässt, darf man nicht vergessen, dass auch durch Not und Leid Bewusstsein entsteht, dass innere Kraft und Reife zunehmen, bis schließlich der Leidensdruck so groß wird, dass unter diesem Druck erst sich die nötige Initiative entwickeln kann, die zur vollen Entfaltung des Potenzials notwendig ist. Die Gefahr, dass ein bedingungsloses Grundeinkommen zur Bequemlichkeit verleitet, ist sicher nicht bei allen Menschen gegeben. Die Erfahrung ist aber doch, dass viele wirklich zündende Ideen erst aus der Not der Verzweiflung geboren werden und dass gerade das Aufgeben aller materiellen Sicherheiten zum modernen Lebenseinweihungsweg dazu gehört.

Als Jesus die Jünger zur Nachfolge aufrief, gehörte es zu den Grundbedingungen, alle Bindungen an Vergängliches loszulassen und darauf zu vertrauen, dass man das geschickt bekommt, was man braucht. Das muss nicht unbedingt identisch sein mit dem, was man sich wünscht. Das Schicksal ist viel weiser und größer als unser beschränkter irdischer Verstand. Wer sich die Haltung erworben hat, dass jede Situation, in die er gerät, genau das beinhaltet, was er braucht, um reifer und vollkommener zu werden, wird sich viel unnötiges Hadern mit dem Schicksal ersparen und zügig die nötigen Schritte gehen, die zur inneren Freiheit führen.

Offensichtliche Ungerechtigkeiten in der Verteilung von Geld und Arbeit durch ein Grundeinkommen eliminieren zu wollen, solange die Menschen so ungleich sind, wie die beiden Schwestern im Märchen, ist eine Illusion. Auf den ersten Blick scheint es auch ungerecht, dass Jesus sagt: „Dem, der hat, wird gegeben, und er wird die Fülle haben; dem, der nicht hat, wird auch noch das genommen, was er hat." Es geht an dieser Stelle darum, was man aus seinen Talenten gemacht hat. Es steht uns frei, mit unseren Talenten zu wuchern, oder das einzige Talent, das uns anvertraut wurde, zu vergraben aus Furcht, dass es einem genommen wird. Wir leben in einer Welt der Polaritäten, der Freiheit der Entscheidung, ob wir den Weg des Dienens und der Fülle oder den Weg der Habgier und der Angst gehen wollen.

Ein neues Bewusstsein

Immer mehr Menschen können sich vorstellen, schon einmal gelebt zu haben, glauben fest an wiederholte Erdenleben oder haben selbst schon Erfahrungen mit Rückerinnerungen an frühere Inkarnationen. Es sind tiefgreifende erschütternde Erlebnisse, die mit solchen Erfahrungen einhergehen, durch die der Sinn mancher Daseinsrätsel entschlüsselt wird. Das Verständnis von scheinbaren Ungerechtigkeiten und Härten in einzelnen Schicksalswegen vertieft und erweitert sich durch das Bewusstsein eines viel umfassenderen Entwicklungsplanes für den Einzelnen und die Menschheit, als der Blick in die gegenwärtige Situation zulässt.

Das Wissen um diese Zusammenhänge gab es zu allen Zeiten, war aber zunächst nur wenigen Eingeweihten vorbehalten, Menschen, die ihrer Zeit weit voraus waren und ihre Weisheit nur an ausgewählte geeignete Menschen weitergaben. Die Schüler dieser alten Mysterienschulen wurden durch strenge Prüfungen vorbereitet, um für dieses Wissen reif zu werden und verantwortungsvoll damit umzugehen. Wer die Prüfungen bestand, bekam Einblick in den großen göttlichen Plan der Weltentwicklung und wurde zum menschlichen Mitarbeiter der geistigen Welt, sozusagen zum Vertreter Gottes auf Erden. Dies waren Könige, Priester, Heilkundige und Weisheitslehrer, aber auch Menschen, die ganz im Verborgenen wirkten.

Die damalige Schulung weniger Auserwählter war in gewissem Sinne ein Vorgriff, eine Beschleunigung gegenüber der üblichen Entwicklung der Menschheit. Dieses Wissen musste geheim gehalten werden, weil es für die gewöhnlichen Menschen gar nicht fassbar gewesen wäre und sie überfordert hätte. Auch Gefahren des Missbrauchs gab es, wenn die Eingeweihten sich nicht völlig selbstlos in den Dienst an der Menschheit stellten, sondern eigennützige Interessen verfolgten. So sinnlos und schädlich es wäre, einem dreijährigen Kind Abiturwissen vermitteln zu wollen oder eine Professur zu übertragen, so unangemessen war es dem damaligen Entwicklungsstand der Gesamtmenschheit, das Wissen, für das ein höherer Bewusstseinsgrad nötig ist, preiszugeben. Die Schüler der Mysterienschulen wurden oft für lange Zeit vom übrigen Leben ausgesondert, mussten sich fernhalten und auf vieles verzichten, was zu einem „normalen" Leben gehört, um sich ausschließlich unter strengster Selbstdisziplin der Vorbereitung auf die Einweihung zu widmen.

Der moderne Lebenseinweihungsweg und seine Prüfungen

Mittlerweile sind Tausende von Jahren vergangen. Ein großer Teil der Menschheit steht an einem Punkt der allgemein fortschreitenden Bewusstseinsentwicklung, der das Wissen um diese Zusammenhänge erforderlich macht, so wie man einen Abiturienten nicht mehr mit Kindergartenwissen abspeist. Anders als in früheren Zeiten findet die heutige Einweihung nicht mehr abgesondert vom übrigen Leben statt, sondern mitten im Leben. Nicht ein Lehrer bereitet den Einzuweihenden durch harte Prüfungen auf die erforderliche Reife vor, sondern unser eigenes Streben und das Leben selbst. Dasjenige, was beispielsweise von den ägyptischen Mysterien als Feuer-, Wasser- und Luftprobe bekannt ist, hat seine Entsprechungen in Prüfungen, vor die das Leben den Menschen stellt, wenn er reif dazu ist.[1] Das muss nicht immer zum Bewusstsein kommen. Viele bestehen diese Prüfungen auch ohne das Wissen darum. Aber es kann hilfreich sein, diese Zusammenhänge zu verstehen und Inhalt und Ziel dieser Proben zu kennen, um sich darauf so vorbereiten zu können, dass man sie besteht und nicht daran zerbricht. Man muss sich dabei immer klar machen, dass inneres Wachstum mit einer Stärkung und Läuterung der Seele einhergehen muss, wenn es stabil und kraftvoll sein soll, und dass das nicht ohne Krisen und Zusammenbrüche von Bestehendem gehen kann.

Musste in der ägyptischen Einweihung der Schüler durch eine reale Konfrontation mit den Kräften der Elemente die Reife und Stärke seiner Seele unter Beweis stellen, was durchaus auch zum Tode führen konnte, so erleben wir heute diese Prüfungen eher in ihrer seelisch-geistigen Essenz. Man kann sich vorstellen, wie der damalige Zögling sich durch einen dunklen engen Gang zwängen musste, ohne den Ausgang zu sehen und ohne die Möglichkeit umzukehren. Dann musste er den Entschluss fassen, buchstäblich ins Nichts zu springen, um überhaupt vorwärts zu kommen. Wenn er dann im Wasser landete, wo es gar keine Orientierung mehr gab, musste er aus sich selbst heraus die neue Richtung finden. Den größten Mut erforderte es schließlich, durch das Feuer zu springen, um weiter zu kommen.

Heutige Lebenssituationen können einen Menschen in ähnliche Bedrängnis bringen wie die damaligen Proben. Unsere Sprache gibt durchaus Hinweise auf die Qualität des Erlebens.

Die **Feuerprobe**: Es verbrennt der Schleier der Illusionen, man fühlt sich nackt, bloßgestellt, erkennt die eigenen Schlechtigkeiten, erleidet Höllenqualen. Das Feuer der Scham ist gleichzeitig ein Läuterungsfeuer. Es erfordert Mut, sich die eigenen Abgründe einzugestehen und in Demut die Begrenzungen des Menschseins anzunehmen, aber trotzdem entschlossen nach besten Möglichkeiten an der eigenen Verwandlung und Vervollkommnung zu arbeiten.

Die **Wasserprobe**: Es wird rutschig, glitschig, die Füße werden nass, man versinkt, gleitet ab. Das Wasser steht einem bis zum Hals. Gefühlschaos. Es erfordert Selbstbeherrschung und Entscheidungskraft, sich selbst in turbulenten Situationen der Orientierungslosigkeit eine Richtung zu geben, den nächsten Schritt zu gehen und Entscheidungen zu treffen, auch wenn das Ziel nicht sichtbar ist.

Die **Luftprobe**: Es wird einem der Boden unter den Füßen weggezogen, man befindet sich im luftleeren Raum, im freien Fall, fühlt sich einsam, von Gott und den Menschen verlassen und völlig auf sich selbst zurückgewiesen. Es gibt keinerlei Handlungsimpulse von außen. In Situationen plötzlicher Schicksalsschläge und unerwarteter Wendungen gilt es, größere Zusammenhänge ahnend wahrzunehmen. Es erfordert Geistesgegenwart, von innen heraus das Rechte zu ergreifen, in sich selbst einen Impuls zum Handeln zu erwecken.

Die **Erdprobe**: Es wird immer enger, kälter, unwegsamer, mühsamer. Es scheint keinen Ausweg, keine Rückzugsmöglichkeit zu geben. Man stößt an Grenzen, muss sich durchbeißen, die Zähne zusammenbeißen, hart arbeiten, Geduld üben, Angst und seelische Beklemmung überwinden, bis endlich ein Licht am Ende des Tunnels sichtbar wird.

Das Bestehen dieser Prüfungen führt immer zu einer Zunahme an Kraft und Sicherheit. Deswegen sollte man nicht davor zurückschrecken, sondern sie willkommen heißen. Es sind alles Schritte auf dem Weg zu größerer Freiheit und innerem Wachstum. Wenn uns das Leben vor solche Prüfungen stellt, ist es ein Zeichen, dass wir reif dazu sind und nicht davonlaufen sollten. Denn das Davonlaufen führt zu einer Schwächung, schützt aber nicht vor einem erneuten Auftreten der Prüfungssituation. Diese Prüfungen treten nicht nur einmalig an uns heran, sondern so oft, bis das Bestehen zu einer sicheren Fähigkeit geworden ist. Was das Schicksal uns zumutet, gehört zu unserem tiefsten Wesen. Unsere Lebensumstände offenbaren den Grad unserer Reife.

In weiteren Proben oder Prüfungen geht es darum, seine Verantwortung für die Gemeinschaft und seine Aufgabe in der jeweiligen Zeitsituation zu erkennen und zu ergreifen. Da die fortschreitende Bewusstseinsentwicklung in der Gegenwart viele Menschen vor die erwähnten Prüfungen stellt und in Zukunft immer mehr stellen wird, sollten diese Entwicklungsgesetzmäßigkeiten erkannt und ihr Sinn verstanden werden. Aus dieser Sicht bietet die heutige Arbeitsmarktsituation trotz aller Härten, oder gerade deswegen, den Anlass und die Chance, sich vermehrt um die innere Entwicklung, die Arbeit an sich selbst, zu kümmern. Dazu braucht es oft Zeiten der Ruhe und des Rückzugs, um dann wieder umso stabiler seine Kraft in den Dienst der Allgemeinheit stellen zu können. Die reale Situation ist heute schon in vielen Fällen so, dass Zeiten der Arbeitslosigkeit abwechseln mit Zeiten neuer Herausforderungen und ständigen Weiterlernens. Der einzige Grund, das zu beklagen, liegt in veralteten kollektiven Denkgewohnheiten, die sich am Arbeitsmarktmodell des vorletzten Jahrhunderts orientieren. Für die Entwicklung der Menschen ist die Herausforderung, einen neuen Sinn in der Arbeit zu suchen, eine große Chance.

Neue Sinnfindung durch Karmaerkenntnis

Karma ist das geistige Gesetz von Ursache und Wirkung, bezogen auf das Schicksal der Menschenseele im Laufe ihrer Entwicklung durch viele Erdenleben. Es ist das Gesetz von den Konsequenzen menschlicher Taten, Gedanken und Gefühle und ihrer Metamorphosen im Laufe der Evolution. Es erklärt den Sinn vieler menschlicher Erfahrungen, die ohne das Verständnis dieses Gesetzes als ungerecht empfunden werden müssten. Wir ernten was wir gesät haben. Durch die Erfahrungen der Konsequenzen unserer Handlungen können wir allmählich zur vollen Freiheit gelangen. Der Mensch wird in dem Maße frei, als ihm die Erkenntnisse der Weltzusammenhänge bewusst werden. Scheinbare Zufälle können das Ergebnis unserer früheren Taten sein, die unserem jetzigen Bewusstsein nicht zugänglich sind, oder sie sind der Beginn von zukünftigem Karma, dessen Gesetzmäßigkeiten wir unterliegen, solange wir sie nicht erkennen und selber das Ruder in die Hand nehmen.

Ein Beispiel soll zeigen, wie sich die Gewissensbildung im Verlauf der Entwicklung vollzieht: Ein Mensch hat Macht über andere und missbraucht sie, indem er die anderen Menschen ausbeutet und unterdrückt. Aus seiner ganz selbstbezogenen Sichtweise heraus kann er nicht das Leid der Unterdrückten wahrnehmen und nachempfinden. Sein einziger Gesichtspunkt und Handlungsantrieb ist sein eigener Vorteil. Das kann bereits die Folge eines empfundenen Mangels in einem früheren Leben sein. Wer sich zu kurz gekommen und vom Leben ungerecht behandelt fühlt, versucht diesen Mangel beim nächsten Mal um jeden Preis zu vermeiden, und sei es auf Kosten anderer. Nach dem Tod eröffnet sich der Seele eine neue Sichtweise. Sie erkennt das Leid welches sie anderen Menschen zugefügt hat, und dass sie selber unvollkommener geworden ist. Daraus entsteht ein Impuls der Wiedergutmachung. Es folgt ein Leben, in dem am eigenen Leib gespürt werden muss, wie furchtbar es ist, unterdrückt zu werden. Durch das eigene Leid erwacht das Gewissen, die Erkenntnis, dass es nicht erlaubt sein darf, andere zu unterdrücken. Dieser Mensch kämpft im nächsten Leben heftig gegen die Unterdrückung an. Häufig allerdings sieht man das Übel leichter bei anderen, als bei sich selbst, so dass das Phänomen auftritt, dass ein Mensch selber noch die Spuren seiner früheren Inkarnation als Unterdrücker in sich trägt, diese aber nicht erkennt und bei sich selber ausmerzt, sondern auf alle Leute schimpft, die andere unterdrücken. Erst mit zunehmendem Bewusstsein setzt auch die Erkenntnis der eigenen Schwächen ein und damit ein zukünftiges Handeln im Einklang mit den göttlichen Zielen. Das Leiden an den Folgen und der Selbstbezogenheit führt zum Erwachen des Bewusstseins auf einer höheren Stufe, die den Menschen zum freien Schöpfer seines zukünftigen Schicksals macht. Dieses Leiden dauert so lange an, bis die Erkenntnis eingetreten ist. Durch die heutigen Möglichkeiten der Einsicht in das persönliche Karma kann viel Leid vermieden oder abgemildert werden, weil es dann als Bewusstseinswecker überflüssig wird. Selbst schwere Prüfungen werden leichter empfunden, wenn die dahinter liegenden Gesetzmäßigkeiten erkannt werden.

Es gibt heute viele Wege, Erinnerungsbilder an frühere Leben wachzurufen. Häufig treten sie auch, zumindest ahnungsweise, in außergewöhnlichen Situationen, bei erschütternden Ereignissen oder Begegnungen mit

Menschen auf. Die Schwierigkeit besteht immer weniger darin, solche Bilder hervorzurufen, sondern sachgemäß damit umzugehen. Oft genügt schon die Erkenntnis der Zusammenhänge und des Hereinwirkens vergangener Anteile in das jetzige Leben, um die Dinge an ihren richtigen Platz zu rücken und sich von alten Lasten zu befreien. Es reicht aber nicht immer aus, um wirklich alle belastenden Anteile verwandeln zu können. Das erfordert viel Wissen und Erfahrung, die nur durch gezieltes Üben an diesen Fähigkeiten erlangt werden. Ich selbst praktiziere diesen Übungsweg in imaginativer Wahrnehmung seit vielen Jahren und gebe meine Erfahrungen in Seminaren und Einzelgesprächen weiter. Viele Menschen lernen nach einer Zeit des gemeinsamen Übens selbständig auf diesem Weg weiterzugehen.

Wir dürfen uns die karmischen Wirkungen nicht allzu linear gemäß unserem irdischen Zeitempfinden vorstellen. Ursache und Wirkung in Raum und Zeit folgen Mechanismen, die eben aus Raum und Zeit erklärbar sind. Im Geistigen wird die Zeit zum Raum, der sich wiederum in der Zeit entfaltet. Die Ursache für ein bestimmtes Ereignis, einen Schicksalsschlag oder eine Krankheit kann durchaus in der Zukunft liegen. In solchen Fällen kann man durch das Erkennen der Vergangenheit nicht weiterkommen, sondern nur durch die Erkenntnis des nötigen Lernschrittes. Vergangenheit, Gegenwart und Zukunft fließen in jedem Augenblick ineinander. Wir haben durch unsere Gedächtnisfähigkeit und das Entwickeln von Visionen beständig eine große Zeitspanne in unserem gegenwärtigen Bewusstsein zur Verfügung. Weniger geläufig ist uns der Gedanke, nicht nur die Zukunft, sondern auch die Vergangenheit ändern zu können, zumindest innerhalb unseres Bewusstseins. Im Geistigen wird die Zeit zum Raum und alle vergangenen Taten sind wie ein großes Gemälde dem Weltgedächtnis eingeschrieben. Diese Erinnerungsbilder können aber durch ein verändertes Bewusstsein „korrigiert", und damit zum Positiven verwandelt werden. Das allein ist aber ausschlaggebend, um die Weichen für die Zukunft neu zu stellen und gemäß dieses verwandelten Bewusstseins zu handeln.

Ein Beispiel, um dieses zu verdeutlichen:

Ein Mädchen litt plötzlich unter heftigen Rückenschmerzen, die ihre Bewegungsfähigkeit stark einschränkten. Es wurde eine Veränderung an der Lendenwirbelsäule festgestellt, die Anlass zu schlimmsten Befürchtungen gab. Auf die Frage nach einer möglichen karmischen Ursache zeigte sich folgendes Bild: Ein hoch gewachsener junger Afrikaner wird von hinten durch einen Speer getroffen, der in der Lendenwirbelsäule stecken bleibt und ihn zu Boden wirft. Ob Jagdunfall oder böse Absicht, bleibt unklar. Er wird später von Stammesangehörigen gefunden, nach Hause gebracht und gesund gepflegt, bleibt aber zeitlebens bewegungsbehindert und kann nicht mehr dem üblichen Jägerleben der Männer nachgehen, sondern nur noch leichte Hausarbeit verrichten. Das verletzt seinen Stolz und deprimiert ihn. Er hadert mit seinem Schicksal und stirbt relativ jung. Nach dem Tod gelangt die Seele jedoch zu der Einsicht, dass sie ihre Möglichkeiten nicht erkannt und entfaltet hat, und dass sie in Zukunft lernen sollte, ihr Schicksal anzunehmen und das Beste draus zu machen. An dieser Stelle setzt die Möglichkeit ein, durch eine Bewusstseins-Veränderung der vergangenen Geschichte ein erneutes Durchleben eines ähnlichen Schicksals zu vermeiden. Was hätte statt des Haderns mit dem Schicksal anders sein können?

In der Imagination zeigt sich das Bild eines weisen alten Mannes, der durch das Annehmen und Verwandeln seines Schicksals zu einem Flötenspieler und Geschichtenerzähler wurde, zu einem beliebten und segensreich wirkenden Mittelpunkt der Gemeinschaft. Dieses Bild vermittelt der Seele jetzt die Erkenntnis des fälligen Lernschrittes. Ob es damit zusammenhing, dass die Ärzte wenige Tage später feststellten, dass sich der vermeintliche Tumor zurückgebildet hat, möchte ich dahingestellt lassen. Es ist aber eine Erfahrung, dass man tatsächlich erneutes Leiden verhindern kann durch eine Erkenntnis dessen, was gelernt werden soll.

Individuelles und kollektives Karma

Nicht nur das individuelle Karma der Einzelpersönlichkeit wirkt sich im Leben aus, sondern eine vielfältige wechselseitige Wirkung aus dem Karma der Individualseele, der Familie, des Volkes, der Zeit und schließlich der Menschheitsentwicklung. Auch die jetzige Arbeitssituation ist zusammengesetzt aus all diesen Anteilen:

Das Einzelkarma spielt eine Rolle, insofern die Seele ihre Fähigkeiten und Neigungen, ihre Wünsche und Impulse aus früheren Leben mitbringt, ebenso wie Schwächen und Hemmungen, die es zu überwinden gilt.

Das Familienkarma wirkt hinein, insofern Talente und Begabungen im Erbstrom veranlagt sind, die Erziehung und das Vorbild der Eltern prägend wirken, der soziale Status bei der Berufwahl eine Rolle spielen kann, aber auch familiäre Belastungen hemmend und blockierend wirken können. Nicht nur die wirtschaftliche Not in der Gegenwart wirkt sich prägend aus, sondern ebenso das Trauma des Versagthabens bei einem der Vorfahren.

Das Volkskarma hat seine Auswirkungen insofern, als in Deutschland beispielsweise andere Arbeitsbedingungen herrschen als in Uganda oder Alaska und auch die deutsche Mentalität andere Besonderheiten und Probleme mit sich bringt als die indische oder mexikanische. An den Belastungen der Geschichte eines Volkes hat jedes Mitglied seinen Anteil abzutragen, bewusst oder unbewusst, auch ohne persönliches Verschulden.

Das Zeitenkarma macht sich geltend, insofern weltweit die Arbeitsbedingungen gegenüber früheren Zeiten sich grundlegend gewandelt haben, Industrialisierung und Globalisierung menschliche Arbeitskraft zunehmend überflüssig machen und Menschen als austauschbare Ware und nicht mehr als gewürdigtes Individuum am Arbeitsmarkt teilnehmen.

Und schließlich das Menschheitskarma, insofern die Notwendigkeit, seine Existenz durch harte Arbeit sichern zu müssen, seit Beginn unserer überlieferten Geschichte besteht. Der Zeitpunkt in der Evolution, der sich in der mythologischen Erzählung von der Vertreibung aus dem Paradies widerspiegelt, der so genannte „Sündenfall", der Abstieg in die dichte Materie war der Beginn der karmischen Reise. Durch die Möglichkeit zum Irrtum und zum Bösen, zur Absonderung vom göttlichen Willen sollen wir uns zur Freiheit, vom Geschöpf zum Schöpfer entwickeln. „Macht euch die Erde untertan" beinhaltet die Forderung, die Materie mittels Arbeit umzugestalten, umzuformen, sich dienstbar zu machen und letztlich zu vergeistigen. Nicht gemeint ist die Ausbeutung der Erde für egoistische Zwecke, sondern Dienst an den Zielen der Evolution, innerhalb des vergänglichen Daseins ein zeitloses Bewusstsein zu entwickeln. Die Erde soll durch den Menschen von einem Kosmos der Weisheit in einen Kosmos der Liebe verwandelt werden. Der Mensch ist zum Schöpfer seines Schicksals und zum Mitgestalter des Lebens auf der Erde bestimmt. Er soll schöpferisch sein, nicht funktionieren wie eine Maschine.

Die heutige Situation ist die Folge der inneren Einstellung, menschliche Arbeitskraft als Ware zu betrachten, die man kaufen kann, wenn man sie braucht, und wegschmeißen kann, wenn man sie nicht braucht. Im Sinne von Ursache und Wirkung finden wir jetzt das Ergebnis dieser jahrhundertealten Gepflogenheit vor. Nicht jeder, der unter der modernen Sklaverei zu leiden hat, muss zwangsläufig selber einmal ein Sklavenhalter gewesen sein. Das kollektive Leid sollte zu einer kollektiven Gewissensbildung führen und zu einer Neubesinnung auf die menschliche Würde.

Die karmischen Gesetze sind kein Automatismus, der in jedem Falle gleich abläuft. Es ist immer die Seele selbst, die nach Maßgabe früherer Erfahrungen neue Impulse entwickelt. Nicht unbedingt die Taten selbst haben schlimme Folgen, sondern die Gedanken und Gefühle, die dabei entstanden sind, wie z.B. Schuldgefühle, Rache oder Angst vor ähnlichen Erfahrungen. Ist ein Mensch beispielsweise in die Position eines Herrschers hineingeboren worden und mit dieser Aufgabe überfordert, so könnte eine mögliche Reaktion auf das Gefühl des Versagthabens sein, dass man den Impuls entwickelt, nochmals eine ähnliche Position aufzusuchen, um aus den vergangenen Fehlern zu lernen und es dieses Mal besser zu machen. Eine andere Individualität würde sich in diesem Fall vielleicht eher für die Möglichkeit entscheiden, die Rolle des Untergebenen einzunehmen und bloß nie mehr herrschen zu wollen, um den damit verbundenen Anforderungen auszuweichen. Daraus kann dann wiederum die Erfahrung resultieren, dass man Herrschern untertan ist, die ihre Sache noch schlechter machen als man es selbst inzwischen durch die eigene Erfahrung gekonnt hätte. Wiederum gibt es die Wahl, es jetzt doch noch einmal als Herrscher zu versuchen, nachdem man auch die leidvoll-ohnmächtige Position des Untergebenen kennen gelernt hat, oder nach ganz neuen Wegen Ausschau zu halten, z. B. ins Kloster zu gehen.

An diesem Beispiel sollte deutlich werden, dass Verallgemeinerungen trotz der Folgerichtigkeit karmischer Gesetze nicht möglich sind, sondern jeder einzelne Mensch wiederum ein Gesetz für sich darstellt. Das Einnehmen der Rolle des Untergebenen kann sowohl die Folge eines Machtmissbrauchs aus Herrschsucht sein, als auch das Gegenteil. Ebenso kann die Ursache von mangelndem Antrieb oder Arbeitsunfähigkeit in einem Fall Reichtum und Faulheit in einem früheren Leben sein, in einem anderen Fall können traumatische Erfahrungen die Seele so geschwächt haben, dass Resignation oder körperliche Beeinträchtigungen die Folge sind.

Karmaarbeit bedeutet nicht nur, das eigene Karma zu erkennen und zu verwandeln, sondern gleichzeitig an der Verwandlung der kollektiven Anteile mitzuarbeiten. Jeder, der sich auf den Weg macht, dient damit dem Ganzen.

Schatten und Trugbilder

Alles, was der Mensch an Gedanken, Gefühlen und Willensimpulsen aussendet, hat eine reale Existenz bekommen, eine Kraftwirkung, die weiterhin mit ihm verbunden bleibt, bis er sie bewusst ändert. Man kann sich diese Existenz in Form einer Gedankensubstanz vorstellen, oder als Wesen, die Träger dieser Gedanken und Gefühle werden. Der verstorbene zyprische Heiler Daskalos nannte diese Gedanken- und Gefühlsformen „Elementale". Im Gegensatz zu Elementarwesen, die in der Natur dienen und sie aufbauen, handelt es sich bei den Elementalen um Wesen, die von Menschen erzeugt und geschaffen wurden, meist unbewusst, und die den Menschen weiterhin begleiten bzw. in ihm leben als alte Muster, die seine Gedanken, Gefühle und Willensimpulse weiterhin in der einmal entstandenen Richtung gefangen halten.

Jeder Mensch hat eine große Anzahl solcher Muster in sich. In der modernen Psychologie wird dieser Komplex Schatten oder Doppelgänger genannt. Doppelgänger ist insofern ein etwas treffenderer Begriff, als diese Wesen nicht nur wie ein Schattenwurf dem Menschen folgen, sondern eine manchmal gefährliche Eigendynamik entwickeln können. Sie beherrschen dann den Menschen, solange er sich ihrer nicht bewusst wird, indem sie immer wieder ähnliche Umstände herbeizuführen suchen, wie die unter denen sie entstanden sind. Davon ernähren sie ihr Dasein. Man kann sie aushungern oder in helfende Wesen verwandeln, wenn man sie bewusst erkannt hat und ihnen eine neue Aufgabe gibt.

Hier geht es um übergeordnete Wesen dieser Art:

So wie jeder Mensch seinen eigenen karmischen Doppelgänger hat, hat er jeweils auch Anteile kollektiver Doppelgänger mit verursacht und ist ihnen daher auch ausgeliefert. Künstliche, vom Menschen geschaffene Dämonen entstehen beispielsweise dann, wenn Wahrheiten als allgemeingültig und unumstößlich hingestellt werden, die aber der Einzelne als abweichend von seinem persönlichen Wahrheitsempfinden erlebt, bzw. kollektive Glaubenssätze, die unbewusst in der Kindheit übernommen und nie hinterfragt werden. Dazu zählen auch religiöse Dogmen oder spirituelle Wahrheiten, die als verbindliche Regeln behandelt werden, zu denen der Einzelne aber keinen erlebnismäßigen, sondern bestenfalls einen theoretischen Zugang hat. Daraus entstehen Anspruchshaltungen und Erwartungen aneinander oder an sich selbst, aus denen Unwahrhaftigkeiten und verlogene Lebensumstände zwangsläufig resultieren müssen. Davon ernähren sich die Gruppendoppelgänger, denen die persönlichen Doppelgänger in die Hände spielen. Das können sie nur, solange die Menschen unbewusst ihren Mechanismen unterliegen. Bewusstheit und Wahrhaftigkeit sich selbst und anderen gegenüber sowie Toleranz und Interesse an der individuellen Wahrheit des Gegenübers nimmt diesen Wesen den Wind aus den Segeln.

Rudolf Steiner hat die Entstehungsweise solcher verschiedenartiger Wesen ausführlich beschrieben und sie wie folgt unterschieden:

Phantome entstehen durch Heuchelei, Unwahrhaftigkeit, Verleumdungen, Lügen aus Höflichkeit oder Sitte, Unaufrichtigkeit, selbst nur in Gedanken.

Spektren oder Gespenster entstehen durch schlechte Gesetze, schlechte soziale Einrichtungen in irgendeiner Gemeinschaft, alles was zu sozialem Unfrieden führt. Sie wirken so, dass sie die Menschen weiter zu schlechten Gesetzen verleiten.

Dämonen entstehen durch unsoziales Verhalten der Menschen, durch Mangel an Schätzung und Würdigung der Freiheit der Seele des anderen, durch Zwangsmittel der Überzeugung, durch Intoleranz der Gedanken. Es sind Geister der Vorurteile. Sie durchschwirren den geistigen Raum und halten die Menschen ab, ihre persönliche Anschauung zu entwickeln.

Es gibt auch gute Dämonen, die von guten Gedanken ausgehen. Menschen, die darum wissen, können auch die grässlichen Wesen umgestalten zu Dienern einer fortschreitenden Entwicklung.

Egregor ist ein aus der Mystik stammender Begriff für durch Gedanken und Willenskraft geschaffene Wesenheiten oder Trugbilder als Gegensatz zu von Gott geschaffenen Wesen. Die ursprünglich aus dem Griechischen gebildete Bezeichnung bedeutet „Wärter".

Alexa Kriele beschreibt sie folgendermaßen:

Die Sphäre der Trugbilder ist grau, diffus, nebulös. Sie kann überall sein und wieder verschwinden, z.B. zwischen Bühne und Zuschauerraum, zwischen Redner und Zuhörer. Sie kann sich zwischen zwei Menschen schieben und wieder verflüchtigen. Sie ist die Sphäre des Irrtums und der Vermischung. Nichts ist klar und rein. Erkenntnisse werden mit Irrtümern versetzt, Wahrheiten mit Unwahrheiten durchzogen.

Egregore: das sind Schöpfungen aus Menschenhand, oder genauer: vom Doppelgänger geschaffene, vom Menschen übernommene Konstruktionen, Gedanken und Vorstellungen. Der Doppelgänger schafft sie vor allem aus dem Wunsch, Ängste und Sorgen zu erzeugen und bis zur Panik zu steigern. Der Mensch dient ihnen als Werkzeug. Geeignet sind vor allem Menschen, die mit Vorliebe negative Vorstellungen und düster-pessimistische Zukunftserwartungen pflegen und verbreiten. Die Prädisposition ist auch immer gegeben, wenn keine klare Haltung eingenommen, keine klare Entscheidung getroffen wird. Trugbilder sind bestrebt, die Menschen durch Festlegung auf Einseitigkeiten, Simplifizierungen und Halbwahrheiten hereinzulegen.[2]

Wie viel Leid entsteht nicht allein dadurch, dass sich in den Köpfen der Menschen solche Glaubenssätze und einengenden Denkgewohnheiten festgesetzt haben? Die Evolution schreitet voran, das Bewusstsein erweitert sich, die Gesetze und sozialen Einrichtungen wachsen aber nicht im selben Tempo mit. Die Politik hinkt um Jahrzehnte der realen Bewusstseinsentwicklung hinterher. Gesetze, die zur Zeit ihrer Entstehung sinnvoll waren und den Menschen dienten, werden zu starren Hindernissen, wie zu klein gewordene Schuhe, die einmal ihren Dienst getan und dem Kind einen stabilen Halt gegeben haben, jetzt nur noch drücken und wehtun.

Lügenhaftigkeit in Systemen und sozialen Gemeinschaften, Dogmen, Verallgemeinerungen, Bewertungen und Regeln, die dem Individuum nicht gerecht werden, führen zu einer Atmosphäre von Angst und Misstrauen. Es ist schwer in einer solchen Atmosphäre als Einzelner wahrhaftig zu sein, denn die Wahrheit wird selten belohnt. Wenn wir in der Zukunft eine bessere Welt vorfinden wollen, bleibt keine andere Wahl als nach Möglichkeit alle Angriffsflächen für diese dämonischen Wesen auszuschalten. Es ist anzustreben, alle Unklarheiten, Zweifel, Uneindeutigkeiten zu vermeiden, sich um das Aussprechen der individuellen Wahrheit zu bemühen und gleichzeitig das Verurteilen Andersdenkender zu unterlassen. Unwahrhaftigkeiten entstehen auch, wenn Menschen nicht den Platz einnehmen können, der ihnen aufgrund ihrer Kompetenz zustünde, wenn die Macht nach äußeren Maßstäben wie z.B. lange Betriebszugehörigkeit verteilt ist statt nach wirklichem Wissen und Können. Jeder sollte Verantwortung gemäß seinen karmischen Voraussetzungen ausüben dürfen und sein gesamtes Potenzial entfalten können.

Unklar sind wir auch oft genug mit uns selber, indem z.B. der Körper ein anderes Signal sendet als das Gefühl oder der Verstand. Wenn der Körper satt ist, aber wir trotzdem weiter essen, weil es so gut schmeckt oder es sich gehört, aufzuessen, sind wir mit uns selbst im Zwiespalt. Die heutige Arbeitswelt erzeugt fortwährend solche Entzweiungen mit sich selbst. Man muss Anweisungen befolgen, die man nicht in ihren Konsequenzen durchschaut oder eigentlich nicht verantworten möchte. Oder man muss in einem Umfeld und unter Bedingungen arbeiten, die man als schädigend auf den eigenen Organismus erlebt. Konflikte werden aus Höflichkeit oder aus Angst um den Arbeitsplatz nicht ausgetragen, was wiederum zu subtileren Gewalttätigkeiten, Ausgrenzung und gegenseitigem Misstrauen führt. Verlogenheiten, die aus Gruppenzwängen resultieren, denen sich der Einzelne gegen seinen persönlichen Willen unterordnen muss, geben dem Egregor immer wieder neue Nahrung, woraus immer wieder neue Ängste aufgebaut werden.

Die „Berufung" zum Beruf machen

Kehren wir zurück zu der Frage, welche Möglichkeiten sich aus der Realisierung eines Grundeinkommens ergeben könnten. Was würden Menschen tun, wenn der Zwang zum Geldverdienen entfiele und sie wirklich tun könnten, was ihnen Freude macht und sinnvoll erscheint? Die Frage, ob dann überhaupt noch jemand arbeiten würde, wird von den Befürwortern des Grundeinkommens eindeutig bejaht, da die meisten Menschen Arbeit als Möglichkeit der Selbstverwirklichung und als Teil ihrer Menschenwürde betrachten. Wenn Gegner das Gegenteil befürchten, mag das zum Teil an den heutigen Arbeitsbedingungen und der Definition von Arbeit liegen. Wer sich zum Arbeiten gezwungen fühlt und ausgebeutet wird, hat allen Grund, sich nach Freiheit und Freizeit zu sehnen.

Gehen wir davon aus, dass eine selbst gewählte Aufgabe darin läge, das zu tun, was man wirklich von Herzen gerne tun möchte und worin man nach Möglichkeit auch noch einen Nutzen für die Allgemeinheit sieht. Ich kenne tatsächlich eine Menge Leute, die sofort wüssten, was sie tun würden. Aber die Anzahl derer, die es nicht wissen, ist bei weitem größer. Selbst Menschen, die sich in gesicherten und gut bezahlten Arbeitsverhältnissen befinden, empfinden zwar oft eine gewisse Leere und Sinnlosigkeit, wissen aber trotzdem nicht, was sie stattdessen tun sollten.

Der Einwand, es sei ein soziales Problem, wenn jemand von Herzen gerne faulenzen möchte, gilt bestenfalls, solange man die Gesetze von Reinkarnation und Karma nicht kennt, die einen mit den oft leidvollen Konsequenzen von Versäumnissen und Fehlern konfrontieren. Wer darum weiß, dass er erntet, was er gesät hat und wie viel Leid das Nichtergreifen der vorgeburtlich gewählten Aufgabe mit sich bringt, wird nicht dauerhaft faulenzen wollen. Wenn er das trotzdem will und die Konsequenzen davon bewusst in Kauf nimmt, sollte man ihm die Freiheit dazu lassen. Es steht niemandem zu, über die Entscheidungen und das Verhalten anderer Menschen zu urteilen. Es reicht, wenn jeder die Verantwortung für sich selbst übernimmt. Das ist schwer genug. Ob jemand faul ist oder einer wichtigen inneren Arbeit nachgeht, ist für Außenstehende gar nicht zu beurteilen. Manchmal ist es die momentan anstehende Aufgabe, zur Ruhe zu kommen, zu sich zu kommen, sich dem Innenweg zu widmen, seine Kräfte zu konsolidieren, um sie dann umso sicherer und zielgerichteter wieder nach außen hin einsetzen zu können. Unsere Gewohnheit, über andere zu urteilen oder uns selbst mit anderen zu vergleichen, ist ein viel größeres soziales Problem, als die scheinbare Faulheit einzelner Menschen. Damit soll nicht gesagt sein, dass es nicht auch Menschen gibt, die sich aus eigener Kraft nicht den nötigen Antrieb zur Arbeit geben können und dafür Hilfestellung, wenn nicht sogar einen gewissen Druck brauchen.

Die Evolution hat dafür gesorgt, dass die Bindung von Lohn und Arbeit zunehmend an Bedeutung verliert und gleichzeitig große Teile der Bevölkerung nach einem neuen Daseinssinn suchen. Das Grundeinkommen könnte in diesem Sinn als eine konsequente und gerechte Weiterentwicklung der ohnehin schon bestehenden Tatsachen angesehen werden. Die innere „Berufung" zum Beruf machen zu können, scheint dadurch in greifbare Nähe zu rücken.

Wie aber bereits oben geschildert, hat die Gewohnheit, menschliche Arbeitskraft als Ware anzusehen, in letzter Konsequenz zu den heutigen Zuständen geführt. Sklaverei ist auch eine karmische Tatsache, die nicht einfach aus der Welt zu schaffen ist, indem man sie offiziell verbietet. Die Doppelgängerwesen streben nach Ausgleich, nach Erlösung und Verwandlung. Daran ändert auch ein Grundeinkommen nichts. Eine theoretische Kenntnis des Karmagedankens führt ebenso wenig weiter. Viel wesentlicher ist es, an der eigenen Verwandlung zu arbeiten, statt die Übel in der Außenwelt zu sehen und anzuklagen.

Wenn man der Individualität jedes Einzelnen gerecht werden will, ist das konkrete Erkennen karmischer Zusammenhänge eine sehr hilfreiche Möglichkeit, um ein so tiefgehendes Verständnis und eine Anteilnahme am anderen Menschen zu entwickeln, wie es nötig ist, um alle Mechanismen des Vergleichens, des Neides und der Manipulation fallen zu lassen. Gute Ideen bleiben in der Theorie stecken, solange die Menschen nicht im eigenen Inneren das Übel bearbeiten und ihre unbewussten egoistischen Verhaltensmuster bekämpfen. Ideen werden erschreckend schnell zu Ideologien und ihre Vertreter zu Funktionären eines neuen Systems mit entsprechenden Schattenseiten. Es ist bezeichnend, dass ein sehr engagierter Verfechter der Idee, Arbeit und Einkommen zu entkoppeln, die Bitte um einen Kommentar zu meinen Gedanken prompt mit der Gegenfrage nach einem Honorar beantwortet hat. Vom Denken zum Tun ist ein weiter Weg.

Leid, Bereitwilligkeit und Freude

Frieden im eigenen Inneren ist die Voraussetzung, um nachhaltigen sozialen Frieden zu erreichen. Die bestehenden Zustände haben ihren Sinn und ihre Berechtigung, indem sie uns mit der Konsequenz unserer eigenen früheren Taten und Gedanken konfrontieren. Der dadurch entstehende Leidensdruck macht uns reif für neue Einsichten und ein erweitertes Bewusstsein. Vielfach setzt erst ein großer Leidensdruck die benötigte Energie frei, die einen nach dem Sinn des Daseins und des eigenen Lebens fragen lässt. Es ist nicht nur die Existenzangst, die uns davon abhält, der Stimme unseres Herzens zu folgen und das zu tun, was sowohl zur persönlichen Vervollkommnung als auch zu dem Fortschritt der Menschheit beitragen würde, sondern auch die Angst vor Verantwortung, vor der eigenen Größe und Einmaligkeit. Oft gestehen sich die Menschen es selbst nicht zu, ihrem Herzen zu folgen, weil sie das für unerlaubten Egoismus halten. Doch es gilt:

Wenn die Rose selbst sich schmückt, schmückt sie auch den Garten!

Selbstentfaltung dient im besten Sinne dem Ganzen, wenn man dies als innere Haltung erworben hat. Um dem eigenen inneren Gesetz folgen zu können, muss man es erst kennen lernen, um sich selbst sinnvoll in das Ganze zu integrieren. Es erfordert Mut, für sich selbst zu stehen und den Weg zu gehen, der der freien Individualität angemessen ist. Und dieser Mut wächst oft erst durch das Überwinden von Widerständen und Leid und durch harte Arbeit an sich selbst.

Aus der konkreten Einsicht in die eigene karmische Vergangenheit kann erst eine realistische Selbsteinschätzung der zur Verfügung stehenden oder zu entwickelnden Fähigkeiten resultieren. Die Lebensvision vor der Geburt, aber auch die Hindernisse werden erkannt, die selbst geschaffenen Einschränkungen aus früheren Leben, deren Überwindung zu der Aufgabe dazu gehört. Bevor die eigentliche Aufgabe in fruchtbarer Weise umgesetzt werden kann, müssen erst die Voraussetzungen dafür in der Entwicklung und Stärkung der eigenen Seelenkräfte geschaffen werden. Insofern ist die nächstliegende Aufgabe immer diejenige, die der derzeitigen Situation entspricht. Wenn die Situation unbefriedigend ist, gilt es, die Gründe für die Unzufriedenheit herauszufinden, statt einfach so weiterzumachen. Wenn sich ein Hindernis zeigt, ist die Arbeit an dem Hindernis die erste Aufgabe. Meistens lässt sich das, was man wirklich von Herzen gerne tun möchte, nicht sofort realisieren, sondern man muss es sich Schritt für Schritt erkämpfen. Jeder Schritt stellt eine Aufgabe für sich dar. Plötzliche Befreiungsschläge sind möglich, wenn sie gut und lange genug im Stillen vorbereitet wurden. Aber zu schnelle Änderungen bergen auch immer die Gefahr in sich, dass unverwandelte Reste sich später wieder hindernd bemerkbar machen. Sich aus eigener Kraft aus bestehenden Zuständen oder Zwängen herauszuarbeiten, braucht oft Zeit und beharrliche Geduld. Rückzug oder Warten auf bessere Zeiten kann zwar vorübergehend sinnvoll sein, aber auf Dauer wird dadurch die eigene Kraft geschwächt. Das hat zur Folge, dass es immer schwerer wird, aus der daraus entstehenden Isolation herauszukommen. Die Schwierigkeiten kehren immer wieder, solange bis man sie bewältigt hat. Auch das gehört zum Karma, leidvolle oder unbefriedigende Situationen zu durchleben und daran zu reifen, bis der Zeitpunkt für das Eigene gekommen ist. Selbst wenn die äußeren Umstände sich nicht immer sofort ändern lassen, kann jederzeit die Einstellung dazu geändert werden. Das ist in vielen Fällen sogar die wesentlichste Aufgabe.

Eckart Tolle schreibt in seinem Buch „Eine neue Erde":

„Die Modalitäten erwachten Handelns sind Bereitwilligkeit, Freude und Enthusiasmus. Jede von ihnen verkörpert eine bestimmte Schwingungsfrequenz des Bewusstseins. Du musst achtsam sein, um sicherzugehen, dass eine von ihnen in alles einfließt, was du tust, ob es sich um höchst einfache oder höchst komplexe Aufgaben handelt. Wenn du weder mit Bereitwilligkeit, noch mit Freude, noch mit Enthusiasmus bei dem bist, was du tust, solltest du einmal genau hinschauen, dann wirst du sehen, dass du dir und anderen Leid bescherst.

Wenn du keine Freude bei dem empfinden kannst, was du tust, kannst du es zumindest als das annehmen, was du tun musst. Bereitwillig annehmen heißt einzusehen, dass die Situation dies im Augenblick von mir verlangt, sodass ich es bereitwillig tue. Wir haben schon ausführlich darüber gesprochen, wie wichtig es ist, das, was geschieht, innerlich anzunehmen und das zu akzeptieren, was man tut, ist nur ein anderer Aspekt davon. Zum Beispiel erfüllt es dich wahrscheinlich nicht gerade mit Freude, geschweige denn mit Begeisterung, nachts in der Mitte von Nirgendwo bei strömendem Regen einen Reifen an deinem Auto wechseln zu müssen, aber du kannst es immerhin bereitwillig annehmen. Etwas im Zustand der Bereitwilligkeit zu tun bedeutet, dass du im Frieden bist, während du es tust. Dieser Friede ist eine feine Energieschwingung, die dann in das einfließt, was du tust. Bei oberflächlicher Betrachtung wirkt das bereitwillige Annehmen wie Passivität, dabei zeugt es in Wirklichkeit von Aktivität und Kreativität, weil es etwas vollkommen Neues in diese Welt hineinbringt. Dieser Friede, diese feine Energieschwingung, ist Bewusstsein, und eine der Arten, auf die es in die Welt tritt, ist das selbstlose Tun, zu dem auch die Bereitwilligkeit gehört.

Wenn du etwas weder freudig tun noch bereitwillig annehmen kannst, lass es. Sonst übernimmst du keine Verantwortung für das Einzige, für das du dich wirklich verantwortlich zeigen kannst, und zugleich das Einzige ist, das wirklich eine Rolle spielt: dein Bewusstseinszustand. Und wenn du keine Verantwortung für deinen Bewusstseinszustand auf dich nimmst, übernimmst du auch keine Verantwortung für das Leben."

„Es zeigt im Grunde eine falsche Sicht der Dinge, wenn du sagst: Das und das macht mir Freude. Dann sieht es nämlich so aus, als entspringe die Freude dem, was du tust, und das stimmt nicht. Die Freude entspringt nicht in dem, was du tust, sondern sie fließt ein in das, was du tust, und dadurch fließt sie aus deinem tiefsten Innern in die Welt. Der Trugschluss, dass Freude davon abhängt, was du tust, ist weit verbreitet, aber gefährlich, denn er lässt dich glauben, dass deine Freude aus etwas anderem, einer Aktivität oder einem Gegenstand entspringen kann. In diesem Fall suchst du in der Außenwelt nach Freude und Glück. Aber dort findest du sie nicht. Das ist es, weswegen viele Menschen in ständiger Frustration leben. Die Welt gibt ihnen nicht, was sie zu brauchen glauben."[(3)]

Eine wesentliche Aufgabe kann zunächst eine Änderung der Einstellung sein. Es muss nicht unbedingt um eine andere Tätigkeit gehen, sondern die Aufgabe kann auch in einem vertieften Verständnis der derzeitigen Tätigkeit und einer Erweiterung des Bewusstseins und der Liebefähigkeit liegen. Durch die innere Haltung der Bereitwilligkeit wächst nicht nur das eigene Zufriedenheitsgefühl, sondern der Friede strahlt auch auf die Umgebung aus. Durch friedvolle und liebevolle Gedanken und Gefühle entstehen ebenso Elementale wie durch negative. Jede Arbeit, ob handwerkliche, wissenschaftliche, künstlerische oder spirituelle, ob selbständige oder weisungsgebundene, wird umso mehr zum menschheitlichen Fortschritt und zur Vergeistigung der Erde beitragen, je mehr sie mit Freude und Hingabe getan wird. Wir können dazu beitragen, dass sich das kollektive Bewusstsein ändert, indem wir unser eigenes Bewusstsein ändern. Man kann es sich auch zu einer Aufgabe machen, durch meditative Visualisierungen an der Anhebung des kollektiven Energiefeldes zu arbeiten.

Eine in der esoterischen Praxis häufig angewandte und bewährte Übung ist die Visualisierung von violettem Licht oder einer violetten Flamme, der eine reinigende und transformierende Wirkung zugesprochen wird. Sie gilt als Instrument, das wir nutzen können, um Negativität umzuwandeln, inneren und äußeren Frieden zu erreichen, Beziehungen zu klären und Leiden zu transformieren. Hilfreich ist das Bild, von Zeit zu Zeit den „Gedankenmülleimer" zu leeren und alle schädlichen, verkrusteten Anteile im violetten Feuer zu verbrennen. Dadurch kann Raum für neue Gedanken geschaffen und die Suche nach einem neuen Lebensinhalt verstärkt werden.

Karmische Aufgaben

„Durch die äußeren Gesetze, die äußeren Einrichtungen wird die äußere Lebensführung so kompliziert werden, dass die Menschen sich nicht mehr auskennen werden. Dagegen wird durch das Durchdrungensein mit dem Karmagesetz in die Seele sich einleben das Wissen dessen, was sie tun soll, um von innen heraus den Weg durch die Welt zu gehen." (Rudolf Steiner, 1912)[4]

An anderer Stelle beschreibt Rudolf Steiner, dass auf einer gewissen Stufe der Initiationseinsicht die gewöhnlichen Handlungsantriebe aufhören und dem Menschen alles gleichgültig wird, so dass er sich durch keinen äußeren oder inneren Anlass zum Handeln gedrängt fühlt.

„Da gibt es nur die eine Korrektur: zurückzublicken in frühere Erdenleben. Da liest der Mensch aus seinem Karma die Aufgabe für sein Erdenleben ab. (....) Er würde sich unfrei fühlen, wenn er nicht in die Lage kommen könnte, seine sich ihm aus dem vorigen Erdenleben gestellte Aufgabe zu erfüllen."[5]

Jeder Mensch trägt sein eigenes karmisches Gesetz in sich, das er erkennen, respektieren und danach leben sollte. Dann erst lernt er, seine individuelle Wahrheit mit der kosmischen Wahrheit in Einklang zu bringen. Es wäre aber eine Illusion zu glauben oder zu behaupten, ein anfänglicher Einblick in karmische Gesetzmäßigkeiten oder in das persönliche Karma würde schlagartig zu einem Begreifen der jetzigen Aufgabe oder zur sofortigen Änderung der Lebenssituation führen. In einzelnen Fällen mag das so sein, aber daraus kann keine allgemeine Erwartung abgeleitet werden. Mit Sicherheit tritt jedoch eine erste Orientierung über die zum jetzigen Zeitpunkt anliegenden Aufgaben ein. Dies betrifft häufig die innere Arbeit, die eben zunächst oftmals im Erkennen und Bearbeiten von Blockaden liegen kann. Dann erst geht es darum, die Früchte davon Schritt für Schritt in äußere Zielsetzungen umzusetzen.

In meiner eigenen Biografie hat die erste karmische Rückschau eine solche Wende eingeleitet, also das Erkennen der eigentlichen Lebensaufgabe, allerdings vergingen fast zehn Jahre, bevor ich diese auch zum Mittelpunkt meiner Erwerbstätigkeit machen konnte. Ohne den Verlust meines Arbeitsplatzes zum damaligen Zeitpunkt hätte es vielleicht noch viel länger gedauert. Im Nachhinein erwiesen sich aber alle dazwischen liegenden Schritte und Phasen als wichtige Bausteine, um für die Aufgabe wirklich reif zu sein. In diesem Sinne sollen die biografischen Beispiele dieses Buches auch als Schilderungen solcher Zwischenstationen aufgefasst werden.

In einer karmischen Rückschau können größere Sinnzusammenhänge erfasst werden, und Bewertungen von Erfolg oder Misserfolg eine ganz neue Gewichtung erfahren. Die vorgeburtliche Vision tritt stärker ins Bewusstsein. Vielfach sind diese Impulse in der Jugend noch da, werden aber verschüttet durch kollektive Erwartungen, wirtschaftliche Erwägungen oder Unverständnis der Umwelt. Alte Fähigkeiten oder Aufgabenstellungen können auf einer neuen Bewusstseinsebene erkannt und neu integriert werden. Versagen in einer Inkarnation kann als Triebfeder der Aufgabe des nächsten Lebens erkannt werden. Manche Aufgaben sind so groß, dass ein Leben nicht ausreicht, um sie ganz zu erfüllen. Andere haben scheinbar keinen Erfolg gebracht, weil die Zeit dazu einfach noch nicht reif war. An solche Aufgabenstellungen kann jetzt bewusster angeknüpft werden. Manchmal geschieht es allerdings, dass ähnliche Situationen immer wieder zu denselben Fehlern führen, aus Angst etwas Neues zu wagen und zu sich selbst zu stehen. Karmische Belastungen entstehen nicht nur durch schlechte Taten, sondern vor allem durch Versäumnisse. Es kann sehr quälend für die Seele sein, die Folgen dessen erleben zu müssen, dass sie nicht getan hat, was sie eigentlich hätte tun sollen. Wir haben im Laufe der Zeit Vermeidungsstrategien entwickelt, um uns vor dem nochmaligen Erleben traumatischer Situationen zu schützen. Dadurch gehen wir denselben Herausforderungen immer wieder aus dem Weg, obwohl gerade das Bewältigen dieser Herausforderungen uns weiterbringen würde. Unsere bewussten Wünsche können sich immer nur am bereits Bekannten, Vertrauten ausrichten. Das Neue, Unbekannte hingegen, was zu einem wirklichen Fortschritt und innerem Wachstum führen würde, versuchen wir eher zu vermeiden, weil es mit Unsicherheiten und Ängsten einhergeht. Ohne dass man Altes zuerst loslässt, kann aber das Neue nicht entstehen. Der Baum muss zuerst die verwelkten Blätter abwerfen, bevor die neuen wachsen können.

Wo wir nicht freiwillig loslassen sondern uns am Gewohnten festklammern, hilft das Schicksal mehr oder weniger radikal nach. Die Schicksalsereignisse spiegeln uns das, was wir aus Sicht unseres höheren Bewusstseins selbst gewollt und herbeigeführt haben um des Lernens und der Höherentwicklung willen. Oft merken wir im Nachhinein erst, was wir Schicksalsschlägen, Krisen und Umbrüchen zu verdanken haben, wie wir an den Prüfungen gewachsen und gereift sind. Mit gegenwärtigen Krisensituationen gelingt es nicht immer, sie als Chance und Wende zum Besseren zu begreifen. Es ließe sich vieles leichter ertragen, wenn wir in allem, was geschieht, die Inszenierung unseres höheren Bewusstseins annehmen und die Lernaufgabe daran suchen. Nicht nur Angst oder Bequemlichkeit sind es, die einen Menschen von seiner eigentlichen Aufgabe abhalten können. Ebenso häufig sind es äußere oder innere Zwänge und einschränkende Glaubensmuster, die uns behindern und in Arbeitssituationen festhalten, die unserem wahren Wesen nicht angemessen sind. Unstimmigkeiten mit sich selbst sind die Folge. Wer lange in einer solchen indifferenten Haltung arbeitet, schwächt seine wahren Impulse immer mehr, bis er sie schließlich selber nicht mehr kennt und völlig orientierungslos bezüglich seiner Aufgabe in der Welt wird. Solche Glaubenssätze sind:

Ich kann nicht, was von mir verlangt wird.

Ich kann viel mehr als von mir verlangt wird, aber es passt nicht ins System.

Für meine eigentlichen Fähigkeiten und mein wahres Anliegen scheint es keinen Platz und keinen Bedarf zu geben.

Arbeit ist unfreiwillige Pflichterfüllung und kann daher keinen Spaß machen.

Bezahlte Arbeit ist das einzige was zählt, ist gesellschaftlich anerkannt.

Kopfarbeit ist mehr wert als Handarbeit. Hausarbeit, Kindererziehung und Pflege sind minderwertige unqualifizierte Arbeiten.

Spirituelle Arbeit ist Privatvergnügen und nützt der Gemeinschaft nicht.

Die Liste ließe sich beliebig fortsetzen und gehört in die Abteilung „Gedankenmüll".

Es kann verschiedene Gründe im individuellen Karma eines Menschen geben, die dazu führen, dass er im jetzigen Leben keiner „normalen, geregelten" Arbeit nachgehen kann. Liegt eine körperliche oder seelisch-geistige Behinderung oder Krankheit vor, ist es für die Außenstehenden offensichtlich und einsehbar, dass man von einem solchen Menschen nicht die gleichen Leistungen erwarten kann, wie von einem Gesunden. Es gibt aber auch subtilere Beeinträchtigungen, die nicht so offensichtlich wahrnehmbar sind. Diese werden von Außenstehenden, oft sogar von den Betroffenen selbst, nicht als Hinderungsgrund anerkannt, einer geregelten Tätigkeit nachzugehen. Hier ist ein tiefer gehendes karmisches Verständnis gefordert, um Vorurteile oder Abwertungen zu vermeiden. Oft haben die Betroffenen große Fähigkeiten, die aber nicht richtig zur Wirksamkeit kommen können, worunter sie selber sehr leiden. Das kann in vielfältigen karmischen Blockaden begründet sein. Zum Beispiel Überforderung oder Selbstausbeutung in einem früheren Leben kann zur Folge haben, dass man sich buchstäblich übernommen und über seine Kräfte gelebt hat. Die jetzige Aufgabe ist es dann, sich um die Regeneration und den neuen Aufbau der eigenen Kräfte zu kümmern, für sich zu sorgen, sich der Stille, der Zurückgezogenheit und dem Innenweg zu widmen, statt ausschließlich in äußeren Aktionen zu leben.

Dasselbe kann der Fall sein, wenn die Kräfte äußeren Einwirkungen nicht gewachsen waren, zum Beispiel Folterungen oder grausamen Todessituationen sowie Überforderungen durch zermürbende und Kraft raubende Umstände. Wenn wir mehr Verständnis für solche Zusammenhänge entwickeln, würden wir mit Bezeichnungen wie „Schmarotzer" oder „Faulenzer" vorsichtiger umgehen. Andere Gründe im persönlichen Karma eines Menschen können in vergangenen Fehlentwicklungen und daraus entstandenen seelischen Blockaden liegen. Misserfolgserlebnisse können zu der tief sitzenden Einstellung führen: „Es lohnt sich ja doch nicht, wenn ich mich anstrenge." Oder: „Ich habe durch das ausschließliche Verfolgen ehrgeiziger Ziele versäumt, wirklich zu leben und Zeit für mich und andere Menschen zu haben." Durch das Erkennen solcher Muster können diese verwandelt und damit neue Voraussetzungen geschaffen werden.

Erfolg und „Scheitern"

„Diejenige Arbeit wird den geringsten Erfolg haben, die um dieses Erfolges willen unternommen wird, und dasjenige Lernen wird am wenigsten vorwärts bringen, das ohne Andacht verläuft. Die Liebe zur Arbeit, nicht zum Erfolg, bringt allein vorwärts"[1] Nimmt man diese Aussage Rudolf Steiners ernst, stellt sich die Frage, was in diesem Sinne Erfolg bedeuten kann. Arbeitet man nicht gewöhnlich um des Erfolges willen? Ist man nicht mindestens auf materiellen Erfolg hin orientiert? Und wenn man wirklich Liebe zur Triebfeder seines Handelns macht, wovon soll man dann leben?

Die Gewohnheit, Arbeit unmittelbar zu bezahlen, scheint geradezu den Erfolg zu verhindern. Erfolg heißt, dass etwas folgt aus dem, was man in die Welt gesetzt, ausgesendet hat, dass man eine Tat vollbringt die Früchte zeigt. Wer Freude hat bei dem was er tut, ist im Sinne von Eckart Tolle im Frieden mit sich selbst. Er erlebt keinen Mangel, sondern Erfüllung, die an sich schon Lohn genug ist. Er fühlt sich zufrieden und satt. Er vertraut darauf, dass er auch genug zu essen bekommt. Nur wer schon Zustände des Mangels erlebt hat und dadurch in der Angst vor weiterem Mangel lebt, verlangt sofortige Entschädigung, unmittelbaren Lohn. Im Laufe der Zeit kompensiert Geld den Mangel an Freude, ein Teufelskreis entsteht. Da aber immer etwas folgt aus dem Vorangegangenen, besteht der „Erfolg" eben in diesem Falle aus Pech und Angst.

„Wer nicht stirbt, bevor er stirbt, der verdirbt, wenn er stirbt." (Angelus Silesius)

Ich frage die Menschen, die nach ihrer Aufgabe suchen, nicht danach, was sie täten, wenn sie ein Grundeinkommen zur Verfügung hätten, sondern was sie täten, wenn sie wüssten, dass sie nur noch ein halbes Jahr zu leben haben: „Was wäre das Kostbarste und Wichtigste, was du der Welt geben möchtest, was deinen ganz speziellen Eigenarten und Fähigkeiten entspricht? Welche Wünsche möchtest du dir selbst noch gerne erfüllen, solange du noch bei Kräften bist und Gelegenheit dazu hast? Welche Dinge würdest du noch in Ordnung bringen, um deinen Frieden zu haben? Welche Schwächen möchtest du überwinden, um nicht in der nächsten Inkarnation wieder damit konfrontiert zu werden? Was möchtest du ändern in der Welt, damit du vielleicht in hundert Jahren bessere Zustände vorfindest als heute? Fange sofort damit an! Warte nicht bis morgen oder bis zur Rente, die du vielleicht nie bekommen wirst. Handle jetzt im Rahmen deiner zur Verfügung stehenden Möglichkeiten. Sei dir immer bewusst, dass jeder intensive Gedanke, jeder Wunsch und jede Tat irgendwann Früchte trägt, auch wenn du sie nicht unmittelbar im jetzigen Leben erntest. Man muss lernen auf den Feldern des Todes zu säen, das heißt, das Zugrundegehen des Samenkorns als Voraussetzung für sein zukünftiges Wachstum zu betrachten. Wie ein Bauer den Acker vorbereitet, dann den Samen hineinlegt und den Rest dem Himmel überlässt, muss man loslassen können und auf die Schicksalskräfte vertrauen, die die Saat zur rechten Zeit aufgehen lassen. Tue jetzt gleich den Schritt, der dir möglich und richtig erscheint, daraus werden dann die weiteren Schritte folgen. Vertraue darauf, dass du den richtigen Weg geführt wirst, wenn du immer im Einklang mit dir selber handelst."

Wenn man einmal sein überpersönliches Ziel kennt und sich klar innerlich darauf ausrichtet, wird es sich Schritt für Schritt manifestieren. Umgekehrt wird das Ziel oft auch erst sichtbar indem man sich auf den Weg macht. Genau genommen ist der Weg bereits das Ziel. Äußeres und inneres Ziel werden dann eins. Schattenanteile und Prüfungen treten in verstärktem Maße auf, wenn man sich einmal auf den Weg begeben hat. Unklarheiten und Zweifel bieten immer wieder Angriffsflächen. Manchmal fängt man durch die Prüfungen überhaupt erst an zu fragen und nach dem Ziel der Entwicklung zu suchen.

Auf den Feldern des Todes zu säen bedeutet auch, den persönlichen Erfolg zugunsten übergeordneter, überpersönlicher Ziele zurückzustellen. Das bedeutet nicht, den Erfolg um jeden Preis zu vermeiden oder ihn nicht dankbar anzunehmen, wenn er sich einstellt, sondern Erfolg und Misserfolg mit der gleichen Gelassenheit als vergängliche und den Wechselfällen des Lebens unterliegende Erscheinungen hinzunehmen. Wem es wirklich um

Dienst an der Menschheit geht, erhebt keinen Anspruch darauf, persönlich die Früchte seiner Taten für sich zu verbuchen. Man sollte sich aber niemals übernehmen, sich nicht zuviel zumuten, sondern die eigenen Grenzen genauso respektieren wie die Grenzen anderer. Erst müssen die eigenen Kräfte stark genug sein, sonst gleicht man einem Nichtschwimmer, der Ertrinkende retten will.

Geld und Sicherheit

Lohn und Arbeit zu entkoppeln muss nicht zwangsläufig mit einem Grundeinkommen verbunden sein. Die Entkoppelung muss vor allem in den Köpfen stattfinden. Vertrauen darauf, dass der Himmel für einen sorgt, wenn man das tut, was aus dem Herzen entspringt, führt in der Entwicklung weiter als die trügerische Scheinsicherheit eines Grundeinkommens. Dass Arbeit, die Spaß macht und aus selbstlosen Impulsen entspringt, keine Bezahlung verdient, ist hiermit nicht gemeint. Nur kommt die „Bezahlung" oft aus ganz unerwarteten Quellen, die scheinbar mit der geleisteten Arbeit nichts zu tun haben. Auch ohne Grundeinkommen geschehen solche „Wunder".

In der Bergpredigt (Matthäus, 6,25) heißt es:

> „Sorget euch nicht um euer Leben, was ihr essen werdet, noch um euren Leib, was ihr anziehen werdet. Ist nicht das Leben mehr als die Nahrung und der Leib mehr als das Kleid? (…) Wer aber von euch vermag mit seinen Sorgen seiner Lebenslänge eine einzige Elle hinzuzufügen? (…..) Euer himmlischer Vater weiß ja, dass ihr das alles braucht. Suchet vielmehr erst das Reich und seine Gerechtigkeit, und all das wird euch drein gegeben werden. Sorget euch also nicht um den morgigen Tag, denn der morgige Tag wird für sich selber sorgen. Jeder Tag hat genug an seiner eigenen Plage."

Die Bedingungen zur Nachfolge des Christus beinhalten, alle Bindungen an irdische Sicherheiten aufzugeben, Bindungen an Menschen, Dinge, Reichtum, einen festen Wohnort und an alles, was Menschen unbedingt zu brauchen glauben. Das heißt nicht, dass wir das alles nicht haben und auch genießen dürfen, aber wir sollen es nicht brauchen und uns nicht damit identifizieren. Andererseits sollte man immer soviel Geld zur Verfügung haben, wie es die jeweilige Aufgabe erfordert. Wer eine Aufgabe ergreifen möchte, die den Einsatz von viel Geld voraussetzt, sollte keine Mühen scheuen, um dieses aufzutreiben. Bei allen materiellen Dingen und Vergnügungen sollten wir immer vor Augen haben, dass sie dem vergänglichen Leben angehören. Dieses sollte dazu genutzt werden, es zu transformieren und zu transzendieren in einen unvergänglichen Anteil. Sorgen können das Leben nicht verlängern, im Gegenteil, sie machen uns oft krank. Durch unnütze Sorgen wird die Seele so stark an das Vergängliche gefesselt, dass sie einen Teil ihrer selbst zerstört. Als Jesus die Jünger aussandte, um zu heilen, durften sie nichts mitnehmen und nichts für die eigene Tasche erwerben. *„Freie Gabe habt ihr empfangen, freie Gabe teilt aus. Erwerbt kein Gold und kein Silber und kein Erz für eure eigene Tasche. Keines Ranzens bedürft ihr auf dem Wege, keines zweiten Gewandes, keiner Schuhe und keines Stabes. Wer tätig ist, verdient zu empfangen, was er braucht."* An späterer Stelle nach ihren Erfahrungen damit befragt, gestehen sie ein, dass sie zu keiner Zeit Mangel zu leiden hatten.

Unser Hängen am Geld und vor allem das Horten davon ist ein Ausdruck von materiellem Sicherheitsbedürfnis, von Angst vor Veränderungen, Mangel und Not. Fatalerweise führt gerade diese Angst dazu, dass sich genau die Erfahrungen, vor denen man Angst hat, immer wieder im Leben manifestieren. Auch hier sind wieder Elementale am Werk, selbst geschaffene Muster und Gedankenwesen, die beständig nach neuer Nahrung verlangen und sich deswegen in unserer Gedankenwelt einnisten. Solange Bedürftigkeit und Mangelempfinden aus karmischer Vergangenheit unerkannt und damit unbewusst wirkend bleiben, kann man einen Menschen noch so sehr mit Reichtum überschütten, er wird immer das Gefühl haben, zu kurz gekommen zu sein und nie genug zu haben. Raffgier und Angstsparen sind die Folge davon.

„Das Sicherheitsbedürfnis steht jeder großen und edlen Tat im Wege." sagte schon der römische Dichter Tacitus, (Annalen, 3,2). Unsere künstlich geschaffenen Versicherungssysteme sind nicht nur ein Ausdruck von Angst, sie schaffen auch neue Ängste. Je größer die vermeintliche Sicherheit ist, umso stärker ist paradoxerweise die Angst vor ihrem Verlust. Die Leute haben so große Angst vor dem Leben, dass sie die Grundnatur ihres Seins aufgeben im Austausch für Sicherheit, statt Sicherheit aus dem zu gewinnen, was im Inneren existiert. Sie wollen nicht wirklich frei

sein, sondern leisten gegen jede Art von Veränderung Widerstand und ziehen die scheinbaren Sicherheiten des Gewohnten vor. Der Freiheitswunsch ist nicht intensiv genug, die Bereitschaft zu schaffen, Bindungen an Personen, Besitztümer, Wünsche und an all die Dinge loszulassen, ohne die sie nicht glauben, leben zu können. Sie vergessen dabei aber, dass sie eines Tages gar nicht umhin können, all das loszulassen, und dass das umso schwieriger wird, je weniger sie es vorher geübt haben.

Es spukt oft noch in den Köpfen die Vorstellung herum, Geld sei etwas Schmutziges und für eine freudvolle und selbstlose Arbeit dürfe man nicht auch noch eine gute Bezahlung erwarten. Geld an sich ist aber ein neutrales Tauschmittel, das nur durch den menschlichen Missbrauch, durch die Gier nach mehr als man braucht „schmutzig" geworden ist. Eine andere Einstellung zum Geld könnte da viel „Erlösungsarbeit" bewirken. Geben und Nehmen in Freude und aus dem Gefühl des Überflusses hilft dem Geld im Fluss zu bleiben. Es ist nur schädlich, wenn es dem Fluss entzogen und gehortet wird. Ein geistiges Gesetz besagt, dass man dasjenige, was man bekommen möchte, geben soll, sei es Anerkennung, Liebe oder eben auch Geld. Auch da kommt es allerdings auf die innere Haltung an. Wenn ich aus Berechnung, weil ich selber Geld bekommen will, einem Bettler etwas gebe, bin ich wieder in der Schleife aus Eigennutz und Pech. Wenn ich es aus dem Gefühl des Überflusses heraus tue, obwohl ich eigentlich pleite bin, wird sich der Überfluss in meinem Leben früher oder später manifestieren. Wir können an Sterntaler denken, um dieses Gesetz zu verstehen. Solange wir noch irgendetwas haben was wir geben können, sollten wir es tun, und sei es „nur" ein Lächeln oder ein nettes Wort.   Ein weiteres geistiges Gesetz besteht darin, das innerlich zu segnen, was man selber gerne bekommen möchte. Statt auf einen wohlhabenden Menschen neidisch zu sein oder ihn innerlich zu verurteilen und als Ausbeuter zu beschimpfen, ist es immer besser, auf das Positive zu schauen und es in Gedanken zu segnen.

Eine neue Sozialkultur

Individualität und Gemeinschaft ist ein brennendes Thema. Die zunehmende Individualisierung treibt den Einzelnen immer mehr in Isolation, zu innerer Einsamkeit und dem Gefühl, von niemandem mehr verstanden zu werden. Auf der anderen Seite wächst die Sehnsucht nach neuen Gemeinschaftsformen, die Freiheit und Verbundenheit gleichermaßen versprechen. Ist das überhaupt möglich? Kann die Erkenntnis von Reinkarnation und Karma dazu beitragen, dass ein vertieftes Interesse am anderen Menschen entsteht, ein liebendes Verständnis seiner Eigenheiten und ein bewusster Zusammenklang der Eigenheiten einer Gruppe? Könnte es nicht die schöpferischen Kräfte einer Gemeinschaft ungeheuer beflügeln, wenn jedes Mitglied dieser Gemeinschaft sein gesamtes Potenzial und seine, in dieses Leben mitgebrachte Lebensvision, vollständig einbringen könnte, so dass es sowohl seiner eigenen Verwirklichung als auch den Zielen der Gemeinschaft dient?

Die Frage stellt sich, ob nicht ein totales soziales Chaos entsteht, wenn jeder nur das tut, was er selbst für richtig hält. Führt das nicht zu grenzenlosem Egoismus, während viel wichtige gemeinnützige Arbeit liegen bleibt? Diese Befürchtung geht vom gegenwärtigen Bewusstseinszustand der meisten Menschen aus, der von Angst und Egoismus beherrscht ist. Die Bezahlung der Arbeit hat den Sinn, Anstrengungen anzuregen, für die der Mensch naturgemäß zu träge ist. Wenn die Arbeit aus freiwilligen Stücken erfolgen soll, muss der Mensch so weit sein, dass er fähig ist aus Einsicht in die Weltgesetze und in Liebe zum Mitmenschen zu handeln. Er muss seine Denk- und Willenskräfte so beherrschen, dass er sich selbst gemäß seiner höheren Einsicht gehorchen kann. Wenn in einer Gruppe von Menschen jeder Einzelne sich hinorientiert auf diese geistigen Gesetze, entsteht eine neue Ordnung, ein harmonisches Zusammenwirken der Gruppe ganz von selbst. Wenn der Mensch dagegen nicht die Möglichkeit hat, im Einklang mit seinen höheren Impulsen und seinem vorgeburtlichen Lebensplan zu handeln, schwächt er nicht nur sich selbst, sondern auch die Gemeinschaft, der dann seine besten Kräfte fehlen. Gruppenzwänge sind ein tödliches Gift für die Entfaltung der freien Individualität und damit auch für die Entstehung einer neuen Sozialkultur.

Wenn es so wichtig für den Menschen sein soll, seine Lebensvision zu kennen, warum haben wir sie dann vergessen? Warum haben wir normalerweise keine Erinnerung an unsere früheren Leben? Nun, das ist zum einen ein Schutz vor Überforderung der Seele. Unserem bewussten Gedächtnis ist auch in diesem Leben nur ein Bruchteil des Erlebten zugänglich. Unbewusst ist vieles in Form von Gewohnheiten, Fähigkeiten und Reaktionsmustern gespeichert. Auch die Lebensaufgabe, die man mitgebracht hat, hat sich beim Aufbau des physischen Körpers in ihn hineingeprägt. Leider findet man nicht immer eine ideale Umgebung vor, die das Mitgebrachte erkennt und fördert. Äußere Umstände, gesellschaftliche Erwartungen und Ängste verschütten die in der Kindheit und Jugend oft noch latent vorhandenen Erinnerungen. Wir können die Erinnerungskräfte durch mühsames Arbeiten stärken, indem wir uns geistig aus dem Körper herausbewegen. Auch in zwischenmenschlichen Beziehungen können diese Erinnerungskräfte aufleuchten, wenn eine tiefe und liebevolle Begegnung möglich ist. Angst, Trägheit und Interesselosigkeit dem anderen Menschen gegenüber verhindern auch das Erkennen der eigenen Besonderheit. Wir gehen Konflikten lieber aus dem Weg statt sie als Chancen der Bewusstwerdung willkommen zu heißen. Sie hindern uns scheinbar an der Bewältigung unserer Alltagsaufgaben, dabei sind sie die wichtigste Aufgabe beim Erreichen unseres Entwicklungsziels.

Warum kommen wir überhaupt zusammen? Es gibt eine Anziehungskraft aufgrund des unbewusst wirkenden Willens zum karmischen Ausgleich. Sie kann sich als Sympathie, manchmal auch als Antipathie oder Angst äußern. Beides kann ins Gegenteil umschlagen, selbst aus leidenschaftlicher Liebe kann ebenso leidenschaftlicher Hass entstehen. Auch Hass ist ein Zeichen einer sehr engen karmischen Verbindung. Die Seelen haben sich in der geistigen Welt vor der neuen Inkarnation verabredet, sich um des Lernens auf der Erde willen gegenseitig zu missbrauchen, zu behindern, sich herauszufordern. Das Ziel ist, auf der Erde Freiheit und selbstlose Liebe zu lernen, Schöpferkraft zu entfalten und unser Leben zum Ausdruck unseres höheren Wesens zu machen.

Die Menschheit entwickelt sich von einem unpersönlichen über ein persönliches zum überpersönlichen Bewusstsein. Die Entwicklung der Persönlichkeit erforderte es, ein starkes Ego zu besitzen, für seine persönlichen Ziele zu kämpfen und sich notfalls auch auf Kosten anderer durchzusetzen. Darin sind wir wahre Meister geworden. Die Entwicklung zum überpersönlichen Bewusstsein macht es notwendig, die Egomechanismen wiederum zu überwinden, denn sie behindern uns immer mehr in unserer freien Entfaltung. Das Ego ist nur die Haut, die Hülle, die uns unser eigenes

Dasein spüren lässt, aber es ist eine vergängliche Hülle, die dazu dienen soll, innerhalb ihrer Grenzen ein grenzenloses und zeitloses Bewusstsein zu entwickeln. Konflikte helfen dabei, die eigenen Mechanismen zu erkennen und sie zu überwinden. Das Loslassen der Egomechanismen führt zu dieser Bewusstseinserweiterung, die zu einem neuen Gemeinschaftsleben notwendig ist. Was wir also vorrangig zu tun haben, ist eine radikale Änderung unserer tief sitzenden Gewohnheiten. Solange wir noch automatisch unsere Ego-Interessen verteidigen, kann sich das überpersönliche Bewusstsein nicht entwickeln.

Von diesem Gesichtspunkt aus können uns die Regeln der Bergpredigt als spirituelle Gesetzmäßigkeiten verständlich werden: (Matthäus, 5,38 ff)

„Ihr habt gehört, dass gesagt ist. Aug' um Auge, Zahn um Zahn. Ich aber sage euch: Widerstehet dem Bösen nicht, sondern wer dich auf die rechte Wange schlägt, dem halte auch die linke hin, und dem, der dich vor Gericht bringen und deinen Rock nehmen will, dem lass auch den Mantel. Und wer dich nötigt, eine Meile weit zu gehen, mit dem geh zwei. Dem, der dich bittet, gib, und wer bei dir borgen will, von dem wende dich nicht ab. Ihr habt gehört, dass gesagt ist: Liebe deinen Nächsten und hasse deinen Feind. Ich aber sage euch: Liebet eure Feinde und betet für die, die euch verfolgen, damit ihr Söhne eures Vaters im Himmel werdet, denn er lässt seine Sonne aufgehen über Böse und Gute und lässt regnen über Gerechte und Ungerechte."

Es ist sicher nicht gemeint, sich zum willenlosen Opfer zu machen und dem anderen damit die Täterrolle zuzuweisen. Nachgeben aus einem unbewussten Harmoniebedürfnis oder Durchsetzungsschwäche kann ebenfalls nicht gemeint sein. Ein bewusstes Opfer zu bringen ist etwas anderes, als aus Schwäche, Angst oder Hilflosigkeit zum Opfer zu werden. Man kann nur freiwillig opfern, was man zuerst hat. Ein starkes Selbstbewusstsein ist erforderlich, um diese Regeln so zu befolgen, dass nicht Schwäche sondern weitere Stärkung daraus resultiert. Vor allem geht es um das Durchbrechen automatischer unbewusster Reaktionsmuster. Unsere Verteidigungsmechanismen sind genauso unbewusst wir die erlebten Angriffe, Schon das Erkennen dieser Mechanismen steigert die Bewusstheit. Dem „Bösen" Widerstand entgegenzusetzen, bedeutet dagegen, es mit seinen eigenen Mitteln ausrotten zu wollen. Das führt immer zu einer Verstärkung desjenigen, was man bekämpfen will. Aggression ruft Gegenaggression hervor, Hass und Gewalt fordern Rache und noch größere Gewalt heraus. Aus banalen Anlässen werden so verheerende Kriege entfesselt. Selbst beim Kampf gegen die eigenen schlechten Gewohnheiten, das „Böse" im eigenen Inneren, wird man häufig eine Verstärkung und Verhärtung desjenigen feststellen, was man bekämpft. Widerstandslosigkeit dem „Bösen" gegenüber ist ein viel besseres Mittel zu dessen Eliminierung als Kampf.

Weiter geht es in der Bergpredigt um das Almosengeben, Beten und Fasten im Verborgenen. Diejenigen, die ihre guten Taten zur Schau stellen, „verscherzen sich selber den Gewinn." Hier geht es um die Bekämpfung der Sucht nach Anerkennung und Erfolg, die eben den wahren Erfolg verhindert. Dann folgt die bereits zitierte Stelle, wo es um die Hingabe an die Vorsehung und die Bekämpfung der Existenzangst geht. Und schließlich eine ganz wesentliche Regel für das soziale Miteinander:

„Richtet nicht, damit ihr nicht gerichtet werdet. Denn mit dem Gericht, mit dem ihr richtet, werdet ihr gerichtet werden. Und mit dem Maße, mit dem ihr messt, wird euch gemessen werden. Was siehst du den Splitter im Auge deines Bruders, doch den Balken in deinem Auge nimmst du nicht wahr?" Es steht uns nicht zu, über andere zu urteilen. Alles findet durch das Karma ohnehin seinen Ausgleich. Über die Gewohnheit, im anderen Menschen das zu bekämpfen, was eigentlich das eigene Übel ist, wurde bereits gesprochen. *„Wer von euch ohne Sünde ist, werfe den ersten Stein"*, heißt es an anderer Stelle. Wir sollten lernen, im Mitmenschen den Menschenbruder zu sehen, der mit den gleichen Schwächen und Grundübeln des Menschseins zu kämpfen hat wie wir selber. Wenn wir die Schwächen in uns selber bekämpfen und wissen, wie schwer das ist, können wir auch anderen mit Nachsicht und Mitgefühl begegnen.

Wenn wir anerkennen, dass dasjenige, was wir vom Menschen hier auf der Erde herumgehen sehen, nur der äußere Ausdruck ist für etwas, was in den Menschen aus der Ewigkeit hereinleuchtet, und uns innerlich immer diesen göttlichen Kern ins Bewusstsein rufen, selbst bei einem Verbrecher oder bei Leuten, die uns Schaden zufügen, erreichen wir diese überpersönliche Liebefähigkeit dem Menschen und dem Menschsein gegenüber, die uns befähigt, aus Einsicht in die Notwendigkeiten der Evolution zu handeln. Nicht seine Schwächen oder schlechten Taten sollen wir lieben, sondern diese zu trennen wissen von seinem geistigen Wesenskern.

Die persönliche selbstbezogene Liebe ist immer mehr oder weniger durchzogen von egoistischen Motiven, wie: Bedürfnis nach Geborgenheit und Sicherheit, Angst vor Einsamkeit, Abhängigkeit, Macht, Pseudoverantwortlichkeit, Einmischung, Helfersyndrom, falsches Mitleid, Leidenschaft, Manipulation, Besitzansprüche, sowie daraus resultierender Verlustangst, Eifersucht, Trennungsschmerz, Missbrauch etc.

Die überpersönliche selbstlose Liebe hingegen befähigt uns zur Achtung der anderen Individualität und der Förderung ihrer Entwicklung zur Freiheit. Sie besteht im Respektieren der eigenen Grenzen und denen des anderen, im Akzeptieren irdischer Beschränkungen und dem Erkennen und Beenden gegenseitiger Abhängigkeiten. Sie dient nicht der Befriedigung persönlicher Interessen, sondern dem bewussten Schaffen einer neuen Substanz aus dem Zusammenwirken der Individualitäten. Eine geistige Gefäßbildung kann stattfinden, die das Hereinwirken höherer geistiger Wesen begünstigt. Die Christuskraft als belebende heilende Energie kann einströmen und sich einer solchen Menschengemeinschaft verbinden und sie zu weiteren Entwicklungszielen führen.

Eine solche Selbstlosigkeit ist sicher noch ein sehr fernes zukünftiges Ideal, an dem wir weder uns selbst noch andere messen sollten. Zukünftige Entwicklungen bereiten sich erst keimhaft vor und lösen ganz allmählich das Alte ab.

Wo ist mein Platz?

Die fortschreitende Individualisierung bringt es zwangsläufig mit sich, dass herkömmliche Sozialstrukturen und hierarchische Systeme nicht mehr funktionieren. Viele Menschen haben das Gefühl, nirgends mehr so richtig dazuzugehören und von niemandem verstanden zu werden. Sie wollen sich selbst und ihrem Weg treu bleiben und sich nicht an Bestehendes anpassen müssen, haben aber andererseits die Sehnsucht nach Gemeinschaft und Begegnung.

Der Weg vom unpersönlichen Gruppenbewusstsein über das Persönlichkeitsbewusstsein zu einer überpersönlichen Bewusstseinsebene führt zwangsläufig durch das Nadelöhr absoluter Einsamkeit. Alle Abhängigkeiten und das Abschieben von Verantwortung an andere Instanzen außerhalb unserer selbst müssen erst aufhören, bevor eine wirklich freie Gemeinschaftsform möglich wird. Paradoxerweise hat man oft am meisten Angst vor dem, was man gleichzeitig am meisten ersehnt. Freiheit und Liebe zu erringen, ist alles andere als bequem. Wenn aber die individuelle Seele des emanzipierten Menschen einmal errungen ist, geht sie niemals wieder verloren. Menschen, die sich dann in freiwilligen Zusammenhängen zusammen finden und ihre Gefühle zusammenströmen lassen, schaffen dadurch eine geistige Atmosphäre und Substanz, die Träger eines neuen übergeordneten Gruppenbewusstseins werden. Es gibt dann keinen Platz mehr in der äußeren Welt, der gefunden werden kann, sondern nur noch den Raum, der aus dem Inneren heraus geschaffen und gestaltet werden will.

Die Erfahrung zeigt, dass neue soziale Verbindungen dann entstehen, wenn die Ziele sich nicht mehr an äußeren Gesichtspunkten und Notwendigkeiten orientieren, sondern die äußeren Anstrengungen den inneren Entwicklungszielen dienen. Voraussetzung dafür ist ein echtes Interesse an der Seele des anderen Menschen. Konflikte sind ungeheuer fruchtbar, wenn nicht jeder bei seinen Meinungen und Vorurteilen stehen bleibt, sondern wirklich wissen will, was der andere für ein Mensch ist, dass seine Gedankenwelt so unterschiedlich ist von meiner eigenen. Dann entsteht auch ein Blick für die besonderen Fähigkeiten dieses anderen, für seine Einzigartigkeit, für die Möglichkeit, sich gegenseitig zu ergänzen und zu fördern. Solange äußere Zielsetzungen und gemeinsame Interessen das Einzige bleiben, was eine Gruppe zusammenhält, wird es immer wieder sozialen Unfrieden geben. Der Mut zur Wahrhaftigkeit und zur Liebe im Alltag kann allein diese Öffnungen bewirken, durch die eine zukünftige Gemeinschaft zusammenwachsen kann.

Christiane Feuerstack
Die Methode des meditativen Gesprächs

Beispiele aus der Praxis

Um einen konkreten Einblick in die Arbeit mit inneren Bildern und deren verwandelnder Kraft zu geben, möchte ich einige Beispiele anführen anhand von Protokollen, die ich während der meditativen Gespräche mitschreibe. Die Bilder sprechen in dieser Form für sich, ergänzende Hinweise zu den Personen sind auf das zum Verständnis Notwendige beschränkt.

Imaginationen sind aktiv erzeugte Vorstellungsbilder, die symbol- oder urbildhaft Aufschluss über innere seelische Realitäten geben. Es können Erinnerungsbilder aus früheren Leben, aber auch gegenwärtige oder zukünftige Frage- oder Aufgabenstellungen auftauchen. Diese Bilder sind in unserer Aura eingeschrieben, wir tragen sie unbewusst immer mit uns. Es bedarf einiger Anstrengung und Konzentration, diese unbewussten Seeleninhalte ans Licht zu holen. Wir können schon im gewöhnlichen Leben beobachten, wie mühsam es oft ist, Erlebtes, das dem Bewusstsein entfallen ist, wieder ins Gedächtnis zurückzuholen. Jeder, der schon einmal verzweifelt in seinem Gedächtnis nach einem Namen oder einer Telefonnummer geforscht hat, kennt das Phänomen, dass die sehnlichst herbei gewünschte Erinnerung sich erst einstellt, wenn man das vergebliche Suchen danach resigniert eingestellt hat. Plötzlich kommt der richtige Einfall!

In einem meditativen Gespräch ist es die Aufgabe des Fragenden, unter Berücksichtigung dieser Dynamik Konzentration, Loslassen, Warten und Festhalten der inneren Wahrnehmungen und Bilder zu üben. Das gelingt erfahrungsgemäß leichter zu zweit, kann aber auch nach einigem Üben von einer Person alleine praktiziert werden. An dieser Stelle möchte ich betonen, dass auch bei einer geführten Meditation sich die Teilnehmer all ihrer Erfahrungen voll bewusst sind und sich an jedes Detail ihrer Erlebnisse erinnern können. Sie befinden sich niemals in Trance, sondern in konzentrierter Verbindung mit ihrem höheren Bewusstsein. Nach einem Vorgespräch, in dem die anstehenden Fragen herausgeschält werden, leite ich eine solche Meditation durch ein Mantram und eine Licht-Schutz-Übung ein und bitte die geistige Führung bzw. den persönlichen Schutzengel des Betreffenden um Mithilfe. Einige Menschen haben eine sehr starke Beziehung zu dieser Instanz und lassen sich von ihrem Engel durch die Bilder begleiten und leiten.

Übersinnliche Botschaften sind oft so subtil, dass die direkte Wahrnehmung nicht immer auf Anhieb gelingt. Die Seele „übersetzt" die empfangenen Informationen in eine ihr verständliche Sprache. Das können Bilder, Gefühle, innere Worte oder Gedankenwahrnehmungen sein. Ein großes Hindernis ist der Zweifel an den eigenen Fähigkeiten oder zu festgelegte Vorstellungen, wie diese Botschaften auszusehen haben. Zweifel, Unsicherheit und die Angst, etwas falsch zu machen, erweisen sich oft als Blockaden. Die Tatsache, dass zunächst die aktive Vorstellungskraft eingesetzt werden muss und die Bilder anfangs eher blass und flüchtig erscheinen, kann verwirrend wirken. Im Laufe der Übung wird aber deutlich, dass die scheinbar willkürlich erzeugten Vorstellungen ihre eigene Dynamik entwickeln und durch ihren Symbolgehalt eine deutliche Sprache sprechen. Ähnlich wie in Traumbildern können dramatische Ereignisfolgen ein inneres Geschehen zum Ausdruck bringen, in dem die logische Ordnung und das Gefüge von Raum und Zeit anderen Gesetzen stärker unterworfen sein können als üblich. Wir sind auf ungewöhnliche Weise in die Bilder und deren emotionale Stimmungen eingebunden. Diese gesteigerte Erfahrungsqualität gilt es beim Lesen der Protokolle zu berücksichtigen. Die Wortform des Protokolls gibt nur annähernd die oft erschütternde Erfahrungswelt des Bilderlebens wieder.

Der Impuls zu diesem Buch entstand aus der Arbeit mit einer Frau mittleren Alters, ich nenne sie Gerlinde, die vor einigen Jahren durch einen Unfall aus dem Erwerbsleben herausgerissen wurde und seitdem nach Wegen suchte, um wieder zu ihren Kräften zu kommen. Es zeigten sich in den Bildern Situationen, die schon auf frühere Kraft raubende Ereignisse hindeuteten, bis hin zu einem traumatischen Erlebnis im Holocaust, bei dem durch eine Vergasung ihre Konstitution so auseinander gerissen und geschwächt wurde, dass sie nun offensichtlich ein Leben der Ruhe braucht, um sich wieder regenerieren zu können, bevor sie ihre Kräfte überhaupt wieder nach außen hin einsetzen kann. In diesem Sinne konnte der Unfall sogar als eine Hilfestellung des Schicksals betrachtet werden, wodurch die nötige Ruhestellung erreicht wurde. Es stellte sich heraus, dass ein extremes Schlafbedürfnis auch schon vor dem Unfall bestanden hatte, was während der Zeit der Berufstätigkeit natürlich problematisch war. Die Bilder zeigten deutlich, dass sie sich diesen Schlaf gönnen darf, und dass sie das in Ordnung finden und sich keinesfalls mit Anderen vergleichen soll.

Die eigene Kraft zurückgewinnen
Gerlinde, 1. Sitzung

Ich befinde mich in einer aufgeregten Menschenmenge, davor stehen Galgen, an denen Leute gehenkt werden. Ich schaue dabei zu, kenne die Leute zwar nicht, aber es regt mich sehr auf, es bedroht mich. Die werden nicht wegen eines Vergehens gehenkt, sondern wegen ihrer politischen Einstellung. Ich fühle mich auch bedroht, weil ich diese Einstellung teile. Es geht um eine sozialistische Einstellung, um Brüderlichkeit.

Die Mächtigen haben überhaupt keine Einstellung, es herrscht ein besinnungsloses teuflisches Rasen. Ich selbst bin männlich, im jungen Erwachsenenalter. Die Menge um mich herum kenne ich vom Sehen.

Plötzlich werde ich von Polizisten gepackt, gefesselt und in einen Kerker gebracht. Ich bin allein. Die haben mich wohl vorher schon bespitzelt. Es wird gar nicht mit mir geredet. Kurz darauf habe ich das Gefühl, von diesen drei Männern, die mich dahin gebracht haben, mit einer Lanze erstochen zu werden. Ich fühle mich wehrlos, war ja die ganze Zeit gefesselt. Ich sehe wie mein Körper stirbt. Es empört mich, dass so etwas überhaupt möglich ist, einen gesunden jungen Mann zu überwältigen, dass ich da einfach wie ein Stück Fleisch abgestochen werde. Zurück bleibt das Gefühl, nicht „richtig" zu sein, nicht die passende Meinung zu haben und die Empörung, dass es solche Konsequenzen haben kann, dass jemand stärker ist als ich.

Offenbar kann ich aber nachtodlich durch mein Dasein und meine Solidarität anderen helfen, sowohl Lebenden als auch Verstorbenen, wir haben uns organisiert für die Seelen, die noch auf der Erde sind.

Jetzt wiederhole ich durch den Unfall diese Schmerzen, das Gefühl von Wehrlosigkeit und das Distanzieren vom Körper: es ist ja nur mein Körper, mich kriegen sie nicht! Jetzt müsste ich in den Schmerz reingehen, um ihn verwandeln zu können. Am Brustbein ist der Schmerz so stark, dass ich immer die Luft anhalte und gar nicht atme. Die Lanze hatte damals an derselben Stelle getroffen, wo jetzt auch die Unfallverletzung ist.

Auch im Rücken fühle ich Schmerz, im Kreuz und in den Beinen. Die Rückenschmerzen tauchten bei der Kerkerszene auf. Dass es in die Beine runterzieht, liegt an der Fesselung. Der Schmerz zermürbt mich, brennt mir die Persönlichkeit aus, fesselt mich, schlägt mich zurück in Kindheitsstadien, bewirkt Regression.

Wenn ich dieses Schmerzwesen auffordere, damit aufzuhören, weicht es zurück. Es wäre bereit, neue Aufgaben zu übernehmen, zum Beispiel eine Art schützende Wächterfunktion. Im Brustbereich müsste sich diese verwandelte Kraft manifestieren.

Ich sollte mehr Kontakt mit anderen Menschen pflegen, Solidarität entwickeln.

2. Sitzung (vier Monate später)

Ich komme in einen Wald, es geht einen kleinen Weg die Berge hoch. Ich gehe ganz alleine. Es gibt keine Häuser, keine Menschen, auch keine Tiere oder sonstigen Lebewesen. Ich komme eher langsam voran, ziellos.

Ich bin wie eine Hirtin bekleidet, habe einen Sack umgehängt und Lederschuhe an den Füßen. Vorher war ich mit Ziegen unterwegs, die sind jetzt bei ihrem Besitzer, der mich losgeschickt hat, weil eine Ziege fehlt. Ich soll sie suchen und hoffe sehr, sie zu finden, denn davon hängt meine Arbeit ab. Wenn ich sie nicht finde, werde ich davongejagt. Ich suche schon fünf Stunden. Endlich habe ich die Ziege gefunden, aber die ist abgestürzt und verletzt. Sie stirbt kurz darauf an ihrer Verletzung, ich kann sie nicht retten und muss ohne sie zurückkehren. Bei dem Besitzer komme ich aber gar nicht mehr an, weil ich unterwegs selber abstürze.

Das war wohl eine Mischung aus Müdigkeit, Durst, Hunger und Verzweiflung wegen der Ziege. Halb unbewusst habe ich das gesucht, es ist dann einfach passiert. Daran muss ich jetzt lernen, dass ich nicht aufgeben soll. Ich hätte ja auch woanders hingehen können statt zurück zu dem Besitzer. Die Sache wurde als Problem so groß, dass sie keine Relation zur Realität mehr hatte.

Die Schuldgefühle wegen der Ziege haben mich so geschwächt, dass ich es beim Laufen als Kraftlosigkeit gespürt habe.

Jetzt komme ich in eine orientalische Stadt. Ich bin reich gekleidet mit bunten Tüchern, eher männlich, vierzig Jahre alt. Es sind ein paar Frauen um mich herum. Ich scheine ein Stoffhändler zu sein.

Abends bin ich mit Kamelen unter freiem Himmel. Ich übernachte draußen, aber vielleicht nur auf den Reisen.

Ich habe das Gefühl, in dieser Stadt zu Hause zu sein, aber es zeigt sich kein spezielles Haus. Da ist eine Frau zu sehen, die ist in einem Haus in dieser Stadt. Die Frau wartet immer, während der Händler auf Reisen ist. Das macht sie schon fünfzehn Jahre lang. Sie scheinen keine Kinder zu haben.

Ungefähr zehn Jahre später bin ich krank geworden, so dass ich nicht mehr reisen und arbeiten kann. Irgendwas mit der Verdauung ist nicht in Ordnung, ich leide unter Übelkeit und kann nicht mehr richtig essen. Ich werde nicht mehr gesund, aber es dauert noch eine ganze Weile, bis ich sterbe. Die Frau versorgt mich. Ich sterbe einfach langsam, wie wenn ich verdursten, vertrocknen würde. Nachtodlich empfinde ich Reue über dieses Leben, diese selbstverständliche Haltung, dass die Frau für einen da ist. Die gehört irgendwie dazu, was sie für einen Charakter hat, ist nicht deutlich. In Zukunft möchte ich das anders machen: nicht mehr die Hauptkraft auf den Beruf legen, sondern auf mein Umfeld, Menschen und Tiere. Es will sich noch etwas zeigen. Irgendetwas, was ich nicht sehen will. Es fühlt sich grauenhaft an. Ich bitte meinen Engel um Hilfe, dass ich die Kraft habe, es anzuschauen. Ich werde umschlossen und festgehalten. Es ist ziemlich dunkel. Ich sehe eine Grube, wo ein Lastwagen einen Berg Leichen reinkippt.

Ich habe das Gefühl, da arbeiten zu müssen, diese Grube selber zu graben. Ich weiß anscheinend, wofür ich da grabe. Die Leichen sind im KZ an Typhus und solchen Krankheiten gestorben. Ich habe diese Arbeit nicht freiwillig getan, ich wurde gezwungen von der Lagerleitung, war da selber auch gefangen. Ich bin eine junge Frau, ungefähr achtzehn, bin da seit anderthalb Jahren. Ich habe das Gefühl, ziemlich bald zu sterben, auch an so einer Krankheit.

Der Engel ist selber entsetzt.

Ich komme in eine Kirche. Da herrscht warmes Licht, es ist sehr viel Energie in diesem Raum, so als ob der Engel seine Kraft multipliziert hätte hinter mir. Ich kann diese Energie aufnehmen und spüren. Der Engel meint, ich könnte jetzt nichts Spezielles mehr tun; nur eben diese Kraft aufnehmen und das jeden Tag üben! Der Engel hebt mit seinen Flügeln meine Arme hoch, das sollte ich auch jeden Tag wiederholen und mir dabei den Engel hinter mir vorstellen.

3. Sitzung (weitere vier Monate später)

Ich gehe einen Weg entlang, kann da gar nicht laufen. Das türmt sich so hoch und steil, es gibt lauter Hindernisse. Ich kraxele da drin rum, sehe einen See auf der anderen Seite. Dann muss ich wieder absteigen, komme jetzt aber weiter und versuche da runter zu gehen. Jetzt bin ich unten vor dem See, der ist nicht sehr groß. Die Landschaft kommt mir bekannt vor.

Ich sehe mongolisch aus, weiblich, vierzehn Jahre alt. Ich habe das Gefühl, mit einem alten Mann zusammenzuleben, ich bin aber nicht verwandt mit dem, auch nicht verheiratet. Ich glaube, dass er mich aufgenommen hat, weil ich keine Angehörigen mehr habe. Ich bin seit fünf Jahren bei ihm. Die Angehörigen sind erfroren, beide Eltern, eine Schwester. Eine Großmutter war auch noch da, die ist bald danach gestorben.

Es gab einen Schneesturm. Ich weiß nicht, ob die Eltern das Zelt abgebaut hatten und unterwegs waren, als sie von dem Schneesturm überrascht wurden, oder ob sie in dem Zelt waren. Ich hatte mich in den Bergen verkrochen, bin erst losgerannt, als der Schneesturm anfing, da war ich noch bei den Eltern.

Ich hatte nicht das Gefühl, dass die Eltern mich schützen können oder dass ich sie schützen kann. Die haben mich auch nicht zurückgehalten. Ich habe die Eltern und die Schwester gefunden, als ich zurückkam. Ich konnte es erst gar nicht glauben, dass die erfroren waren. Es ist nicht so klar, ob in diesem Dorf noch andere Zelte waren. Den alten Mann kannte ich vorher nicht. Ich habe ihn getroffen, als ich etwas tiefer von den Bergen hinab gegangen bin und nach Hilfe suchte.

Das ist ein klimatisch besseres Gebiet. Es sind auch mehr Leute da. Ich werde einfach zu diesem Mann geschickt. Der nimmt mich freudig auf, aber ich bin ein bisschen entsetzt darüber, dass er so alt ist und ich ihm wahrscheinlich sehr viel helfen muss. Das ist dann auch so, aber ich gewöhne mich daran. Die Nahrungsmittel bekommen wir von den anderen Sippenmitgliedern oder den Leuten, die in der Nähe sind. Die Situation bindet mich sehr fest. Ich bin mit diesem Alten konfrontiert. Er hört nicht mehr gut, kann nicht mehr sprechen, es ist für mich wie eine Art Gefängnis. Ich kann auch sonst mit niemandem sprechen. Es gibt nur noch eine Frau, eine Familienmutter, vielleicht die Tochter oder Enkelin des Mannes, da kann ich manchmal hingehen und einen Besuch machen.

Nach fünf Jahren spüre ich eine gewisse Schwäche und Leere, als ob dieser Mann mir die Kräfte raussaugt. Ich komme aber nicht auf die Idee, weiterzulaufen. Ich kann nichts, bin nie in die Schule gegangen.

Zwei Jahre später ist der Alte gestorben, er ist einfach im Sitzen zusammengesackt. Ich wusste dann nichts mehr mit mir anzufangen, war sehr müde und krank, und habe einfach da gelegen. Diese Familie wollte dann nichts mehr mit mir zu tun haben. Ich bin erstmal eine Weile dort geblieben, alleine. Mit zwanzig habe ich nicht mehr gelebt, ich bin dort mit achtzehn gestorben. Da war ich immer noch alleine in dem Haus, hatte mit den Tieren zu tun, habe da weiter gearbeitet und bin schließlich an einer fieberhaften Infektion gestorben.

Das Leben hat sich nicht entfaltet. Meine Kraft ist nicht bei mir geblieben, sondern ist zu dem Mann gegangen, der sie brauchte, sonst wäre er vielleicht früher gestorben. Ich hatte keine intensive Beziehung zu ihm, es gab keine Gespräche. Er hatte mir nicht bewusst oder böswillig die Kraft abgezogen. Ich wusste nicht, wie man richtig kommuniziert, außer dass ich ihm bei der Pflege und beim Essen geholfen habe.

Nach diesem Leben entsteht der Impuls, das zu lernen, dass ich nicht nur als Aschenputtel gesehen werde, sondern als jemand der einem Anderen Denkanstöße geben kann.

Mein Engel meint, eine Schuld würde noch fesseln. Es gibt offenbar noch eine Schuld. Die soll ich noch anschauen.

Jetzt bin ich wieder da, wo ich bei einer vorherigen Sitzung schon mal war. Dieser Händler im Orient, der eine Frau hatte, die er nicht so liebevoll behandelt hat. Das war meine jetzige Mutter. Diese Haltung, dass ich das so selbstverständlich nehme, dass ich bedient werde als Kind, fesselt mich noch. Ich konnte mich nie bei der Mutter bedanken, als Kind nimmt man das eben selbstverständlich. Die Mutter hat aber stark gefordert, dass man sich für alles bedankt.

Als Kind habe ich den Kontakt zur Mutter nicht zugelassen, habe alles abgeblockt, weil ich immer das Gefühl hatte, die macht mir das Leben kaputt.

Zum Thema Schlafbedürfnis: Mein Engel hat mich ganz stark umhüllt und beschützt. Ich habe das Gefühl, dass viele Engel um mich herum standen. Ich spüre jetzt eine große Kraft von mehreren Wesen um mich herum, bin in der Mitte, geschützt. Es kommt der Gedanke, dass ich im nächsten Leben wieder genügend Kräfte habe.

Die Engel schützen mich, damit ich wieder von vorne anfangen kann, ich muss mir alles wieder neu aufbauen. Es gibt einen Zusammenhang mit dem Vergastwordensein. Der Schutzraum ist nur für mich selber da. Ich kann diese Kräfte nicht für andere einsetzen. Ich soll einfach abwarten, werde dann kräftiger.

Krankheit als zukünftiges Karma

Es folgt das Beispiel eines 48 Jahre alten Arztes, der unter schwersten Schlafstörungen litt, die ihm die Ausübung seines Berufes fast unmöglich machten. Es zeigte sich in diesem Fall, dass die Ursache dieses Leidens als Aufgabenstellung aus der Zukunft zu verstehen war.

Es gibt einen inneren Raum, wie eine Kirche, darin ist eine Öffnung in den Himmel über dem Altar. Unter dem Altar gibt es eine Krypta, da führt der Engel mich hin. Ich sehe eine Skulptur, die trägt die ganze Kathedrale auf dem Rücken. Das ist Simon von Kyrene, der trägt das Kreuz der Kirche, gebeugt, verborgen, keiner sieht ihn.

Dies ist ein Spiegelbild meines Leidens, damit trage ich etwas in diesem Kosmos, in dieser Welt. Der erste Satz, den die Gestalt sagt, ist: „Ich trage meine eigene Existenz, und das ist zugleich das Ganze." Der zweite Satz lautet: „Wer mit Christus trägt, der trägt leicht." Warum? Es ist schon aufgebürdet, aber auch freiwillig angenommen.

Das Leiden ist der Nährboden, aus dem eine Wunderpflanze hervorblüht, das gehört zusammen. Es geht nicht um etwas Altes, Ungelöstes, eher um einen Auftrag, ein künftiges Schicksal. Ich bleibe damit weitgehend alleine. Schlafen ist ein Grundbedürfnis wie Essen und Trinken. Das Geistige ist stärker als diese Grundbedürfnisse. Das soll erkannt und gelebt werden.

Das Gebet gehört hierher als Schlafersatz. Ich soll nicht resignieren, sondern am Leiden wachsen. Indem man es annimmt, kann man das Leiden als Schale für die göttliche Gnade betrachten, als besondere Form des Kontaktes mit dem Göttlichen. Es ist kein Unglück, ich soll daran nicht verzweifeln. Es ist eine Chance, eine Tür zu einer anderen Welt, auch wenn es nicht angenehm ist. Es ermöglicht eine enorme geistige Entwicklung.

Ich bedanke mich bei dem Engel, nehme dieses Schicksal dankbar an als meinen Weg, als seine Form, eins mit Christus zu werden, in ihn hineinzuwachsen. Das ist eine große Aufgabe, ein langer Weg.
Der Engel gibt mir den Segen. Es geht um irgendeine Verwandlung.

Wozu? Die Skulptur möchte sich aufrichten und sich befreien. Aber was geschieht dann? Es müsste das Vertrauen entstehen, dass das Gebäude nicht zusammenbricht, dass es sich von selbst trägt, keine Schwere mehr besitzt, sondern sich in etwas Leichtes verwandelt, etwas das gar nicht lastet, sondern nach oben aufsteigt, mit einer Art Feuerkraft.

Die Simonfigur kann sich davon lösen und aus der Krypta aufsteigen, fühlt sich befreit, nicht mehr so belastet und angestrengt. Die geht nach oben zu dem Altar, möchte sich bedanken, stellt sich in diesen Lichtstrom, der vom Altar nach oben führt, mit ausgebreiteten Armen, lässt sich durchfluten, vielleicht steigt sie sogar empor, wird getragen, emporgezogen.

Ein Teil von diesem neuen Menschen entschwebt in die Unendlichkeit, ein anderer Teil bekommt die Weisung, zurückzugehen in die Welt und etwas mitzuteilen, Zeugnis abzulegen von dem Leiden und der Befreiung, in diesem Sinne wirksam zu werden.

Es erscheint eine seltsame Pflanze, die es gar nicht gibt, eine Blüte, die sich bewegt, etwas Schönes, Graziles, Wunderbares. Es ist das Bild eines schöpferischen Vorgangs, dass aus der dunklen geheimnisvollen Tiefe eine Blüte emporsteigt, eine permanente Metamorphose, das Bild einer unglaublichen Zeugungs- und Wandlungskraft.

Stirb und Werde

Eine junge Frau in einer totalen Umbruchsituation und Suche nach neuer Orientierung hat folgendes Bild:

Dorothea, Imagination

Ich kann den Engel wahrnehmen. Das ist ein ganz fragiles Wesen, das sich bewegt, ganz kraftvoll von hinten nach vorne schwebend. Es hat mir eine Kraft oder Energie geschenkt. Ich spüre das in Armen und Beinen, als ob es durch mich durch gewoben wäre, wie eine Elfe. Eine Stimme sagt: „Spüre mich, fühle mich." Ich möchte sensibler werden für die Wahrnehmung feiner Energien. Ich nehme das wahr wie einen Luftzug, der mich erfrischt und mir Kraft verleiht, als ob etwas durch mich hindurchgehen kann. Ich strecke die Arme aus, etwas fasst mich an und zieht mich vorwärts, ganz zart, als ob die Fingerspitzen sich berühren, so als ob ich mich innerlich nach vorne strecke, um zu tasten. Die Stimme fehlt noch. Geht es zuerst um das Gefühl, das Ertasten?

Jetzt kommen die Worte: „Du musst hinhören, ich spreche schon zu dir." Da leuchtet eine Flamme, die sich ganz schnell dreht wie eine Balletttänzerin, von der nur noch die Umrisse sichtbar sind. Es ist hell leuchtendes Licht, kühl, beweglich, sehr kraftvoll. Die Flamme repräsentiert die vollkommene Beherrschung des eigenen Körpers oder Seins, die aber eine absolut bewegliche ist, als ob alles durchfühlt ist. Damit kann man alles machen.

Ich empfinde reinstes, klarstes Bewusstsein, Sehnsucht, Leichtwerden.

Die Lichtmeditation gibt Energie.

Ich soll aufrecht dastehen, Kraft durch mich durchströmen lassen bis rauf in den Himmel. Dieses Wesen ist durch und durch Kraft. Es sagt nur: „Vertraue." Das ist mir zu wenig. Auf die Frage, ob ich meine Wohnung aufgeben soll, höre ich die Stimme: „Ja, geh fort von dort." Wohin? „Abwarten." Ich bin unsicher, ängstlich, wünsche mir ein Zeichen.

Auf die Frage nach dem nächsten Schritt sagt der Engel noch einmal, ich solle unbedingt diese Wohnung aufgeben und frei werden von allen Sicherheiten. Es ist, als ob er mir sagen will, dass ich mich total beugen muss, total in die Knie gehen und ganz von vorne anfangen. Das macht mir Angst, das kann ich mir nicht vorstellen.

Es gibt kein Ziel.

Die Frage ist: Gibt es denn eine Aufgabe, einen Auftrag, für die geistige Welt, für den Christusimpuls zu arbeiten? Es kommt keine Antwort.

Dieser Zustand macht mich traurig, als ob ich zu keiner Welt gehöre. Was hat das für einen Sinn? Die Trauer sitzt in der Brust. Die sieht aus wie ein Embryo, zusammengerollt, nackt, anstatt im Bauch zu liegen ist der da oben im Herzen.

Es ist, als ob er mir sagen würde, dass ich ihn da rausholen und in die Arme nehmen soll, ihn fest halten und wärmen, mich um in kümmern. Das ist die Aufgabe!

Das verstehe ich nicht.

Es zeigt sich nur das Bild, ganz bewusst etwas wachsen zu sehen, begleitend dieses Wachstum zu unterstützen, ganz damit verbunden zu sein. Wenn ich mich darum kümmere, werde ich auch Arbeit haben. Diese Trauer ist eigentlich keine richtige Trauer, das ist etwas, was mich total berührt. Es ist, als ob ich einen neuen Menschen in mir gebären würde, als ob ich den ganz bewusst und liebevoll großziehe, kräftige und stärke, damit er wachsen kann. Ich müsste nur schauen, was für eine Arbeit angebracht wäre, dass da keine Zerrüttung und Unstimmigkeit hineinkommt. Ich sollte mich immer fragen, was ich selbst und dieses Kind brauchen, um Kraft und Nahrung zu haben.

Ich spüre im Herzen, dass das gut tut. Vielleicht habe ich deshalb keine Orientierung im Leben, weil es ohne diesen Zusammenhang gar nicht geht. Wer ist dieses Kind? Wenn ich lerne, da hinzuschauen und achtsam damit umzugehen, ist es etwas ganz Wertvolles. Ich habe das Gefühl, als wenn mir irgendwas klar geworden wäre, als wenn es wie ein doppeltes Gesicht ineinander wäre. Da kann etwas durch mich hindurch wirken, was ganz rein ist. Das soll ich wachsen lassen und pflegen. Das bedeutet Arbeit, mehr meditieren, mehr lernen hinzuschauen, hinzuspüren. Wenn ich das schaffe, ist eine unglaubliche Liebe da, die Sicherheit gibt, Daseinsberechtigung, Lebensberechtigung.

Die Wüste beleben

Die Symbolsprache der Imaginationen ist oft sehr vielschichtig und keineswegs immer gleich eindeutig interpretierbar. Im vorigen Fall war es klar, dass es nicht um ein physisches Kind ging, das wachsen und geboren werden sollte, sondern um den geistigen Menschen, der innerhalb des physischen wachsen und reifen soll.

Im folgenden Fall muten die Bilder fast märchenhaft an, wurden aber von der betroffenen jungen Frau in ihrem Symbolcharakter unmittelbar verstanden. Hier ging die Fragestellung um die eigentliche innere Lebensaufgabe, da trotz reichlicher äußerer Arbeit die Suche nach dem Sinn sich in den Vordergrund drängte. Zuerst zeigt sich das Wasser als Symbol des Lebens, der Seele, der Gefühlswelt, die Wüste als das vertrocknete äußere Leben, das durch Seelisches belebt werden soll. Das mehrstöckige Haus kann als Bild der eigenen Aura verstanden werden. An der Aufforderung ein Brot zu backen, mit den bereits vorhandenen Zutaten etwas Nährendes zu schaffen, wird die anzustrebende Aufgabe in ihren Grundzügen deutlich. Die konkrete Umsetzung muss dann in kleinen Schritten innerhalb des bisherigen Alltags ihren Anfang nehmen. Selbst kleine Schritte haben oft große Wirkungen, wenn sie erstmal getan werden.

Claudia, 1. Sitzung

Der Weg ist eine Treppe, die führt sehr steil hinunter und auf der anderen Seite wieder hinauf. Jetzt bin ich fast unten, in einer Landschaft. Ich bleibe da unten, bin allein. Es gibt roten Sand und Wasser, ich grabe im nassen Sand, gebe diesen Sand in ein Loch. Es ist eher ein Spiel. Ich bin ein Mann um die vierzig, ungepflegt. Ich wandere da durch, bin nicht aus diesem Land. Ich suche Arbeit. Vorher habe ich Schiffe beladen und entladen. Ich bin freiwillig weg gegangen. Ich wollte was Neues entdecken.

Ich gehe die Treppe weiter hoch, sehe, dass unten ein See war, wie eine kleine Schlucht, jetzt gehe ich diesen Felsen hoch.

Es gibt ein Gebäude mit einem geschwungenen Dach. Es ist ein Außengang, drinnen ein geschützter Raum. Es sind keine Menschen drinnen, aber es könnten welche reingehen. Es scheint ein Meditations- Ort zu sein.

Da sitzt jemand, ein älterer Mann.

Ich spreche ihn nicht an, er hat mich wohl gesehen. Ich setze mich neben ihn, er blickt auf das Wasser. Ich vertiefe mich auch und schaue auf das Wasser. Der scheint mich gerufen zu haben. Aber durch ein geistiges Rufen. Das geschah, als ich noch bei den Schiffen arbeitete, das war der Grund, dass ich da weggegangen bin. Physisch haben wir uns nie vorher gesehen, trotzdem gibt es jetzt ein Erkennen. Ich soll ihn ablösen. Er braucht einen Nachfolger. Er scheint für dieses Gebiet verantwortlich zu sein. Ich sehe nicht, was er tut außer meditieren. Er zeigt mir, wie man meditiert, wie ich dabei sitzen soll.

Er hat einige Gegenstände im Haus, die sind hinter Schiebetüren. Es gibt was zum Schreiben dort. Ich soll die Sachen nutzen, sie stehen mir zur Verfügung.

Er wird weggehen, zweifelt nicht daran, dass ich das kann. Der sucht sich einen anderen Ort. Da sind Seelen von Toten. Man muss den Raum schützen.

Der Mann hat mir etwas dagelassen, ich weiß nicht, was es ist. Er ist für immer weggegangen. Es scheint so, dass Leute, die vorbeikommen, etwas zum Essen mitbringen.

Das Bild hat mit der Frage nach meiner Arbeit zu tun. Ich muss mir Ruhe verschaffen, wirkliche Ruhe. Das Erleben der Natur ist wichtig. Es ist in den

Alltag integrierbar, sogar zu Hause. Kein Telefon, keine Post, kein Weggehen. Drinnen bleiben. Lesen. Schreiben. Meditieren.

Auch im Rahmen der Forschungsarbeit soll ich mir einfach die Ruhe nehmen. Es soll so sein, dass ich nichts abweisen muss, sondern deklarieren, dass keine Störung kommt.

Wie sieht die Stressenergie aus? Wie ein roter Punkt mit vielen Ausläufern wie Arme. Der Punkt selber bewegt sich langsam, aber die Arme schießen sehr schnell. Dieses Wesen beschäftigt mich mit angeblich Dringendem und vom wirklich Wichtigen hält es mich fern. Das Stresswesen sollte sich selber mit den angeblich dringenden Dingen beschäftigen und diese von mir fernhalten. Es ist bereit, so zu handeln.

2. Sitzung (neun Monate später)

Ich befinde mich vor einer Wasserfontäne, die aus dem Boden schießt. Die versperrt nicht den Weg, ist eher ein Spielzeug. Ringsumher ist Wüste.

Außen sieht es trocken aus, innen ist es lebendig. Ich soll mal das Gesicht ins Wasser halten. Es fühlt sich erfrischend an.

Ich soll dieses Äußere (Trockene) als Schutzraum nehmen und ins Innere steigen, in das Wasser hinein. Jetzt bin ich im Wasser, aber komme nirgends an, es geht nicht weiter. Es fühlt sich gut an, scheint auch kein Problem zu sein, zu atmen.

Das Meer ist in mir drinnen, aber ich weiß nicht, was ich damit anfangen soll. Ich muss schwimmen, es dehnt sich immer weiter aus. Ich kann mich da gut bewegen, aber wenn ich an den Rand komme, geht es plötzlich immer weiter.

„Was ist meine Aufgabe?" Ich muss es öffentlich machen, dass Wasser da ist, ein großes Meer. Das weiß keiner außer mir, die anderen brauchen dieses Wasser. Es sind keine Leute da, einfach Wüste und dieses Wasser, das schwappt.

Das Wasser fließt auf Leute runter, die im Sand eingegraben sind. Ich weiß nicht, ob die leben oder tot sind, das Wasser gräbt sie aus. Ich habe die

Stelle gegraben, an der es überfließt. Am Anfang haben die Leute sich nicht bewegt, jetzt schon. Die nehmen mich nicht wahr. Einige schwimmen nach oben, zu diesem Meer hin, die anderen werden verschüttet. Ich schaue zu, hole die raus, die oben ankommen. Ich habe das Gefühl, dass es ein natürliches Gesetz ist, dass ein Teil unten bleibt und ein Teil nach oben kommt. Die dann oben sind, ziehen auch Leute raus, es werden immer mehr.

Ich marschiere herab, die laufen mir nach, durch die Wüste. Das Meer ist immer noch da. Ich weiß nicht, wohin es geht, aber ich soll die Menschen führen, werde selber auch geführt. Ich kann nicht sehen von wem, nur hören, so dass ich sicher bin, wo es hingeht.

Irgendwann erreichen wir eine Gegend, wo es grüner wird. Niemand ist dort, aber wir bleiben, um hier zu leben. Ich organisiere, sage denen, was wohin kommt und wer was zu tun hat. Die Stimmung scheint gut zu sein, ich muss auch nicht schauen, dass die Leute etwas tun, die wollen nur wissen, was sie tun müssen…

3.Sitzung (vier Monate später)

Ich stehe an einem großen See. Es ist jemand bei mir, aber ich weiß nicht, wer.

Ich soll über dieses Wasser gehen. Das hat dieser Begleiter gesagt. Jetzt bin ich auf dem Wasser, alleine, der andere ist am Ufer geblieben.

Ich möchte irgendwohin kommen, weiß aber nicht, wohin, ich bin eingebrochen.

Der am Ufer sagt mir, ich soll wieder aufs Wasser steigen, das geht auch. Jetzt bin ich über diesen See gegangen, komme zu einem Haus in einem Wald. Das scheint bewohnt, aber ich sehe niemanden. Ich komme nicht rein, soll in eine Höhle steigen, die unter dem Haus liegt. Die hat einen Eingang mit viel Licht, jetzt führt eine Leiter nach oben, ich komme ins Haus. Der Raum ist aus Holz, rot-beige, sonst sind da keine Gegenstände, auch keine Menschen.

In der Ecke an der Decke sind Wesen. Die scheinen für diesen Raum zu sorgen und die schicken mich hinauf. Oben gibt es ein Loch, da gehe ich hinauf. Ich komme wieder in einen Raum, der ist kleiner. Da sind weitere Wesen, die sind irgendwie schwarz. Die sprechen nicht zu mir, gehören hier hin, bewegen sich.

Die kommen auf mich zu und schließen mich ein. Das fühlt sich schlecht an. Die dürfen das, weil ich gefragt habe, was sie zu tun haben. Ich kann sie wieder wegschicken. Die verstopfen jetzt das Loch, das nach oben führt.

Ich kann zurück, aber nicht weiter nach oben. Ich sollte aber weiter nach oben. Ich sage ihnen, dass sie weggehen sollen. Jetzt bin ich endlich oben, der Raum wird noch kleiner. Die Wesen sind unten geblieben. Oben gibt es keine Wesen. Ein Feuer brennt.

Ich soll ein Brot backen, es gibt dort Zutaten für ein Brot. Ich mache dies und habe jetzt das Brot ins Feuer gelegt. Das Bild bleibt einfach stehen.

Die angeführten Bilder mögen ebenso für sich sprechen wie die folgenden biografischen Skizzen, die ganz unterschiedliche Stationen des Suchens, des Scheiterns, des Ringens und Wachsens an den Hindernissen und Prüfungen der heutigen Arbeitswelt zeigen.

Günther Hofmann

Beruf als Schicksal - Das Schicksal des Berufs
Spirituelle Impulse für eine neue Berufskultur

„Ein großer Teil der abendländischen Menschheit leidet unter seinem Berufsschicksal."
Willy Hellpach, Geopsyche, 1950, S. 199

Berufsschicksal als Last und als Chance

Im Abendland ist der Beruf zum Schicksal des modernen Menschen geworden. Viele Menschen leiden unter ihrem Berufsschicksal. Das ist oft beschrieben worden. So bereits zu Beginn der Industrialisierung, dann anlässlich der Verelendung breiter Teile der Bevölkerung im 19. Jahrhundert, aber auch wieder im 20. Jahrhundert in Zeiten materiellen Wohlstands in Deutschland.

Heute haben viele Angehörige der Mittelschicht in den fortgeschrittenen Industriestaaten das Gefühl, dieser Entwicklung hilflos ausgeliefert zu sein. Dies ist jedoch eine von Menschen gemachte und von Menschen verantwortete Entwicklung, kein gottgegebenes Schicksal. Die Menschen machen ihre Geschichte, so stellte Karl Marx lapidar fest, wenn auch unter vorgegebenen Bedingungen.

Diese Bedingungen sind vorgegeben von den uns vorhergehenden Generationen. Sie werden von uns angeeignet und weiter gestaltet. Was wir von unseren Vätern und Müttern in diesem Sinn „ererben," erwerben wir, indem wir es uns so aneignen, wie es für uns stimmt.

Wir sind in eine Welt hinein geboren, in der Menschen die Wirtschaft kapitalistisch organisieren. Das heißt, dass die heutige Wirtschaft vorrangig dem Kapital dient. Dies bringt die Ausbeutung der Erde und von uns Menschen mit sich. Menschen eignen sich so die Herrschaft über andere

Menschen an. Herrschaft bedingt auf der anderen Seite Knechtschaft, sei sie auch noch so verbrämt. So entstehen Herren und Knechte, Freie und Sklaven, auch wenn sich die Sklaverei nicht mehr auf den ganzen Menschen bezieht wie einst in den antiken Sklavenhaltergesellschaften.

Berufsarbeit heißt daher im 21. Jahrhundert im Abendland immer noch, dass wir unsere Arbeitskraft als Ware auf dem Arbeitsmarkt einbringen und sie so zur Ware „verdinglichen," das heißt zum „Ding" machen. Dabei profitieren wir von der schlecht entlohnten Arbeit anderer Menschen in armen Ländern der Erde. Das ist einer der Gründe, weshalb wir nicht ohne weiteres durchschauen, dass wir uns und unsere Arbeitskraft selbst zum „Ding" machen.

Berufsarbeit im kurzfristig agierenden neuen Kapitalismus erfordert den „flexiblen Menschen," wie ihn der amerikanische Soziologe Richard Sennett (6) beschrieben hat.

Der flexible Mensch wechselt seinen Beruf und den Ort, an dem er arbeitet, so wie es der moderne Markt erfordert. Er verliert seine sozialen Beziehungen, seine berufliche Identität und seine berufliche Biographie, die er als zerstückelt erlebt. Er ist nicht mehr in der Lage, seine Lebensgeschichte als eine sinnvolle zusammenhängende Geschichte zu erleben und zu erzählen. Charaktereigenschaften wie Loyalität und Bindung an ein Unternehmen verlieren ihre Bedeutung und ihre Berechtigung, wenn Unternehmen aus kurzsichtigen Profitinteressen von Finanzinvestoren veräußert werden und dabei das Personal zur Disposition steht und „frei gesetzt" wird.

Mit zunehmendem Lebensalter erfährt der flexible Mensch, dass er auf dem Arbeitsmarkt weniger gefragt ist. Er befürchtet mit Recht überflüssig zu werden. Seine Arbeits- und Berufsethik wird bedroht durch harten Konkurrenzkampf, Bestechlichkeit und Verstrickungen in unsaubere Praktiken, die als „Sachzwänge" verkauft werden. Der flexible Mensch verliert die Selbstachtung und wird suizidal oder flieht in Süchte. Diese haben einen ungebremsten Wachstumsmarkt. Auch der Suizid wird mittlerweile schon von tüchtigen Geschäftsleuten vermarktet.

Die Anpassung an die Marktmechanismen führt von der Verdinglichung über Erfolge im Beruf zum Verlust der eigenen Würde und des Selbstwertgefühls. Der angepasste Mensch erleidet Schaden an seiner Seele. Dies fällt ihm allerdings nicht gleich auf, denn er hat es verlernt, auf sich und seine Gefühle zu achten. Außerdem gibt es genügend Medikamente wie Tranquilizer, Psychopharmaka und Neuroleptika, von denen im neuen Kapitalismus reichlich Gebrauch gemacht wird. Diese werden geradezu inflationär verwendet und auch mengenweise verschrieben. Mancherorts werden sie Berufstätigen, die nicht mehr der Arbeitsbelastung standhalten können, geradezu aufgezwungen. Wer sie nicht nimmt, droht seine Ansprüche auf staatliche Leistungen zu verlieren.

Für die unteren Schichten in unserer Gesellschaft stellt sich dieser Vorgang profaner dar. Menschen in „prekären" Lebenslagen verlieren ihre Würde schon beim ersten Gang zum Arbeitsamt. Respekt in Zeiten der Ungleichheit ist Mangelware. Auch dies hat Richard Sennett für die Verhältnisse in den Vereinigten Staaten von Amerika eindrucksvoll beschrieben.

So schreitet im 21. Jahrhundert die Spaltung der Gesellschaft in Arme und Reiche, in Herren und Knechte fort. So ist es heute möglich, leistungslos reicher und reicher zu werden. Die Rede ist hier nicht vom Missbrauch von Sozialhilfeleistungen. Die Rede ist hier von den riesigen Geldvermögen, die auf dem Umweg über Kredite als Investitionen auf den Kapitalmarkt strömen. Die Pseudoarbeit des Kapitals[7] führt zu einer „leistungslosen Geldvermehrung"[8]. Diese leistungslose Geldvermehrung wird erwirtschaftet durch Menschen oder Maschinen. Orientierung ist der Aktienkurs, das heißt die Erzielung kurzfristiger Gewinne, die durch Aktionäre erzielt werden, die „Geld machen" ohne zu arbeiten. Der Anteil der leistungslosen Kapitaleinkommen gegenüber den Arbeitseinkommen steigt. Er ist in den letzten Jahren von zehn auf vierzig Prozent gestiegen. Da diese großteils weiter angelegt werden auf dem Kapitalmarkt, ist eine weitere Steigerung abzusehen.

„Mit den modernen Produktionsmethoden ist die Möglichkeit gegeben, dass alle Menschen behaglich und sicher leben können; wir haben es stattdessen vorgezogen, dass sich manche überanstrengen und die anderen verhungern."
Bertrand Russell, in Humanwirtschaft 04/06, S.37

Die Umgestaltung des Berufslebens seit dem Beginn der Neuzeit

Das Berufsleben hat seit Beginn der Neuzeit einen radikalen Wandel zunächst vom Handwerksleben hin zur Fabrikation und dann hin zum Dienstleistungsbereich durchlaufen. Die Berufe haben sich dabei immer mehr differenziert und immer mehr spezialisiert. Dies wird auch weiterhin geschehen. Es ist unumkehrbar und es ist eine Notwendigkeit der Evolution.[9]

Der Wandel vom Handwerksleben zum Fabrikleben hat dazu geführt, dass die meisten Menschen in unserer Kultur mechanisch hingegeben sind an ihre Arbeit. Das Berufsleben drückt sich dabei ab in der Seele des Menschen wie ein Stempel. Es spezialisiert ihn selber und zerreißt ihn in verschiedene Teile. Im Zeitalter der Industriearbeit kommt der Mensch in eine Tretmühle von Routine und Abstumpfung. Das Berufsleben löst sich von seinen Interessen ab. Das erzeugt Unlust, Unbehagen und Frust im Berufsleben, die heute weit verbreitet auftreten.

Die technologiebestimmte Arbeitsteilung hat die Arbeitsabläufe in den Fabriken zerstückelt. Übrig geblieben sind rudimentäre Tätigkeiten, die wenig Denken ermöglichen bei der Arbeit im Beruf. Die Arbeiter werden bedrückt vom Stumpfsinn und der Einfalt ihrer Tätigkeiten. Die Industriebetriebe sind zu riesigen, gut organisierten Käfigen geworden, in denen sich eine Tragödie in mehreren Akten abspielt.[10]

Dies sind die Schattenseiten der Berufstätigkeit in der jüngeren Geschichte. In der vorindustriellen Zeit war das noch anders. Da hatte das Berufsleben als Gegenpol und Ergänzung das religiöse Leben. Im Ordensleben, der Quelle der abendländischen Kultur, war Arbeit und Gebet seit Benedikt von Nursia aufeinander abgestimmt. Ora et labora. Das war die Versöhnungsformel, mit der der Mönch als Mitgestalter an Gottes Schöpfung tätig war. Das strahlte aus in die Land- und Forstwirtschaft, in die Fischerei und ins Handwerk. Bis in die Mitte des 20. Jahrhundert hinein war davon noch etwas zu spüren. Bei der Feldarbeit hielt der Bauer inne, wenn er das Angelus-Läuten hörte. Er betete dann den „Engel des Herrn" und empfand sich in seiner Berufsarbeit als Teil eines großen Werkes.

Auch im Handwerk gab es ein entsprechendes Gefühl bei der Arbeit. Der Schuhmacher sah sich als schöpferisch tätig und nicht nur als nützliches Glied einer Volkswirtschaft. Der Alltag im Abendland war von diesem Gefühl durchdrungen bis zur industriellen Revolution. Auch der Wochenlauf und der Jahreslauf standen unter diesem Vorzeichen. Sechs Tage waren Werktage und der Sonntag war für die Erbauung der Seele da. Die Jahresfeste dienten der feierlichen Verinnerlichung der christlichen Wahrheiten. Das alles funktioniert heute in weiten Kreisen der Bevölkerung so nicht mehr.

Die Grundlage dieser „alten" Arbeitsethik ist am Zusammenbrechen. Was hielt sie denn aufrecht? Richard Sennett geht von der These aus, die der deutsche Soziologe Max Weber in seinem oft zitierten Essay „Die Protestantische Ethik und der Geist des Kapitalismus" aufgestellt hat. Sennett fasst Webers These in dem Satz zusammen: „Es ist der getriebene Mensch, der seinen moralischen Wert durch die Arbeit zu beweisen sucht."[11]

In der säkularen Gesellschaft wurde der Mensch seines Selbstbewusstseins als schöpferischer Mensch beraubt. Vorarbeit hat hier der Feudalismus geleistet. Was im 15. Jahrhundert begann und im großen 50jährigen Bauernkrieg passiert ist, wurde in der Industrialisierung mit anderen Mitteln fortgesetzt: die Ausbeutung und Unterwerfung des Menschen durch den Menschen. Ging es im Feudalismus den Herren darum, Untertanen zu schaffen und diesen erniedrigten, ursprünglich freien Menschen Fronarbeiten aufzuzwingen, so ging es nun darum, Menschen zur Industriearbeit zu rekrutieren. Selbstbewusstsein störte dabei, denn der selbstbewusste Mensch fügt sich nicht. Er entfremdet sich nicht seiner selbst. Also musste man ihm erst den Willen brechen.

Was in den Bauernkriegen begann, ist nichts anderes, als das Selbstbewusstsein weiter Teile der Bevölkerung in Deutschland zu brechen. Die Kirchen traten dabei auf die Seite der Unterdrücker. Sie halfen den Adligen, Macht über die Menschen zu bekommen, indem sie die Herrschaft über ihr Gewissen beanspruchten. Das Christentum wurde dazu zweckentfremdet. Die katholische Kirche beanspruchte die Unterwerfung „ihrer" Gläubigen unter die Macht der „Mutter" Kirche. Wer sich dem verweigerte, dem wurden die kirchlichen Heilsmittel versagt. Er wurde aus der Gemeinschaft der „Heiligen" ausgeschlossen und mit der ewigen Verdammnis bedroht.

Inquisition, Hexen-Verbrennungen und Bauernkriege hinterließen auf Jahrzehnte und Jahrhunderte ihre zerstörerischen Spuren im Selbstbewusstsein der Bevölkerung in Deutschland.

Der Protestantismus, angetreten als eine Theologie der Freiheit, verstärkte den Selbstzweifel der Gläubigen. Luther selbst war von schweren Selbstzweifeln geplagt. Theologisch spielten zwar die „Werke" des Menschen bei Luther keine entscheidende Rolle, ist der Mensch doch allein durch die Gnade Gottes „gerechtfertigt." Im Alltag brauchte aber auch der protestantische Mensch eine Orientierung, an der er sich ausrichten konnte. Die fand er nun eher bei Calvin und seiner Lehre von der Prädestination. Nach dieser Lehre weiß der Mensch nicht, ob er „prädestiniert" ist zum ewigen Heil oder nicht. Aber er kann doch indirekt so etwas wie einen Hinweis finden. Und dieser Hinweis ist der wirtschaftliche Erfolg.

Dem ordnete nun im Sinne der protestantischen Ethik der wirtschaftende Mensch sein Handeln unter. Er disziplinierte sich, schob die Befriedigung seiner momentanen Bedürfnisse auf und hatte dadurch Erfolg. Dabei entwickelte er eine neue Form der Askese, die Max Weber eine innerweltliche Askese nannte. Diese Arbeitsethik stellt den Einzelnen ganz auf sich und wirft ihn ganz auf sich zurück.

Im Vergleich zu der Arbeitsethik, nach der der Mensch schöpferisch tätig ist als Teil eines großen Ganzen, mutet die protestantische Ethik wie ein „Akt der Selbstbestrafung" an. Ob diese protestantische Ethik tatsächlich weite Teile der Bevölkerung erfasst und geprägt hat, sei dahin gestellt. Und wenn sie es getan hat, dann ist noch die Frage zu beantworten, wieso der Mensch dazu bereit war. Woher kam der große Selbstzweifel des Menschen der Neuzeit? Denn erst der Selbstzweifel hat es doch wohl möglich gemacht, dass der moderne Mensch sein Selbstbewusstsein verloren hat.

Die moderne Arbeitswelt erfordert Teamarbeit. Dies ist das Gebot der modernen Arbeitsethik im neuen Kapitalismus. Gruppenkonformität wurde dabei zur Mode erhoben. Menschliche Beziehungen werden dabei zur

Farce, wie dies Sennett zutreffend charakterisiert. Teamarbeit ist im Betrieb häufig eine Art „durchgehaltene Schauspielerei". Die Menschen werden dabei „durch die Oberflächlichkeit der Teamworkfiktionen auf besondere Weise unterdrückt."[12] Das Selbstbewusstsein der beteiligten Menschen leidet Schaden, da sie sich selbst und den anderen nie ganz ernst nehmen. Es entsteht so ein „ironisches Selbstbild". Der Mensch entwickelt eine „driftende, erratische Lebenserfahrung."[13]

Prozess-Manager, Moderatoren und Mediatoren entwickeln solch eine driftende Lebenserfahrung und kommen mit dieser neuen Arbeitsethik an den Punkt, an dem die Verzweiflung einsetzt. Wir kennen sie vom Anfang der Faust-Tragödie, wo Faust suizidal geworden äußert: „Es möchte kein Hund so länger leben!" Und wer rettet den Faust? Es sind die Engel, die dem Faust verkünden: Christ ist erstanden. Doch was tut Faust? Er verbündet sich mit seinem Doppelgänger, der ihn erst recht in die Irre führt.

Er weiß, was ihn rettet. Er weiß alles, was er braucht. Aber er geht erst den Weg in die Irre. Er weiß, dass sich die Natur des Menschen ihres Schleiers nicht berauben lässt. Er weiß, dass er ihr nichts abzwingen kann, auch nicht mit Hebeln und mit Schrauben. Doch genau das tut er in seinem dunklen Drang. Seine driftende, erratische Lebenserfahrung weiß er wohl als Irrweg zu deuten. Und dennoch versucht er mit den Mitteln seines Doppelgängers seine eigene menschliche Natur ihres Schleiers und ihrer Würde zu berauben.

Von daher ist Faust das Urbild des heutigen Berufsmenschen, der seine driftende, erratische Berufserfahrung nicht umzuwandeln vermag und daher ziellos dahin treibt und scheitert. Dabei aber sich des rechten Weges wohl bewusst ist und sich bemüht und daher erlöst wird von den himmlischen Mächten.

„Ein Mensch, der auf einen bestimmten Posten im Leben gestellt ist, braucht durchaus nicht den Beruf zu diesem Posten haben. Er kann auf einem hohen Posten stehen und sein Beruf kann nur der einer Schreiberseele sein; vielleicht noch nicht einmal das."
Rudolf Steiner, Das Karma des Berufes, 1916, S.98 (9)

Die schicksalhafte Gestaltung des Lebens

Das Schicksal des heutigen Menschen ist durchkreuzt vom Schicksal von Ständen, Klassen, Ländern. So ist die Aussicht, ein erfolgreiches Leben zu führen, für einen Angehörigen der Mittelschicht in Deutschland wesentlich größer als für einen Angehörigen der Unterschicht in Indien. So wird jeder von uns an einen bestimmten Platz in seiner Gesellschaft gestellt. Der eine erringt einen hohen Posten, wird Minister und der andere wird Sekretär bei der Bahn oder Post. Dabei braucht der, der Minister wird, nicht den Beruf zu diesem Posten zu haben. Vielleicht bringt ihn Opportunität in sein Amt. Vielleicht hat auch der Sekretär bei der Bahn den Beruf zum Minister, aber er hat durch irgendwelche Umstände den Zug verpasst.

Die Ämter werden heutzutage vielfach vergeben nach Opportunitätsgesichtspunkten. Rudolf Steiner, dem selbst eine zusammenhängende Berufsbiographie nicht vergönnt war, vertrat die Ansicht, dass sie oft ausgefüllt werden vom Doppelgänger des jeweiligen Amtsinhabers.[14] Das Urbild dazu finden wir wieder bei Faust.

Faust gibt seine Professur auf und führt von da ab eine erratische Lebensweise. Er schweift durch die Welt, wird am Kaiserhof Feldherr, macht die unterschiedlichsten Dinge und befreit sich erst am Ende seines Lebens vom prägenden Einfluss seines Doppelgängers Mephistopheles. Fausts Leben ist das Leben eines Gescheiterten. Goethe hat mit Fausts Scheitern ein Tabu der modernen Zeit berührt. Richard Sennett nennt Scheitern sogar „das große moderne Tabu"[15]. Es betrifft und bedroht heute nicht nur die Angehörigen der unterprivilegierten Schichten, Stände und Klassen, sondern in den fortgeschrittenen Industriestaaten immer mehr auch die Angehörigen der Mittelschichten.

Das Wort Scheitern kommt von Scheiterhaufen und meint damit ein entsetzliches Ende. Wer ist nicht alles auf dem Scheiterhaufen gelandet? All die Menschen in Europa, die als Hexen verbrannt worden sind im Namen der Inquisition. All die Menschen, die als Ketzer verbrannt worden sind im Namen der Inquisition. Die Katharer fanden so ihr Ende in Südfrankreich im 13. Jahrhundert. Es waren nicht die letzten auf dem Scheiterhaufen. Aber sind diese Menschen im heutigen Sinn gescheitert? Sie sind aufrecht in den Tod gegangen und haben sich nicht dem Druck gebeugt, der ihnen von außen auferlegt werden sollte.

Es ist daher zuerst zu hinterfragen, was Scheitern im Lebensplan für das Gesamtleben des Menschen bedeutet, der durch wiederholte Erdenleben geht. Für den Menschen, der gescheitert ist, bedeutet vielleicht dieses Scheitern schicksalsmäßig etwas ganz anderes. Es wird zwar durch den Scheiterhaufen verhindert, dass in diesem Leben ein bestimmter Lebensplan zur Ausführung kommt. Aber was passiert dann mit diesem Lebensplan? Wird er aufgegeben oder vernichtet, wie dies die Inquisition meinte? Was passiert nach dem Tod des Gescheiterten, wenn er durch die Pforte des Todes gegangen ist?

Berichte von Menschen, die einen Zugang zu tieferen Schichten ihres Bewusstseins haben, weisen darauf hin, dass der gescheiterte Lebensplan nach dem Tod verstärkt wird. Ob das nicht doch nur die Ausgeburt einer krankhaften Phantasie ist, wie Skeptiker einwenden? Nun, wir können unseren Forschungsergebnissen nicht mehr als den Rang von Hypothesen zuerkennen. Und die müssen wir überprüfen und intersubjektiv vergleichen. Ansonsten ist die Sache so, dass bereits die Väter der Tiefenpsychologie Freud, Adler und Jung mit der Kritik skeptischer Zeitgenossen leben mussten. Und so können auch wir damit leben.

Tiefenpsychologie ist eben nicht begrenzt auf das persönliche Unbewusste und das kollektive Unbewusste. Sie stößt auch zu den tieferen Schichten des Bewusstseins vor, in denen Bilder und Informationen aus früheren Leben gespeichert sind. Sie trifft sich dabei mit dem Forschungsansatz, der von der Esoterik her kommend als Karmaarbeit bezeichnet wird.

Das Schicksal des Menschen beruht auf seinen vorgeburtlichen Entschlüssen und diese hängen zusammen mit seinen früheren Leben. Seinen Weg ins Erdenleben tritt der Mensch nicht ohne die determinierenden Faktoren der biologischen Vererbung und der soziokulturellen Umwelt an. Dennoch stellt sich dem analysierenden Verstand die Frage: Taucht am Horizont der menschlichen Entwicklung jemals ein Schimmer von echter Freiheit und Selbstbestimmung auf, wenn wir, als wirkende Kräfte der Ontogenese, lediglich die Vererbung, die Umwelt und deren Wechselwirkung annehmen? Können wir den Menschen überhaupt ein freies oder zumindest ein auf Freiheit angelegtes Wesen nennen, wenn wir als Wirkfaktoren seiner Entwicklung allein die kanalisierenden und determinierenden Kräfte der organischen Vererbung und der Erziehung in unser Blickfeld rücken?

Die determinierenden Faktoren der Vererbung und der Umwelt sind für das seelisch-geistige Wesen, das sich in einem menschlichen Körper verkörpert, Bedingungen, die förderlich oder auch behindernd wirken. Und wir können erkennen, dass der Mensch auf seinem Weg zum Erwachsenwerden von weisheitsvollen Bildekräften und von impulsierenden Seelenkräften geprägt wird. Und dirigiert wird diese Entwicklung von seinem Ich, das ihm seine Würde und sein Schicksal verleiht.

Dabei muss jeder Mensch verschiedene Stufen in seinem Leben durchlaufen. Doch genügt ein Leben nicht, um die Fertigkeiten und Fähigkeiten auszubilden, die wir benötigen. Gotthold Ephraim Lessing hat gegen Ende seines Lebens die Idee der Wiederverkörperung aufgegriffen. Er fügt sie in seine Abhandlung über „Die Erziehung des Menschengeschlechts"[16] ein. Er fragt sich und den Leser: „Warum sollte ich nicht so oft wiederkommen, als ich neue Kenntnisse, neue Fertigkeiten zu erlangen geschickt bin? Bringe ich auf einmal so viel weg, dass es der Mühe wiederzukommen etwa nicht lohnt?"

„Beruf ist heute schon in hohem Grade und wird immer mehr und mehr werden das, zu dem man berufen wird durch den objektiven Werdegang der Welt."
Rudolf Steiner, Das Karma des Berufes, S. 86 [9]

Berufsarbeit als Keim zur Weiterentwicklung der Welt

Der Unternehmer Götz W. Werner schreibt in seinem Buch „Einkommen für alle": „Die letzte Nachwirkung des Sündenfalls ist der Irrglaube, Einkommen könne nur aus Erwerbsarbeit stammen. Dabei bestünde die Erlösung in der Erkenntnis, dass unsere Wirtschaft heute einen Entwicklungsstand erreicht hat, der die Trennung von Arbeit und Einkommen denkbar und möglich macht. Wir müssen das nur endlich denken können – dann finden wir auch Wege, es zu machen."[17]

Die amerikanische Unternehmensberaterin Tanis Helliwell weist auf den Unterschied zwischen Arbeit und Job hin: „Ein Job ist das, was wir tun, um unsere finanziellen und physischen Bedürfnisse zu befriedigen. Arbeit dagegen befriedigt unsere emotionalen, mentalen und spirituellen Bedürfnisse und gibt unserem Leben Sinn."[18]

Wenn wir den Weg beschreiten, den Götz W. Werner und andere vorschlagen, dann müssen wir keine Jobs mehr annehmen. Und doch enthält die Unterscheidung zwischen Arbeit und Job auch eine Gefahr: Sie ist nichts, was sich an der jeweiligen Tätigkeit objektiv festmachen ließe, sondern sie hat zu tun mit der subjektiven Einstellung des Einzelnen. Ist Tiefbauarbeit an sich nur Job? Ist Fabrikarbeit an sich nur Job? Unter gegebenen Bedingungen sicherlich. Aber muss das so sein?

Wenn wir die Arbeitsbedingungen verändern – früher sprachen wir einmal von einer „Humanisierung" der Arbeit – dann kann jede Arbeit in einer arbeitsteiligen Gesellschaft „Arbeit" im Sinne von Tanis Helliwell sein. Und darin liegt der Keim zur Weiterentwicklung der Welt.

Berufsarbeit wird diesen Keim immer mehr zur Entfaltung bringen, je mehr wir anknüpfen an dem Gesetz, unter dem wir angetreten sind, d.h. wenn wir anknüpfen an den Impulsen, die wir mitbringen aus früheren Leben. Dann können wir auch posthum Lessing weiterdenken, der noch vermutete, dass die Erinnerung meiner früheren Leben mir „nur einen schlechten Gebrauch des gegenwärtigen zu machen" erlaube. Nein, im Gegenteil. Der Zugang zu tieferen Schichten des Bewusstseins ermöglicht einen umso besseren Gebrauch meiner Begabungen und Fähigkeiten.

Dieser Gebrauch wird allerdings eingeschränkt durch die „Kultur des neuen Kapitalismus". Daher ist diese Kultur weiter zu entwickeln im Sinn eines „Einkommens für alle", damit die bestehenden Demütigungen von Menschen in unserer Zivilisation wegfallen. Ob damit freilich „die" Lösung bereits gefunden ist, ist eine andere Frage.

Um diese Frage einer Antwort näher zu bringen, ist es notwendig, über das Wesen von Arbeit und Kapital weiter zu meditieren. Ein Anfang ist hier von verschiedenen Menschen gemacht. So hat zum Beispiel Rudolf Steiner 1922 in einer Vortragsreihe mit dem Titel „Nationalökonomischer Kurs"[19] die Ergebnisse seiner Meditationen dargestellt.

Der neue Kapitalismus verzerrt das Gesicht der Menschheit und er stört die Entwicklung der Erde. Eine Wirtschaftsordnung mit einem menschlichen Gesicht kann entwickelt werden, wenn der Beruf zur Meditation von den dazu Berufenen erfüllt wird.

Heide Oehms

Das Gesetz von Geben und Nehmen

Die Mitte finden

Seit der Mensch im Leibe lebt und solange er in diesem Zustand verweilt, braucht er irdische Güter. Ob nun in Form von materiellem Besitz in Grund und Boden, Naturalien, Viehherden, Häusern, Wertgegenständen, wertvollem Material wie Gold oder dem sehr praktischen Zahlungsmittel Geld. Diese Erkenntnis ist uralt. Wie alt jedoch die Erfahrung ist, dass der einzelne Mensch, mehr als er für sich braucht, raffen und horten kann, ist nicht ganz klar. Zumindest besteht das Problem schon seit Menschengedenken, solange wie sich Hochkulturen gebildet haben. Denn kulturelles Schaffen benötigt eine Organisation, die durch fähige Individuen gelenkt werden muss. Herrscherhäuser, Priesterkasten verwalteten den Besitz des Landes und des Volkes. Der Einzelne hatte nur eine eingeschränkte Möglichkeit, sich Besitz zu verschaffen, dafür genoss er den Schutz durch die Herrschenden und Priester.

Ist es heute sehr viel anders? Wir leben in der organisierten Form eines modernen Staates mit sehr vielen Vorteilen für die Bevölkerung. Unser Zahlungsmittel hat eine moderne Form angenommen. Es gibt zwar noch Münzen und Geldscheine, doch unser Geld ist eine gedachte Größe, eine Zahl, die ich in meinen Computer eingeben und elektronisch verschicken kann, um meine Schulden zu begleichen. Ob das gelingt, hängt von der Höhe der Zahl ab, die mir meine Bank anzeigt.

Geld kommt von gelten: es gilt etwas und man kann damit den Wert einer Ware abgelten, begleichen.

Geld ist eine der genialsten Erfindungen der Menschheit um den Tauschhandel zu erleichtern. Schon frühe Kulturen setzten Zahlungsmittel ein.

Begehrte, leicht transportierbare Güter wie Muscheln in frühen, archaischen Kulturen und später Gold, Silber, Kupfer, dienten als Tauschmaterial und lösten den direkten Tausch ab.

In Hochkulturen, König- und Kaiserreichen begann man das Bildnis des jeweiligen Herrschers auf die Gold- und Silbermünzen zu prägen, als den Herren über die Geldmenge im Staate. Und so konnte Christus, als er danach gefragt wurde, ob Steuern berechtigt seien, sagen: „Gebt dem Kaiser was des Kaisers ist und Gott, was Gottes ist."

Es gibt Menschen, die es als unchristlich ansehen, Geld zu fordern oder zu besitzen. Die Neigung ist in manchen, sich besonders christlich oder sozial dünkenden Kreisen groß, Geld und Besitz in die Nähe des Teufels zu rücken.

Das Geld als solches ist eine ganz unschuldige Sache. Es ist gut! Es erleichtert den sozialen Umgang miteinander, wenn wir gut mit ihm umgehen und seine Gesetze beachten.

Gesetze des Geldes

1. Es will im Umlauf sein und nicht gehortet werden.

2. Es will geschätzt werden und ohne Reue geliebt werden.

Im Geld ist geistige, menschliche Energie. Menschlicher Erfindungsgeist, menschliche Arbeitskraft und Wertschöpfung drückt sich im Geld und über das Geld aus.

Da aber der Mensch „böse" werden kann, so kann er auch das Geld zu selbstsüchtigen Zwecken gebrauchen. Das „Böse" in Bezug zum Geld ist Habgier, Verschwendungssucht und Geiz, und als abgemilderte Form des Geizes ist die Sparsamkeit zu sehen.

So wie sich gute geistige Mächte mit dem Geld verbinden, wenn es sich in einem sozial verträglichen Umlauf befindet, so verbinden sich schlechte Mächte damit, wenn es diese eben genannten Eigenschaften in Menschen erregt. Im Altertum war es der Gott Mammon, den man damit verband. Dieser Gott wirkt auch heute noch, wenn das Geld dem sozialen Umlauf entzogen wird und nur innerhalb einer bestimmten Bevölkerungsschicht seine Kreise zieht und von einigen wenigen gehortet wird.

Diese Tatsache erleben wir heute schmerzlich. Die schon lange nicht mehr gerechte Verteilung von Geld und häufig ungerechte Entlohnung weist auf ein nicht Schätzen-wollen der Fähigkeiten der einzelnen Individuen und eine Unterschätzung der Grundbedürfnisse eines jeden Menschen. Das genügend vorhandene Geld und auch viele hergestellte Güter verschwinden in dunkle Kanäle und damit dem Zugriff der einzelnen Menschen, die dringend abhängig von diesen Gütern und dem Geld sind.

Soziale Absicherungssysteme

Diese haben sich in unserer Europäischen Kultur aus einem guten, aus christlichem Verständnis gewachsenen Impuls herausgebildet. Der Gedanke der Brüderlichkeit aller Menschen stand dabei Pate.

Sie haben uns seit dem zweiten Weltkrieg ein gewisses Sicherheitsgefühl gegeben.

Es wurde auch mancher Missbrauch betrieben. Ich erinnere mich noch an die Zeiten, in denen viele Leute, die eigentlich recht gesund und mobil wirkten, Kurlaub auf Krankenkassenkosten machten.

Das Ausnutzen des Sozialsystems hat dazu geführt, dass Reformen es wieder richten sollen. Gegenwärtig wurde und wird an diesem bis Ende des zwanzigsten Jahrhunderts tragfähigen Systems enorm herumgebastelt, sehr zum Nachteil derjenigen, die sowieso schon zu den zu kurz Gekommenen gehören.

Man verspricht etwas zu verbessern, aber es kommen nur Verschlimmbesserungen heraus, die wiederum viel Geld durch neue Verwaltungsmaßnahmen verschlingen anstatt es freizusetzen. Nicht nur, dass die Armen und vor allem Familien mit mehreren Kindern viel zu wenig Geldmittel erhalten, sind darüber hinaus diejenigen, denen öffentliche Förderungen zustehen, zahllosen Demütigungen ausgesetzt. Scharen von unschuldig in diese Situation Geratenen müssen diese Schikanen über sich ergehen lassen.

Angesichts dieser Zustände scheint für viele Betroffene ein neuerdings propagierter Gedanke die Lösung und Erlösung zu bringen: Das bedingungslose Grundgehalt!

Es wäre möglicherweise die Lösung, wenn der Mensch schon am Ziel seiner geistig-karmischen Entwicklung angekommen wäre. Zu dieser Entwicklung gehört es, dass wir Einzelnen uns im Sozialen bewähren sollen, dass jeder Einzelne sich im Umgang mit seinen Mitmenschen bewähren muss.

Dazu gehört das Besitzen von Geld und Gütern genauso wie das Entbehren derselben. Manchmal innerhalb eines Lebens, mit Sicherheit aber innerhalb der Reihe vieler Inkarnationen sind beide Seiten erlebt worden oder werden zukünftig erlebt.

Biografisches

Meine frühe Kindheit war durch die Kriegs- und Nachkriegsjahre geprägt. Sechs Wochen vor meiner Geburt lag meine Mutter plötzlich unter freiem Himmel. Im Nebenhaus war eine Bombe eingeschlagen. Sie hatte das Dach des Hauses, in welchem meine Mutter gerade schlief, abgedeckt. So fand mein Eintritt in diese Welt nicht dort statt, wo er vorgesehen war, sondern in der Evakuierung, fern der Verwandtschaft. Währenddessen kämpfte mein Vater in Russland an der Front.

Materielle Not war an allen Enden noch viele Jahre gegenwärtig, doch empfand ich es nicht so, da der Erfindungsreichtum meiner Eltern, die Fähigkeit, aus scheinbar unbrauchbaren Dingen noch etwas herzustellen und die Umgebung schön und künstlerisch zu gestalten, eine andere Form von Reichtum darstellte.

Erst in der Schulzeit wurde mir schmerzlich bewusst, dass ich ärmer war als andere Kinder. Mein Schulranzen war ein schäbiges, von meinem Vater aus Lederresten zusammengefriemeltes Teil. Auch hatte ich am ersten Schultag keine Schultüte wie die anderen Schulkameraden. Ich wurde ausgelacht!!

Wenn meine Freundinnen ihre neuen Kleider vorführten, konnte ich nicht mithalten. Ich merkte zwar, dass ich schneller begriff als die meisten MitschülerInnen, ich schämte mich jedoch, mich zu melden, so blieb ich stumm in der Bank sitzen.

Einige Jahre nach dem Krieg hatten manche Familien ein Auto. In unserer Familie gab es ein Fahrrad für alle und das gehörte meinem Vater. Als ich acht Jahre alt war bekamen wir zusammen einen Roller, mein zwei Jahre jüngerer Bruder und ich. Wir durften im Wechsel fahren. Dieses Leben setzte sich noch viele Jahre so fort, über die Pubertät hinaus bis zu meiner Heirat.

Ahnungsweise stimmte mich das Wissen um frühere Leben und eine meiner heutigen Aufgaben schon sehr früh in eine Grundhaltung ein.

Ich litt noch unter der nachkriegsbedingten Armut im Elternhaus, als bei vielen meiner Schulfreundinnen schon ein gewisser Wohlstand zu vermerken war. Es waren Familien, in denen die Väter verdienten und die Mütter sich um ihre Kinder kümmerten. Selbst die Kriegerwitwen hatten ein bescheidenes, gesichertes Einkommen. Zuhause hingegen erlebte ich den Kontrast, dass trotz Berufstätigkeit meiner beiden Eltern, weder genügend Geld da war noch die von mir erwartete Zuwendung gewährt wurde. Die Eltern waren häufig überreizt und jähzornig.

Als ich dann meinen zukünftigen Mann kennen lernte, reifte der Entschluss, sehr bald zu heiraten und mehrere Kinder zu haben, und nicht berufstätig zu sein, solange die Kinder Fürsorge brauchen, als innere Reaktion auf das empfundene Unrecht.

So vergingen zwanzig Jahre, bis das jüngste Kind zehn Jahre alt war. Dann erst fand ich es als verantwortlich, eine berufliche Tätigkeit allmählich aufzubauen und meine nicht abgeschlossene Berufsausbildung nachzuholen.

Diese eben erwähnte Grundhaltung war mit einem starken Gerechtigkeitsgefühl verbunden. Wenn bei uns etwas mehr als das Minimum da war, bemerkte ich gleich die Tendenz in mir, dem der noch weniger hatte abzugeben. Auf diese Art und Weise sind wir natürlich nicht wohlhabend geworden. Als einige Jahre zuvor eine berufliche Veränderung für meinen Mann sinnvoll wurde und wir Ausschau hielten, wo eine unseren Impulsen angemessene Arbeitsstätte wäre, stießen wir auf ein Pestalozzi- Kinderdorf.

Wir wurden Großfamilieneltern und übernahmen zu unseren vier eigenen noch acht weitere Kinder, sogenannte „Sozialwaisen". Mein Mann leitete eine Lehrwerkstatt mit vielen Lehrlingen. Hehre Ideale wurden auf die Fahnen geschrieben, die meiner und unserer Grundstimmung entgegenkamen.

Alle Familieneltern setzten sich gleichermaßen für alle Kinder ein, die fremden lebten zusammen mit den eigenen und wurden gleich erzogen. Da eine Grundversorgung für alle bestand, bekamen alle Mitarbeiter anstatt einem Gehalt ein Taschengeld in gleicher Höhe. Das hörte sich gut an und wir waren erst einmal mit voller Überzeugung und vollem Einsatz dabei. Das hieß für mich als Hausmutter permanenten Einsatz von sehr früh bis sehr spät, oftmals einen Arbeitstag von achtzehn Stunden, ohne Freizeit, ohne Ferien.

Im Laufe der Zeit merkten wir, dass doch offensichtlich einige Mitarbeiter „gleicher" als andere waren. Ihnen wurde der Vorzug eingeräumt, nicht so viele Pflegekinder aufnehmen zu müssen. Als ich nach drei Jahren Arbeitsmarathon aus einem Zustand chronischer Erschöpfung nicht mehr heraus kam, und das Gefühl nicht loswurde, den individuellen Bedürfnissen der vielen Kinder nicht gerecht werden zu können, baten wir um ein Gespräch mit dem Geschäftsführer: Ich wollte die Pflegefamilie allmählich reduzieren und anstatt dessen die freigewordene Stelle für pädagogisch-therapeutisches Weben übernehmen. Weben hatte ich vor meiner Heirat an der Werkkunstschule gelernt.

Wir waren dann doch sehr erstaunt, die unverfrorenen Worte des Geschäftsführers, der sich gerne den Anschein fortschrittlichen sozialen Denkens gab, zu hören: Da wir vier eigene Kinder hätten, müssten wir auf jeden Fall acht Pflegekinder aufnehmen, um das Geld was wir verbrauchen, wieder über die Jugendämter reinzuholen.

So also sah der soziale Impuls aus!! Die vorgetäuschten Ideale fielen wie ein Kartenhaus zusammen.

Unser weiterer Lebensweg führte uns an eine Waldorfschule, in der mein Mann Werklehrer wurde, und zum Glück an eine der Schulen, die tatsächlich eine soziale Gehaltsordnung haben. Das kann durchaus nicht von allen Waldorfschulen gesagt werden. Das Geld war zwar immer sehr knapp für eine so große Familie, aber wir kamen doch einigermaßen über die Runden. Später als die Kinder studierten, zeigte sich Vater Staat knauserig, wir bekamen aus jeweils unterschiedlichen Gründen kein Bafög. Also musste der Verdienst aus meiner freiberuflichen künstlerischen Tätigkeit dazu verwandt werden, die Lücken zu schließen. Nicht viel Geld konnte zurückgelegt werden.

Ich bin seit Neuestem Rentnerin! Und erhalte 101,00 Euro staatliche Rente. Zum Glück bekommt mein Mann etwas mehr. Aber es ist doch sehr knapp für zwei Leute nach einem arbeitsreichen Leben.

Unsere Gesellschaft hat die Schwesterlichkeit vergessen

Was nützt das viel zitierte: Freiheit, Gleichheit, Brüderlichkeit, wenn die Hälfte der Menschheit einfach keine Rolle dabei spielt!

Die Selbstverständlichkeit, mit welcher Jahrhunderte lang die aufopferungsvollen Dienste der Mütter einfach eingefordert wurden ohne jegliche Gegenleistung oder Anerkennung und oft genug von Seiten der Kirche mit moralischem Druck, zeigt bittere Früchte.

Wenn man immer wieder hört, dass der Staat sich über das übliche „Almosen-Kindergeld" hinaus Förderung der Familien nicht „leisten" kann, fragt man sich, wohin in solchen Momenten die Intelligenz der Politiker verschwindet. Nicht nur die Kosten, die Kinder verursachen, sind keineswegs mit dem Kindergeld abgedeckt, noch viel weniger ist die intensive Familienarbeit, die eine Mutter und oft genug auch der Vater leistet, darin enthalten. Die Hälfte des realen Bruttosozialproduktes wird von Müttern und Vätern erbracht, nur, mit dem Unterschied zu den erfassten Zahlen, erscheint diese Rechnung nirgendwo.

Meine freiberufliche Tätigkeit

Seit 1985 bin ich freiberuflich tätig. Damals begann ich nach meiner Malausbildung an der Alanus-Hochschule Malkurse anzubieten. Gelegentlich verkaufte ich auch Bilder, sodass ich einen Beitrag zum Familieneinkommen und dem Studium der Kinder beisteuern konnte.

In den vergangenen fünfzehn Jahren hat sich der Schwerpunkt meiner Tätigkeit verlagert. Durch geistige Übungen erlangte ich neue Fähigkeiten und widmete mich der Karmaforschung, die von vielen Menschen gesucht wird. Eine Zeitlang liefen die beiden Tätigkeiten parallel, jedoch wurde mir innerhalb dieses Prozesses deutlich, dass ich in der karmischen Begleitung auf dem Schulungsweg der suchenden Menschen meine eigentliche Berufung, meine Schicksalsaufgabe gefunden hatte. Beides war irgendwann nicht mehr zu leisten und so blieben die Malkurse auf der Strecke.

Die physische Seite der Sache war, dass ich nun mit dieser Tätigkeit einen erheblichen Teil meines Lebensunterhaltes verdienen musste, da die Rente meines um einige Jahre älteren Mannes eher knapp bemessen war und ist und ich selber bisher wenig zurücklegen konnte.

Um meine Tätigkeit ausführen zu können, brauche ich einen Arbeitsraum mit Toilette für meine Klienten und genügend Platz für mein Arbeitsmaterial in Form von Büchern, Computer und diversen anderen Dingen, die mit dieser Arbeit verbunden sind. Das kostet alles Geld und es war ein Risiko, da ich damals Mitte der neunziger Jahre nicht sehr bekannt war und es gar nicht klar war, ob genügend Menschen zu mir hinfänden.

Rückblickend kann ich von dem erstaunlichen Geschehen berichten, wie es sich karmisch-geistig fügte, dass jeweils im richtigen Moment die entscheidenden Menschen auf mich aufmerksam wurden. Dies geschah häufig erst dann, wenn ich aus einer äußeren oder auch inneren Krise heraus die richtige Entscheidung getroffen hatte. So konnte ich Aufsätze veröffentlichen, welche mir neue Kontakte brachten, die wiederum Entscheidungen forderten und weitere Kontakte mit sich brachten, was letztendlich dazu führte, dass ich mein Buch schreiben und veröffentlichen konnte.

Menschen kamen jetzt in genügender Zahl und nahmen meine Dienste in Anspruch. Ich lernte erst jetzt die Dimensionen des Themas, Geld fordern zu müssen in vielen Facetten kennen. Ich bin froh, dass es so ist und dass keine Krankenkasse für diese durchaus auch therapeutisch und heilsam wirkende Tätigkeit bezahlt! Denn der soziale Aspekt des Gebens und Nehmens erscheint mir sehr wesentlich zu sein für einen geistigen Weg, den der Betreffende ja in dieser Arbeit, dem Prozess der karmischen Erkenntnis, beschreitet.

Schon der Apostel Paulus sagt uns: „Der Arbeiter ist seines Lohnes wert." Er meinte sich selber damit, den „Arbeiter im Weinberge des Herrn".

Will man sich im Einklang mit diesem Naturgesetz und damit göttlichem Gesetz befinden, muss man ein sehr fein ausgebildetes Gerechtigkeitsgefühl im konkreten Handeln haben. Mein eigener Bedarf muss mit dem Bedarf des Anderen in Übereinstimmung sein und auch umgekehrt. Um zu leben und meine Arbeit leisten zu können, habe ich einen bestimmten

Bedarf, der individuell, mitunter sehr individuell ist. Manche Menschen werden nicht krank, wenn sie sich billige Ware von Aldi einverleiben, andere sind darauf angewiesen Bioprodukte zu verzehren, da ihr Organismus sehr stark auf denaturierte Nahrung reagiert usw. Der Eine braucht Bücher, der Andere macht teure Reisen und manche Leute wollen alles haben.

Dazu ein Beispiel: Ein junger Kollege fragte mich vor vielen Jahren, ob ich ihm ein bestimmtes Buch zur Pädagogik ausleihen könnte. Ich erwiderte, das sei mein Arbeitsmaterial und das würde ich nicht gerne verleihen, wieso er denn als Lehrer nicht diese Bände habe, da sie doch Grundlage seiner Arbeit seien. Er antwortete empört: „Wissen Sie nicht, was ein Waldorflehrer verdient? Ich kann mir das nicht leisten." „Doch, ich weiß das, wir müssen als Familie von einem solchen Gehalt leben." Als einige Wochen später die Osterferien herannahten, fragte ich ihn, was er denn in den Ferien vorhabe, verreisen könne er wohl nicht. Da sagte er ganz stolz: „Ich habe eine Reise nach Griechenland gebucht. Auf meinem Konto ist soviel Geld angewachsen, ich weiß gar nicht, was ich damit anfangen soll!" Ich war perplex und konnte ihm noch nicht einmal das sagen, was ich hätte sagen müssen!

Das Verhältnis zum Geld, zum Besitz und zu den Bedürfnissen ist einfach sehr variabel und sehr subjektiv und deshalb sind alle Versuche, gießkannenartig finanzielle Zuteilungen vorzunehmen, zumindest teilweise zum Scheitern verurteilt, weil sie nicht wirklich gerecht sein können und in jedem Falle Unzufriedenheit aufkommt.

Da Geben und Nehmen ursächlich zusammenhängen, sie aber in unserer modernen Welt durch die vielen sozialen Absicherungssysteme entkoppelt sind, entstehen die mannigfachen Probleme und daraus wieder unzählige Versuche, befriedigende Lösungen zu finden.

Die Urform sozialen Zusammenseins war die Familie und in alten Zeiten der Stammesverband. Dort war klar, dass die Alten den Jungen halfen und die Jungen den Alten, der Gesunde zupackte und der Kranke mitversorgt wurde. Diese Form spielt heute kaum mehr eine Rolle und es nützt auch nichts, das zu bejammern, da die Entwicklung in die entgegengesetzte Richtung gehen muss. Losgekoppelt von Blutsbanden müssen wir aus moralischer Phantasie heraus das Leben als Menschheitsfamilie gestalten. Jeder kann mir Mutter, Bruder und Schwester, Tochter und Sohn sein. „Jeder sorgt für Jeden". Das erfordert, dass ich mich in die individuellen Bedürfnisse des Anderen einfühlen kann. Diese Fähigkeiten zu entwickeln, liegt in der geistigen Evolution der Menschheit.

Das eben Geschilderte ist noch Zukunftsmusik. Wir leben in einer Übergangszeit, in der die alten sozialen Formen zusammenbrechen und neue noch nicht gefunden sind. Doch der staatliche „Segen", der sicher bis zu einem gewissen Grade wichtig und vernünftig ist, wird auf Dauer keine Lösung bringen, da dadurch die Verantwortung des Einzelnen lahm gelegt wird und sich die aus Empathie entspringende moralische Phantasie nicht entwickeln kann. Aber gerade diese letztere Eigenschaft sollten die Menschen gegenwärtig entwickeln.

Wenn Menschen jahrzehntelang gedacht haben, sie brauchen keine Kinder großzuziehen, da ja die Rente vom Staat und durch die „Arbeit" kommt, erweist sich das heute als Trugschluss. Jedoch sind gegenwärtig die kinderlosen älteren Paare oftmals im Genuss einer doppelten guten Rente, während die Paare, die Kinder großgezogen haben, bescheiden von einer oder anderthalb Rente leben müssen. Das wird in der öffentlichen Diskussion immer noch nicht als Ungerechtigkeit empfunden. Die Meinung ist weit verbreitet, die Mutter habe ja nicht gearbeitet.

Persönliche Haltung im Umgang mit Geben und Nehmen

Ich habe seit Jahren eine Honorarregelung, die ich als sozialverträglich ansehe. Es gibt einen Stundensatz für mittlere Gehälter und einen etwas höheren für besser Verdienende. Darüber hinaus biete ich für Geringverdiener eine Ermäßigung an. Der mittlere Satz ist so bemessen, dass ich damit meine Kosten und Lebenshaltung bestreiten kann. Wenn allerdings viele Klienten um Ermäßigung bitten und nur wenige den höheren Satz bezahlen, gibt es finanzielle Engpässe. Und da ist immer die Einsicht des betreffenden Menschen gefordert. Auch ist ein potenzieller Arbeitsausfall durch längere Krankheit nicht abgesichert.

Die allermeisten entscheiden sich für den mittleren Satz und das ist wohl auch in den meisten Fällen angemessen. Diejenigen, die ein gutes Einkommen haben, sind oft ohne Einwand bereit, den etwas höheren Preis zu zahlen. Bei denjenigen, die um Ermäßigung bitten, liegen oftmals extreme Lebenssituationen vor und wir besprechen dann den möglichen Beitrag.

Was erlebt man nun an und mit den Menschen? Welche Menschentypen gibt es in Bezug auf die Zahlungsmoral?

Da die meisten meiner Klienten spirituell Suchende sind, die sich mit spirituellen Gesetzmäßigkeiten befasst haben oder auch Steiners Ausführungen zur Dreigliederung kennen, gibt es in der Regel keine Diskussionen über das Geld.

Es gibt jedoch Menschentypen, für die nichts klar ist und die will ich jetzt beschreiben.

Die Schnäppchenjäger sind gemeint. Natürlich sind die in esoterischen Kreisen nicht ganz so verbreitet wie in der übrigen Bevölkerung, aber es gibt sie und zwar nicht nur unter den Ärmeren sondern auch in der wohlhabenden Schicht. Man verkehrt in einschlägigen spirituellen Kreisen, kennt diese und jene wichtige Persönlichkeit, weiß gut Bescheid, weiß vielleicht sogar alles besser und weiß vor allen Dingen, dass ich nicht soviel Anspruch auf Einkommen habe. Man selber hat ja gerade soviel Ausgaben, das Haus ist noch nicht abbezahlt, man braucht ein neues Auto, macht eine teure Urlaubsreise und viele andere wichtige Dinge und da bleibt für die Karmaarbeit, die man aber unbedingt braucht und haben möchte, nicht mehr viel übrig. Daran möchte man doch auf jeden Fall sparen. Es wird gefeilscht, der Preis gedrückt, die Zeit ausgedehnt, man wollte doch noch dies und jenes Wichtige wissen und natürlich alles kostenlos als Zugabe, denn ich sei ja im Sozialen tätig.

Meine karmische Erkenntnis

Meine frühen Ahnungen fanden durch die bewusste Erkenntnis zahlreicher Leben eine Abrundung auch in Bezug auf mein Verhältnis zu Geld und Besitz.

In vielen Leben bin ich in reiche Familien hinein geboren worden. Ich betrieb zwar keine Verschwendung, aber das Bewusstsein, man gehört zur Elite, es sind Besitz und Vermögen da, prägte die Grundhaltung. Es gab auch die andere Seite: Bittere Not und Verfolgung, Krieg, Tode durch Inquisition und Massaker. So wechselten die zwei Seiten: einmal die Fülle, ein anderes Mal die Entbehrung des Lebensnotwendigen. Dann gab es Leben, in denen Reichtum des Elternhauses da war, aber um einer geistigen Aufgabe willen freiwilliger Verzicht geleistet wurde. Im heutigen Leben ist der bewusste Ausgleich zwischen den Polen angesagt.

Es zeigte sich, dass ich mir für dieses Leben vorgenommen hatte, auf Reichtum zu verzichten und gleichzeitig nicht die materiellen Werte zu verachten. So übte ich von früh an ein, immer auf die Führung der geistigen Welt zu vertrauen und auch auf deren Fürsorge. Jedes Loslassen errungener Werte oder vermeintlicher Sicherheiten schuf neue Perspektiven und Entwicklungen.

Ein spartanisches, asketisches Leben im Glauben zu führen, sich damit das Himmelreich verdienen zu können, wurde und wird zwar in kirchlichen und manchen esoterischen Kreisen häufig propagiert, ist aber ein gravierender Irrtum. Wenn es so einfach wäre, wären wir nicht wieder hier mit neuen Lernaufgaben. Wahre Schätzung der Güter, die wir zum Leben brauchen, die uns das Leben verschönen, Dienst an der Schönheit und der künstlerischen und spirituellen Durchgestaltung aller Lebensbereiche ist eine der wichtigen, gegenwärtigen und zukünftigen Aufgaben, damit Geistiges im Physischen zum Ausdruck kommen kann.

Heidemarie Schwermer
Christiane Feuerstack

Leben ohne Geld

Seit elf Jahren lebt die Lehrerin und Gestalttherapeutin Heidemarie Schwermer ohne Geld. Mitten in unserer Gesellschaft ein Leben ohne Geld, wie soll das gehen? Es begann mit Tauschringen. Dabei kam Heidemarie Schwermer „auf den Geschmack" und zog schließlich die Konsequenz, sich ganz aufs Tauschen und Teilen umzustellen. Für sie ist es ein spiritueller Weg, ein „Weg zum Wesentlichen" und sie ist glücklich damit.

Heidemarie Schwermer, geb. 1942 im ostpreußischen Memel, war gerade zwei Jahre alt, als sie mit ihrer Familie in den Westen fliehen musste. 1965 trat sie als Grundschullehrerin in Kiel ihre erste Stelle an. 1982 gab sie ihren Beruf auf und zog nach Lüneburg. Es folgten das Studium der Psychologie und Soziologie sowie die Ausbildung zur Gestalttherapeutin, schließlich die Niederlassung in Dortmund mit eigener Praxis. 1994 gründete sie die „Gib und Nimm"-Zentrale. Zwei Jahre darauf verschenkte sie ihren Besitz. Seither lebt sie ohne Geld. Mehr über sie auf: www.free.de/gibundnimm

„Es ist das Gefühl einer neuen Leichtigkeit in mir, der Leichtigkeit des Seins."

„Als ich vor elf Jahren (1996) den Entschluss fasste, eine Zeit lang ganz aufs Geld zu verzichten, hätte ich niemals für möglich gehalten, dass Leben so sein kann, wie es sich mir jetzt präsentiert: Abenteuerlich, freudvoll und spannend. Aus dem angedachten einen Jahr sind elf geworden, und das Experiment hat sich längst in eine neue Lebensform gewandelt. Keineswegs hat damals eine Notwendigkeit für mich bestanden, diesen Schritt zu vollziehen. Meine Praxis als Psychotherapeutin ernährte und erfreute mich. Dennoch gab ich sie auf, kündigte die Mietwohnung, die Krankenversicherung und verschenkte allen Besitz, um mein Lebensideal umzusetzen, von dem ich schon so lange träumte. Eine Welt ohne Geld, in der die Menschen liebevoll miteinander umgehen und sich gegenseitig unterstützen. Diese Idee wollte ich nur kurzfristig ausprobieren, als Experiment sozusagen, weil eine dauerhafte Einrichtung in „ein Leben ohne Geld" unmöglich erschien. Danach wollte ich von vorn beginnen mit einem kleinen Zimmer, ein paar zahlenden Klienten und schrittweise in meinen alten Lebensstandard zurückkehren. Bei meinem selbständigen Beruf würde das kein Problem sein, zumal ich schon Erfahrung darin und einige Male einen Abschluss mit entsprechendem Neubeginn getätigt hatte. Nach meinem Studium beispielsweise ging ich auf eine Weltreise, von der ich jedoch nach einem Jahr in die Heimat und somit in die alten Strukturen zurückkehrte.

Tauschringe

Diesmal war alles anders, denn durch den Tauschring hatte ich mir eine Basis geschaffen, um ohne Angst mein Experiment durchzuziehen. In einem Tauschring spielt Geld nämlich gar keine Rolle mehr, weil hier die Teilnehmer mit der eigenen Dienstleistung „bezahlen". Haare schneiden gegen Babysitten, Auto reparieren gegen Fenster putzen, wobei sich nicht unbedingt zwei Tauscher/innen ergänzen sondern dritte hinzugezogen werden können. Nun möchte ich nicht verhehlen, dass diese Art des Umgangs einige Probleme mit sich brachte. Anfangs wollte ich deshalb hauptsächlich den ewigen Nörglern den Wind aus den Segeln nehmen mit meinem Experiment. Nach und nach wuchs ich in etwas hinein, das mich mit großer Freude erfüllte. Die Abschaffung des Geldes bescherte mir eine Öffnung in Kreativität, wie ich sie vorher nicht kannte. Das Tauschen und Teilen, wie es normalerweise nur unter Freunden und Verwandten geschieht, ließ mich neue Fähigkeiten an mir selber entdecken, neue Interessen aufspüren, was eine Bereicherung und Fülle im Alltag darstellt.

Der Tauschring hatte sich als gewinnbringendes Unternehmen für viele Beteiligten entpuppt, auf dem sich etwas aufbauen ließ. Die meisten Teilnehmer brauchten weniger Geld im Alltag, pflegten gute Kontakte zu fremden Menschen und erfuhren eine neue Lebensqualität. Trotzdem reagierten einige von ihnen mit Schrecken auf meine Konsequenz, weil sie mich in der Gosse landen sahen, aus der es kein Entkommen geben würde.

Obdach- und Heimatlosigkeit führe automatisch ins Verderben, dachten sie, wie gäbe es sonst so viele herunter gekommene Menschen in unserer Gesellschaft? Und die Hungernden, die qualvoll den Tod erlebten, seien die nicht Beweis genug für ein unwürdiges Leben ohne Geld? Nein, dieser von mir gewählte Weg müsse in die falsche Richtung führen. Besser wäre das Hineindenken in einen finanziellen Reichtum, denn Geld sei doch nichts Schlechtes. Im Gegenteil, mit Geld ließe sich viel Gutes tun, und es sei einfach notwendig für unser Überleben. Unverständnis oder Bewunderung für meinen Mut begleiten mein Tun seit Beginn, selten fordert es zur Nachahmung auf. Die Abschaffung des Geldes wird automatisch mit Armut gleichgesetzt, mit Verzicht, Verlust, keineswegs mit dem großen Gewinn, den ich erlebe. Hatten meine Diskussionspartner vor meinem Experiment den Satz: „Heutzutage kann niemand freiwillig ohne Geld leben" als Hauptargument verwendet, änderten sie ihn später in: „Ja du kannst es, weil deine Kinder groß sind und du keine Verantwortung tragen musst. Aber für mich und die Gesellschaft ist das absolut nichts."

Das Paradies ist möglich

Ich jedoch bin davon überzeugt, dass mein Modell übertragbar ist auf eine ganze Gesellschaft, wenn die Menschen bereit sind, wach und aufmerksam durchs Leben zu gehen und ihren Fokus auf andere Werte zu lenken. Dann nämlich können wir paradiesische Zustände erzielen, in denen die heutige Diskrepanz zwischen Arm und Reich aufgehoben und ein Ausgleich geschaffen wird. Nicht Naivität lässt mich die Schrecknisse ausblenden, die uns durch die Medien präsentiert werden, sondern meine langjährige Erfahrung. Sie ließ mich in etwas hineinwachsen, das meiner Vorstellungskraft zuvor nicht zugänglich war. Es ist das Wissen um eine neue Daseinsform, die nichts mehr mit dem Ausgeliefertsein zu tun hat, in dem wir uns normalerweise befinden. Wir können unsere Opferhaltung aufgeben, um als tatkräftige Wesen miteinander zu kommunizieren. Es ist das Gefühl einer neuen Leichtigkeit in mir, der Leichtigkeit des Seins. Sie hat zu tun mit der Aufgabe meiner Ängste, Sorgen und anderer Gefühle, die mich lange Zeit blockierten oder mich in das Stöhnen über die Zustände in der Welt mit einstimmen ließen.

Zweifel und Ungeduld

Damit möchte ich nicht behaupten, dass nun alle Probleme in meinem Leben beseitigt sind und ich still vor mich hin lächelnd durch die Gegend laufe. Es gibt immer wieder einmal Augenblicke des Zweifelns, wenn ich mich vom Lebensfluss abtrenne mit zu viel vorgestellten Ideen. Dann nämlich verstelle ich mir die Leichtigkeit, mit der die Dinge geschehen möchten. Oft handelt es sich dabei um ungeduldiges Eingreifen in etwas, das mir nicht zusteht. Jeden da zu lassen, wo er oder sie gerade steht, kein Tempo vorzugeben, sondern geduldig anzubieten und abzuwarten, ist die Kunst bei dem neuen Weg. Auf der anderen Seite geht die Welt immer mehr zugrunde, unzählige Menschen spüren eine Verzweiflung ohne Ausweg in sich, und der Alltag zeigt sich in einem grauen Gewand. In meinem neuen Lebensmodell gäbe es Ansätze für die Auflösung dieser Hoffnungslosigkeit, die sich breit macht und zäh wird. Aber missionieren möchte ich nicht und auch niemandem etwas überstülpen; das ist ein Dilemma, in dem ich mich manchmal befinde, wenn die Ungeduld mich packt.

Interview

Am 13. Mai 2007 führte Christiane Feuerstack ein Gespräch mit Heidemarie Schwermer in Louisenlund. Während dieser Zeit wurde im Haus ein Film über Heidemarie Schwermer gedreht. Dies findet hier Erwähnung, weil die Filmemacherin sich an einer Stelle in unser Gespräch einschaltete:

H: ....Ich habe hier diesen Aufkleber, und der hat eine Bedeutung. Die Farbe grün steht dafür, herauszufinden, wer bin ich, was will ich, was brauche ich? Du hast mir ja auch schon einen Text geschickt. Ich habe nur einen Teil gelesen, weil ich unterwegs war und nur ganz schnell immer ins Internet konnte, und da hat mir das mit der Goldmarie so gut gefallen. Was genau planst du denn mit deinem Buch?

C: Der eine Impuls zu diesem Projekt ist aus meiner Arbeit mit Rat suchenden Menschen entstanden. Ich begegne da Schicksalen, die so speziell sind, dass ich gerne möchte, dass die Öffentlichkeit mal wahrnimmt, was eigentlich hinter bestimmten Berufsunfähigkeiten und Schicksalen steckt, weil man oft sehr leichtfertig urteilt und sagt, das seien Faulenzer. Es geht z. B. um eine Frau, die in einem früheren Leben im Holocaust vergast wurde und sich jetzt ganz neu wieder so zusammensortieren muss in ihrer Konstitution, dass sie diese Zeit auch braucht.

H: Du sprichst so selbstverständlich von früheren Leben?

C: Das ist ein Teil meiner Arbeit, Menschen bei der Erinnerung an ihre früheren Leben zu helfen, damit sie verstehen, warum sie jetzt so sind, wie sind sie sind und was sie an späteren Aufgaben haben.

Diese Frau ist im jetzigen Leben durch einen Unfall aus dem Berufsleben ausgeschieden und hat sich immer gefragt, wieso sie nicht wieder zu ihren Kräften kommt. Es zeigte sich in der Rückschau auf frühere Leben, dass das durchaus eine Geschichte mit einem roten Faden ist und jetzt so in Ordnung ist.

H: Also dass sie so leben darf, dass man ihr nicht vorwerfen muss, dass sie eine Schmarotzerin ist, sondern diesmal darf sie von Rente oder Unterstützung leben.

C: Genau, weil der Unfall in diesem Sinne tatsächlich eine Hilfestellung war als eine Konsequenz aus dem, was sie erlebt hat.

H: Darüber machst du jetzt ein Buch. Hast du verschiedene Menschen gefragt, die ihre Schicksale beschreiben?

C: Das war die ursprüngliche Idee, dass solche Leute ihr Schicksal beschreiben, und auch, was diese Erkenntnisarbeit für sie bedeutet hat, aber der zweite Impuls ist eigentlich entstanden durch eine Diskussion, die durch Götz Werner und seinen Einsatz für ein bedingungsloses Grundeinkommen aufgekommen ist. Daran hat sich für mich die Frage entzündet, ob man das so einfach für alle machen kann. Die Gegner behaupten ja, es sei nicht selbstverständlich, dass Menschen, die bedingungslos ein Einkommen bekämen, auch arbeiten würden, denn heute ist Geld meistens die Motivation zu arbeiten.

H: Das ist ein ähnliches Thema bei mir: Ich sage auch, wenn wir jetzt das Geld abschaffen würden, wäre es nicht ganz klar, dass die Menschen alle irgendetwas tun würden. Genau wie bei dem bedingungslosen Grundeinkommen müsste der Mensch schon mitarbeiten, also z. B. herausfinden, was er hier auf der Erde will, machen möchte und braucht, was mit den anderen Menschen ist, warum er Probleme hat usw. Wenn der Mensch nicht mitspielt und sein Bewusstsein erweitert, dann brauchen wir uns doch gar keine neuen Systeme zu überlegen.

C: Das ist genau der Punkt, warum ich finde, dass als Ergänzung zu diesem bedingungslosen Grundeinkommen eine Bewusstseinserweiterung erforderlich ist. Da passt für mich das Beispiel mit der Goldmarie und ihrer Schwester, der Pechmarie, die genau dasselbe wollte, aber eigentlich nicht die Einstellung dazu hatte, wirklich zu dienen und das zu tun, was die Umwelt von ihr verlangt. Sie hat durch ihren Egoismus zwar äußerlich genau dieselben Dinge getan wie ihre Schwester, aber aus einer berechnenden Haltung heraus.

H: Genau darum geht es: Dass wir diese Berechnung aufgeben. Es ist schon schön, wenn man über Geld überhaupt mal anders nachdenkt. Statt ein bedingungsloses Grundeinkommen einzuführen, könnten wir auch gleich ganz ohne Geld leben, das ist einfacher. Diese Berechnung ist genau der Punkt. Wenn jeder guckt, wo wird etwas von mir gebraucht, was kann ich tun, und dafür kriegt jeder was er braucht – so stell ich mir die Zukunft vor und so lebe ich.

Mein erstes Buch heißt „Sterntaler-Experiment". Da kommen auch die Taler von oben und das Witzige ist – ich bin jetzt so reich, ich werde überschüttet mit allem und sogar mit Geld. Das Geld habe ich immer verschenkt und doch ist es so, dass ich mich gar nicht gegen diesen ganzen Reichtum wehren kann. Natürlich will ich das auch nicht, ich finde es schön und kann viel weitergeben. Dahin zu kommen, das ist eine großartige Erfahrung. Viele Leute denken, wenn man kein Geld mehr hat, landet man in der Gosse, aber das Geld spielt überhaupt keine Rolle! Wenn du das raus hast aus deinem Kopf, dann ist es überhaupt nicht mehr existent und das neue Leben beginnt. Gut, ich kenne Leute, die sind beim Buddhismus und die machen ähnliche Erfahrungen, weil das ja sehr viel mit Spiritualität, mit Vertrauen, mit Glauben usw. zu tun hat. Aber das Wichtige ist, das was jetzt alles zusammenhält, loszulassen – dadurch gibt es eine ganz neue Öffnung. Unglaublich!

C: Das ist übrigens nicht nur eine Haltung im Buddhismus. Es gibt auch Beispiele aus dem Evangelium, wo die Jünger ohne Geld losgeschickt wurden um zu heilen. Anschließend wurden sie nach ihren Erfahrungen in dieser Zeit gefragt, und ob sie jemals Mangel erlitten hätten. Sie durften nur einen Stock und einen Rock mitnehmen, in dem Vertrauen, dass sie bekommen, was sie brauchen. Auch da galt der Satz „wer arbeitet, verdient, ernährt zu werden.". Das ist kein Urlaub machen, sie mussten schon das geben, was sie zu geben hatten.

H: Gerade eben habe ich mit einem kleinen Mädchen gesprochen und die sagte: „Ja, du hast ja immer Urlaub." Ich erwiderte: „Ja, aber was ist Urlaub? Für mich gibt es das Wort Arbeit nicht mehr und es gibt eigentlich auch keinen Urlaub." Ich bin in einem erfüllten Sein. Das ist einfach das Neue. Ohne Sorgen. Klar habe ich manchmal Ängste, dann gehe ich bewusst in dieses Gefühl herein und bearbeite es und schon löst sich wieder etwas auf und es kann weiter gehen. Du willst jetzt einen Text von mir haben?

C: Ich möchte jetzt, wenn es geht, dass du einfach ein bisschen über dein Leben erzählst, wie du dazu gekommen bist, was du vorher beruflich gemacht hast und wie sich dann dieser Weg für dich aufgetan hat.

H: Ich werde dir die Einleitung meines zweiten Buches schicken. Mein Buch gibt es nur im Internet, nicht in Buchform. Vielleicht interessiert es mal eine Verlegerin, von der ich inzwischen schon geträumt habe, dass sie auf mich zukommt, aber erst möchte ich, dass die Menschen kostenlos an dieses Buch herankommen und da kann es natürlich vervielfältigen, wer will. Das kannst du verwenden.

Y (schaltet sich ein): Wie hältst du es denn mit dem „geistigen Eigentum?" Es gibt die aus deiner Arbeit und Kreativität entsprungenen Gedanken und Ideen, wenn du diese umsonst ins Internet stellst, sind sie eigentlich auch dem Wirtschafts-Kreislauf entzogen. Wenn jetzt Christiane z.B. Teile davon 1:1 in ihr Buch übernimmt, das ist ja soweit alles in Ordnung. Es geht dann ja auch um geistiges Eigentum. Wenn aber jemand anders deinen Text aus dem Internet lädt und das nicht nur für sich selber ausdruckt...

H: Kann er machen, was er will. Bei „Gib und Nimm," bei den Ständen, da kamen auch Leute und beschwerten sich, dass dann ja Leute damit zum Flohmarkt gingen. Ich sagte immer: „Das ist egal, was wir losgelassen haben, haben wir losgelassen. Was die damit machen, das ist mir egal – wenn sie Geld brauchen, dann müssen sie damit Geld verdienen, mir ist das gleich." Ich muss mich darum nicht mehr kümmern. Wenn andere Leute mit meinem Buch Geld verdienen wollen, dann können sie es auch.

Y: Also die könnten das jetzt herunterladen, veröffentlichen und das Geld kassieren.

H: Ich weiß es nicht. Es wäre nicht in meinem Sinne. Sie könnten es nehmen und bei sich irgendwo einfügen, vielleicht nicht komplett – da habe ich ehrlich gesagt noch gar nicht drüber nachgedacht.

C: Das sind natürlich auch Rechtsfragen.

Y: Nicht nur das. Das ist auch eine spannende ideologische Frage. Die meisten Leute leben mit Geld, ich z.B. ja auch und wenn ich jetzt einen Film machen und verkaufen möchte, und jemand anders das kopiert, also nicht nur ein Buch auf dem Flohmarkt verkauft, sondern praktisch meine Idee vermarktet, dann hat er sich durch meine Kreativität bereichert. Ist das nicht so, dass du dann deine Ideen dem Wertekreislauf entzogen hast und sie somit praktisch in jedem nicht kommerziellen Zusammenhang veröffentlicht werden dürfen als Ganzes?

H: Ich habe noch nicht drüber nachgedacht, dass jemand sich vielleicht das ganze Buch herunterladen und dies dann verkaufen würde. Das weiß ich jetzt nicht. Eigentlich habe ich solch ein Vertrauen, dass ich denke, was damit geschieht, geschieht eben. Ich lasse mich ja auch in meinem ganzen Leben so führen und ich denke, das wird keiner machen. Da muss ich mir keine Gedanken drüber machen.

Bei der „Gib und Nimm", die haben einen Laden in Thüringen, kam einmal eine Frau und packte sich die schönsten Sachen ein. Da regte sich der Mann auf, in dessen Haus der Laden war und ärgerte sich, dass die Frau schon weg war, weil er ihr noch etwas sagen wollte. Er hat ihr dann einen Brief geschrieben, dass dies nicht Sinn der Sache sei – und ich musste lachen. Ich fragte mich, warum er sich darüber aufregt, das ist doch Quatsch. Jeder darf damit so umgehen, wie er will. Er hat mir zwei Monate später geschrieben, dass es ein Missverständnis gewesen sei: Diese Frau hat sich zwar an diesem Tag einiges genommen, aber beim nächsten Mal brachte sie ein Auto voller schöner Sachen mit. Auch hier muss man vertrauen. Ich weiß, manche Menschen nehmen erstmal.

C: Wenn man den Karma-Gedanken mit einbezieht, rückt es sich von alleine zurecht, denn Menschen, die so etwas missbrauchen, bekommen irgendwann von ihrem Schicksal die Quittung dafür – das Vertrauen kann man haben. In einer Esoterik-Buchhandlung habe ich einmal das Schild gesehen: „Wer hier klaut, hat das Karmagesetz nicht begriffen." Wir machen ja alle noch unsere Fehler, sonst wären wir nicht mehr hier, und natürlich sollten wir auch anderen Leuten zugestehen, ihre Fehler zu machen. Selbst wenn du jetzt in gewisser Weise leichtsinnig oder sehr vertrauensselig bist – das kann auch negativ sein, wenn man zu sehr vertraut und die anderen zum Missbrauch geradezu auffordert.

H: Hier muss ich sofort eingreifen. Genau das habe ich ja geübt. In all den Jahren haben immer wieder Leute versucht, mich zu missbrauchen. Mir wurde angeboten, was ich machen sollte, also wie viel Arbeit ich übernehmen sollte für z.B. einmal übernachten. Weil ich ein armer Schlucker bin, ohne Dach über dem Kopf – da muss man dieser armen Person helfen. Dafür muss sie rund um die Uhr arbeiten. Das machen sie auch mit den Leuten aus dem Osten, die kriegen vielleicht zwei Euro die Stunde und müssen rund um die Uhr arbeiten. Ich sage nein, das mache ich nicht. Das ist natürlich wieder ein Bewusstseinsprozess. Bis ich so weit war, hat es natürlich gedauert.

C: Diese Dinge regulieren sich, indem man in Situationen gerät, die einem spiegeln, was man selber zu lernen hat. Man kann ebenso das Vertrauen haben, dass die anderen Personen, die einem Leid zufügen, auch wieder ihre Portion zu lernen haben und ebenfalls ihren Spiegel bekommen. Insofern sollte ein solcher Missbrauch, wenn er passiert, dazu dienen, dass alle Beteiligten einen Erkenntnisprozess haben.

H: Ganz genau. Diesen Missbrauch kann man abwenden durch Bewusstseinsarbeit, man muss es üben. Jetzt muss ich natürlich noch einmal drüber nachdenken mit dem Buch. Ich habe noch nicht daran gedacht, dass mir auch passieren könnte, dass jemand meine Bücher druckt und verkauft. Eigentlich wäre so etwas nicht richtig, wenn ich das jetzt so spontan überlege.

C: Ich mache auch schon sehr viel mit Tausch in meinem Leben, aber es gibt natürlich immer noch Dinge, die ich nicht tauschen kann. Z.B. Miete, Strom und Versicherungen, zu denen man gezwungen wird. Es kann doch sein, dass z.B. die Stadtwerke, von denen ich meinen Strom beziehe, nicht mit meinen Fähigkeiten tauschen wollen.

H: Es gibt eben eine Grundgebühr, die du aufbringen musst, aber die Fixkosten sind dann viel weniger als jetzt. Mir geht es nicht unbedingt um Tausch, mir geht es eher um Teilen. Tausch wäre ja „gibst du mir, gebe ich dir", das will ich überwinden und die Zukunft sollte so sein, dass es das nicht mehr gibt. Da marschiert jeder los und fragt sich, was er braucht, geht in den Laden, oder die Fabrik. Ich weiß nicht, wie genau das System aussieht, aber man kann sich bedienen, weil jeder weiß, dass die anderen ihre Energien irgendwo anders einbringen. Jetzt sind wir in einem Übergang, wir sind noch nicht soweit. Nur, ich bin das schon. Ich merke, ich brauche mir darüber überhaupt keine Gedanken zu machen. Wenn ich Hunger habe, setze ich mich hin und überlege mir, was ich jetzt tun könnte. Neulich war ich den ganzen Tag in Hamburg, kriegte da Hunger und dann hielt ich abends einen Vortrag. Die Veranstalter gaben mir nichts zu essen, obwohl ich normalerweise immer vorher etwas bekomme, weil ich immer sagte, dass ich nicht mit leerem, knurrenden Magen reden kann. Im Nachhinein weiß ich jetzt, dass das eine Prüfung war – ich hatte in meiner Tasche noch Lebensmittel, aber die konnte ich erst nach dem Vortrag essen. Der Vortrag war wunderbar, obwohl ich nichts im Magen hatte, es war also eine neue Lernstufe.

C: Wie machst du das mit der Krankenversicherung?

H: Ich bin nicht krankenversichert.

C: Also du bezahlst die Ärzte dann auch mit Gegenleistungen?

H: Ich gehe nicht zu Ärzten, ich war seit zwanzig Jahren nicht bei einem Arzt.

C: Das heißt, du hast das Vertrauen, dass du niemals einen Arzt brauchst?

H: Niemals wollen wir mal nicht sagen. Ich bin in den letzten zwei Jahren drei Mal hingefallen. Beim ersten Mal ganz stark, sodass ich dachte, ich muss zum Arzt. Eine Frau sah das und wollte sofort einen Krankenwagen holen. Ich lag unten auf der Straße und sagte, sie möge bitte, bitte, bitte keinen Krankenwagen holen, ich sei nicht versichert und dann habe ich mich aufgerappelt, damit sie sieht, dass ich noch gehen kann, und verschwindet. Dann lag ich drei Wochen mit steifem Bein im Bett, ging aber nicht zum Arzt, obwohl ich das Gefühl hatte, ich habe mir etwas gebrochen.

Der zweite Sturz war erst vor kurzem, da rannte ich hinter einem Bus her, um diesen noch zu kriegen – von dem Sturz trug ich ein blaues Auge davon, dachte auch erst, ich habe mir etwas gebrochen, aber ich bin mit einem blauen Auge davongekommen. Dann fiel ich noch einmal eine Böschung herunter. Es ist mir nichts passiert. Ich will nicht sagen, dass mir nichts passieren würde, wenn ich stürze, aber es ist doch immer weniger geworden. Immer fragten mich Leute, was ich machte, wenn ich mir ein Bein bräche. Wo bricht man sich denn ein Bein? Beim Fall. Bitte, bitte glaub mir, ich sage nicht, ich breche mir kein Bein, denn meistens passiert es dann, wenn man etwas so hochnäsig sagt. Aber auch die schwierigen Sachen, die passieren, finden irgendeine Lösung.

C: Bekommst du denn aufgrund deiner früheren Berufstätigkeit irgendeine Art von Rente?

H: Wenn ich einmal ganz ehrlich bin, dachte ich schon darüber nach, das zu durchforschen und zu beantragen, weil ich ja mit dem jetzigen Buch kein Geld machen will und es aber so schön fand, Geld zu verschenken. Ich habe ja mein ganzes Honorar für das Buch – das war sehr viel – eine fünfstellige Zahl, habe ich an Bedürftige verschenkt. Das war eine schöne Sache. Ich muss auch noch darüber nachdenken, ob ich dann eine Stiftung oder so etwas gründe.

C: Du warst aber früher in einem anderen Beruf tätig und hast Geld verdient.

H: Ich war Lehrerin, dann war ich Logopädin, auch war ich in meinem letzten Beruf Psychotherapeutin. Ich habe auch noch einmal eine Ausbildung bei einer Heilerin gemacht – also ich habe ganz viele Berufe gehabt. Im Krankenhaus habe ich mir mein ganzes Studium verdient, weil ich dort eine Ausbildung gemacht habe und dann als Nachtwache gearbeitet habe. Ich schreibe, bin also auch Autorin. Man könnte sagen, ich habe tausend Berufe, aber eigentlich gibt es für mich keine Berufe mehr, weil ich ja immer in neue Sachen wachse und plötzlich kann ich etwas, wovon ich früher nie gedacht hätte, das zu können – auf einmal kann ich es.

C: Weil es auf dich zu kommt?

H: Ich will natürlich nicht sagen, ich sei jetzt die Tolle, sondern wenn wir anders leben und nicht mehr hinter dem Geld herjagen müssen und unsere ganze Kraft da hinein stecken, werden wir merken, was für ein riesiges Potenzial wir haben. Wir können so viel!

C: Das ist ein wichtiger Schlüsselsatz. Sag den doch bitte noch einmal ganz deutlich.

H: Jetzt ist es so, dass wir uns überwiegend damit auseinandersetzen, wie wir die Miete bezahlt kriegen, wie wir dieses und jenes kriegen – wir brauchen immer mehr Geld. Aber wenn wir damit aufhören, dann haben wir einen riesigen Freiraum für Dinge, für unser Potenzial, das in uns schlummert, das kann jetzt nicht entwickelt werden, weil wir uns um solche Äußerlichkeiten kümmern. Wenn die Äußerlichkeiten beseitigt sind, können wir nach Innen gehen und können ganz etwas anderes werden.

C: Diese Philosophie steckt doch auch ein bisschen hinter der Idee des Grundeinkommens.

H: Ich habe neulich mal mit einer Gruppe in Berlin gesprochen, die sagten, dass die Menschen weiterhin in die Macht kommen könnten, wenn sie wollen, und mit diesem Grundeinkommen wird nicht der Staat entmachtet, sondern eine andere Abhängigkeit eingegangen. Aber wenn du ohne Geld lebst, bist du unabhängig. Das ist etwas anderes. Wenn alle Leute meinetwegen tausend Euro bekommen, dann können irgendwelche Leute anfangen, ganz teueres Brot zu machen, oder Kleider wer weiß wie teuer zu verkaufen, sodass die Leute dann viel mehr in die Armut gehen. Es ist toll, dass so viele Leute sich jetzt damit auseinandersetzen und anders drüber nachdenken, aber mein Ding ist es nicht. Ich denke, wenn schon so ein großer Schritt, dann gleich ganz und das wird ja passieren. Das System wird meiner Meinung nach nicht mehr lange halten, weil es überall kriselt. Spätestens wenn wir „Alten" überschnappen — uns können sie ja nicht mehr abschieben in Altenheime, dann wird sich etwas ändern.

Die Leute fragen mich oft, warum ich nicht aufhöre und sagen: „Du hast doch jetzt bewiesen, dass man das kann, jetzt kannst du doch wieder zurück." Aber nein! Ich habe das neue Leben entdeckt und das neue Leben ist so toll und ich freue mich auch so auf die Zukunft für die anderen, weil dann noch viel mehr Austausch sein kann. Oft bin ich auch mit ganz anderen Leuten zusammen, so dass ich nicht so in diese Begeisterung komme wie hier gerade, aber dann werden wir alle in unsere Begeisterung kommen — ist das nichts?

C: Doch, das wäre was. Ich danke dir für das Gespräch.

Heidemarie Schwermer

Ein Experiment etabliert sich zu einer neuen Lebensform

Oft werde ich gefragt, ob es in meinem Leben ein Trauma gegeben hätte, weil ich diese extreme Lebensform gewählt habe und nun schon seit elf Jahren ohne Geld lebe. Dann antworte ich, dass mein Trauma die Weltsituation sei: Täglich verhungern 100.000 Menschen, und auf der anderen Seite gibt es eine riesige Verschwendung. Lebensmittel werden ins Meer gekippt, um Preise stabil zu halten, Milliardäre bauen sich Swimmingpools in ihr Privatflugzeug, weil sie gar nicht mehr wissen, wohin mit dem ganzen Geld. Für mich ist diese Situation derart absurd, dass ich bei diesem Prozess nicht mehr mitwirken möchte und darum nach neuen Strukturen suche.

Forsche ich allerdings in meinem eigenen Leben, entdecke ich, dass es doch so etwas wie ein Trauma gegeben hat. Als zweijähriges Kind musste ich mit meiner Familie zu Kriegsende meine Heimat verlassen und wurde in der neuen Heimat plötzlich als Lumpenpack bezeichnet. Ich habe niemals verstanden, warum Besitz und Geld derart hoch gewertet wird, und so gibt es einen roten Faden in meinem Leben. Ich möchte ein Gleichgewicht herstellen zwischen Menschen, die wenig besitzen und denen, die im Materiellen schwimmen, ich möchte neue Werte schaffen und die Würde des Menschen nicht vom Geld abhängig sein lassen.

Mit meinem Leben ohne Geld gebe ich Denkanstöße. Für viele Menschen bin ich eine Provokateurin, aber anderen diene ich als Mutmacherin. In unserer heutigen Gesellschaft ist es so, dass die Armutsgrenze immer weiter sinkt und viele Menschen am Existenzminimum leben. Durch mein neues Modell fühlen sie sich gestärkt und können ein Stück von ihrer Angst ablegen, dass sie irgendwann in der Gosse landen.

An dieser Stelle ist es mir wichtig, zu sagen, dass ich keine Missionarin bin, die alle Menschen zur Geldaufgabe bekehren möchte. Vielmehr geht es mir darum, meinen ZuhörerInnen und LeserInnen Mut zu machen, den eigenen Weg zu entdecken und ihn dann Schritt für Schritt zu gehen. Dass aus meinem Experiment eine neue Lebensform geworden ist, die schon so lange dauert, hätte ich nicht für möglich gehalten. Zu Beginn meines Experimentes war mir nicht klar, dass der Einfluss des Geldes in so viele Bereiche dringt. Die Aufgabe des Geldes hat mich in eine neue Lebensqualität gebracht, die mit innerem Reichtum statt äußerem, mit Freiheit statt Abhängigkeit, mit Großzügigkeit statt Horten, mit neuen Werten zu tun hat.

Wie ich ohne Geld lebe

Mein eigenes Leben gestalte ich abenteuerlich und kreativ. Die Grundnahrungsmittel ertausche ich mir bei einem Bioladen: Kartoffeln, Gemüse, Obst und Brot, Waren, die nicht mehr ganz frisch sind, gegen Fegen des Hofes, Beratung am Computer o. ä. Kleidung gab es zunächst beim „Tauschrausch", einem monatlichen Flohmarkt ohne Geld. Inzwischen wird mir eine psychologische Beratung oder eine andere Hilfe schon mal mit einem Kleidungsstück beglichen. Ähnlich geht es mit anderen Dingen, die ich zum Leben brauche. Z.B. verfüge ich über Schlüssel für ein Büro, dem Wissenschaftsladen in Dortmund, in dem ich gern gesehener Gast bin. Für den Anschluss ans Internet, ans Telefon und an die Post erbringe ich Gegenleistungen in Form von Kochen, Fegen, Beraten, je nachdem...

Während der letzten Jahre hat sich immer wieder etwas in meinem Leben verändert. So habe ich den Verein inzwischen verlassen, tausche überall und mit jedem, der/die mir begegnet, allerdings nicht direkt abrechnend, wie es mit Geld geschehen würde sondern in lockerer Weise. Z.B. gab es einen Notfall in einer Druckerei: Papiere waren durcheinander geraten. Ich sortierte hingebungsvoll die Papiere an einem Sonntag, damit die Sendung fristgerecht am nächsten Tag geliefert werden konnte. Dafür erhielt ich zwei Monate später einen schön gestalteten Brief in mehrfacher Ausgabe von der Druckerei. Bei meinen Tauschaktionen handelt es sich weniger um Schwarzarbeit als um Freundschaftsdienste und Nachbarschaftshilfe. Trotzdem beschäftigt mich die Frage der Steuern sehr. Da ich mich nicht als Aussteigerin aus dem Staat verstehe, sondern eher als Um- oder noch besser Einsteigerin in eine neue Struktur, denke ich über meine Möglichkeiten nach. Vor einigen Jahren schrieb ich dem Bürgermeister von Dortmund einen Brief, in dem ich ihm anbot, Steuern auf meine Art zu zahlen, nämlich indem ich SozialhilfeempfängerInnen berate, Projekte anbiete, Mut mache, Impulse gebe. In der kurzen Antwort bekam ich einen Hinweis auf das Ehrenamt, was ganz und gar nicht dem Prinzip von „Gib und Nimm" entspricht.

Bei meinen Vorträgen werde ich oft darauf hingewiesen, dass mein Austritt aus der Krankenversicherung eine Zumutung für den Bürger sei, der ja notfalls - z.b. bei einem Beinbruch - für mich einspringen müsse. Zwar kann ich die kritischen Äußerungen nachvollziehen, weil ich die Einführung der Krankenversicherung als durchaus sinnvoll empfinde, mein Experiment jedoch verlangte die Aufgabe jeglicher finanzieller Ausgaben. Inzwischen hat sich auch hier viel für mich geändert. Ich gehe mit meiner Gesundheit bewusster und eigenverantwortlicher um, bearbeite intensiv Ängste, die immer wieder mal auftreten und besinne mich auf die Selbstheilungskräfte, über die jeder Mensch verfügt. Es gibt ein paar Ärzte und Zahnärzte, die mich im Tausch behandeln würden, was ich bislang nicht in Anspruch nehmen musste.

Für viele Menschen ist mein jetziges Lebensmodell nicht zu verstehen und sie glauben, dass ich ein abhängiges, umständliches, kompliziertes Leben führe. Das Gegenteil ist der Fall! Damit Sie mich verstehen, möchte ich Ihnen die Philosophie vorstellen, die hinter meinem Handeln steht:

Ein ganzheitliches Sein

1. Der politische Aspekt

Für mich ist unumgänglich, dass es in Zukunft u. a. darum gehen muss, dass sich jeder Mensch auch als politisch empfindet, wobei ich nicht an die Parteipolitik denke sondern mehr an verantwortliche Bürger, die über ihren eigenen Tellerrand hinaussehen und an einer Veränderung der Welt mitarbeiten wollen.

Die Gründung der Gib und Nimm Zentrale war für mich ein politischer Akt, weil dadurch neue Voraussetzungen für ein würdevolles Leben geschaffen wurde. Die Diskrepanz zwischen Arm und Reich wird verringert, weil sich nun jeder alles leisten kann. Arbeitslose müssen sich nicht mehr nutzlos fühlen, weil sie sich mit ihren Fähigkeiten einbringen können. Nachbarschaftshilfe wird gepflegt, Vorurteile gegen Fremde abgebaut, Freundschaften geknüpft und Isolation aufgehoben.

2. Der philosophische Aspekt

Um etwas verändern zu können in der Welt, ist es notwendig, dass jeder Einzelne für sich herausfindet, was er wirklich möchte, was er wirklich braucht und welchen Sinn sein Leben hat. Statt wie bisher überwiegend im Außen zu leben, geht es nun darum, auch den Weg nach Innen zu entdecken und ihn bewusst zu beschreiten. Wir entwickeln unser vorhandenes inneres Potential, werden selbstverantwortlich, eigeninitiativ, und können dadurch maßgeblich in der Gesellschaft mitwirken.

3. Der psychologische Aspekt

Die meisten Probleme in unserer Gesellschaft haben damit zu tun, dass wir nicht wissen, wie wir miteinander umgehen sollen, dass wir uns gegenseitig nicht achten und uns bekämpfen statt zu unterstützen. Krieg, Gewalttätigkeiten, Missbrauch, Respektlosigkeiten, Konkurrenzverhalten u. a. lassen sich beseitigen, wenn wir uns einlassen können. Menschen, die uns missfallen, dienen uns als Spiegel. Unsere Empörung über jemanden, der ein bestimmtes Verhalten präsentiert, das wir ganz und gar nicht aushalten können, kann uns an unsere eigenen Wurzeln führen. Die Frage: Warum rege ich mich so auf, was hat das mit mir zu tun, bringt mich in eine neue Sichtweise. Statt den anderen zu verurteilen, forsche ich bei mir weiter. Alles, was ich tue, hat einen Grund, den ich nun herausfinde und dabei anfange, mich damit zu akzeptieren. Wenn mir mein Verhalten als Fehler erscheint, kann ich daran arbeiten, ihn aufzugeben, nachdem ich ihn akzeptiert habe. Mit meiner eigenen Annahme gelingt es, auch den anderen zu akzeptieren. So können Feindbilder abgebaut werden und ein Wachstum in Liebe entstehen.

4. Der spirituelle Aspekt

Durch viele Begebenheiten in meinem Leben in den letzten Jahren weiß ich, dass es neben unserer materiellen Welt auch eine geistige gibt, die die meisten von uns nicht sehen können. Immer deutlicher wird mir aufgezeigt, dass wir alle miteinander verbunden sind und alle aus derselben göttlichen Quelle stammen. Arbeitet jemand an seinen eigenen Störungen, tut er es gleichzeitig für alle. Das geistige Wachstum des Einzelnen hat einen wichtigen Stellenwert. Wir alle sollten uns bei dieser Arbeit gegenseitig unterstützen. Durch dieses Wissen kann jeder Mensch Konkurrenz- und andere negative Gefühle dem anderen gegenüber aufgeben und jeden als Mitspieler betrachten.

Ich überprüfe diese vier Aspekte regelmäßig, korrigiere, wenn es mir nötig erscheint und bin dadurch im Lebensfluss, der viel mit dem Geben und Nehmen zu tun hat.

Markus Feuerstack

Unsere Götter sind zuverlässig

Dem Umgang mit Geld und damit zwangsläufig den Gedanken an Arbeit und Einkommen kann man sich nur schwer entziehen. Als ich mit sechzehn Jahren eine Lehre begann, hatte ich schon bald eine kleine Wohnung und damit „Fixkosten" von fünfzig Mark im Monat. Kein wirkliches Problem - das war ein Fünftel meines Einkommens. Einnahmen und Ausgaben wurden zwangsweise mehr. Als die Lehre für mich (und den Arbeitgeber) zunehmend zur Leere wurde, siedelte ich in die Schweiz über und arbeitete an einer großen Bühne als Beleuchter.

Bevor ich über das dortige schmale Einkommen bei gestiegenen Kosten referiere, noch eine anekdotische Erklärung zu meinen verschiedenen „Berufen": Als Kurzschuljahr-Kind musste ich mit vierzehn oder fünfzehn zum Berufsberater. Ein zweifelhafter Hauptschulabschluss kündigte sich an. Auf die routinierte Frage: „Was willst du denn werden?" konnte ich mit klaren Vorstellungen kontern: „Bühnenbeleuchter oder Buchhändler, vielleicht auch Lektor". Als der Herr mit dem mausgrauen Schlips sich von seinem Lachanfall erholt hatte, versuchte er mir klarzumachen, dass mit meinem Zeugnis... und überhaupt, „Bühnenbeleuchter ist kein Beruf, da werde mal lieber Elektriker". Auch der nächste Berufswunsch behagte ihm wenig: „Für Buchhändler braucht man mindestens die mittlere Reife. Da besteht keine Chance." Während ich noch darüber nachdachte, wie traurig doch eine mittelmäßige Reife oder gar ein Abschluss in Realität sein muss, prustete der farblose Mensch erneut los und versuchte damit wohl seine Unkenntnis meines Berufswunsches „Lektor" zu verbergen. Das vergackerte Fazit lautete verkürzt, dass ein Lesender zu sein einem hauptgeschulten Menschen nicht anstünde und ich mich doch mal bei jener Elektrofirma bewerben sollte, die meinem Wunsch Elektro-Installateur entsprechen könnte. Dem verdutzten Knaben wurde ein in amtlichem Schmuddelton gehaltener Zettel in die Hand gedrückt.

Selbst in diesem zarten Alter war mir bereits klar, dass Feen anders aussehen und dass Wünsche nicht von Behörden befriedigt werden. Leider war mir aber noch nicht bewusst, dass Grauschlipse so etwas wie böse Trolle für kreative Menschen sind und ihre Ratschläge nur Lebenslaufkapriolen verursachen. So wurde ich zwei Jahre lang (sehr lang) nicht Elektriker, um nach der befreienden Entlassung gleich als Bühnenbeleuchter zu arbeiten.

Die Schweiz ist teuer, und das Gehalt von jemandem, dem die Arbeitserlaubnis erst noch zu besorgen ist, gering. Aber es ging. Meine materiellen Bedürfnisse gipfelten in der Gier nach einem Mofa. Für eine neue Brille musste schon ein Kredit aufgenommen werden. Dafür waren die Zigaretten wohlfeil. Rauchen statt essen hält schlank!

Meine Abreise aus der Schweiz war vielleicht schon mehr eine Flucht. Schon äußerlich passte der langhaarige „Mittpubertant" nicht in das gepflegte Weltbild. In Schweden, wo ich eine jüngst dorthin gezogene Freundin besuchen wollte, war man toleranter. Meine „Urlaubsreise" ohne Geld und stark geprägt von dem Willen, weg zu wollen ohne wieder zur Vergangenheit zurückzukehren, war sehr kurz und auch ganz schön lang. Wer die Tabakpreise in den Achtzigern in Skandinavien kennt, kann sich vorstellen, dass ich bald „auf dem Trockenen" war. „Kein Geld, also Arbeit", lautet das gesellschaftliche Motto, das jungen Menschen eingeimpft wird. Alles Quatsch, wie sich bald herausstellen sollte.

In einem anthroposophischen Seminar konnte ich arbeiten. In der Küche. Gegen Unterkunft und Essen. Da ich mich „illegal" in Schweden aufhielt, war die Auszahlung eines Gehaltes nicht möglich. Prima! Da suche ich mir Arbeit, um rauchen zu können, und bekomme ein Bett und Futter, nebst dem Vergnügen, dies auch für andere zubereiten zu dürfen, aber keine Suchtstoffe! Dem Drang zu rauchen verdanke ich einige wunderbare Erkenntnisse in meinem Leben. Natürlich nicht diese mit schwarzer Umrandung, die Verpackungen von Tabak und Zigaretten in jüngster Zeit verunzieren.

Zu essen hatte ich genug. Neben einem Bett auch die Gesellschaft von vielen Jugendlichen, und ringsum wunderbare Natur. Außerdem eine naive, unbekümmerte Lebenseinstellung. Immerhin hatte ich in der Schweiz auch noch eine kostenpflichtige Wohnung, aber das beschwerte mich wenig. Die vielen Jugendlichen konnte man hervorragend um Tabak anschnorren. Aber nicht ewig. Die Skandinavier, besonders die Jüngeren, sind unheimlich tolerant und großzügig. Aber ich war kein Schwede. Denn es kam für mich der Tag, an dem ich nicht mehr ausleihen wollte oder konnte. Aber Nichtrauchen kam für einen überzeugten „Illegalen" nicht in Frage. Also vertagte ich das Problem, legte mich nach der vorerst letzten Zigarette in mein hart erarbeitetes Bett und delegierte mein Problem an meine Götter, hoffend, dass diesen etwas einfallen möge.

Am nächsten Morgen stand ein etwas verschlafener Zwangsnichtraucher in der Küche und kompensierte gerade den Nikotinentzug mit sehr viel Kaffee, als die Küchenchefin mit einem verlegenen Lächeln in sein Gesichtsfeld schritt: „Ach, Markus, ich habe dich gestern nicht gesehen, hier ist ein Brief für dich." Meine Götter sind zuverlässig. Der Brief enthielt unter anderem einen Schein, der groß genug war, um alle Tabakschulden in gleicher Münze begleichen zu können und einen genügenden Rest, um Eigenbedarf für die nächsten Tage zu behalten. Auch war ich nun wieder „kreditwürdig", es dauerte eine ganze Weile, bis der bedauernswerte Zustand des „Vorbriefmorgens" wieder erreicht war. Doch meine Götter sind zuverlässig. Mal „wichtelte" eine Kollegin, die es ungerecht fand, dass ich für die gleiche Arbeit keine Bezahlung erhielt, mal wurde ein längst vergessener Kredit zurückgezahlt. Oder ein anderes Wunder passierte.

Dies war eine gelebte Erkenntnis, was mir erst sehr viel später bewusst wurde. Ich möchte nicht alle Stationen meines Lebenslaufes in aller epischen Breite hier abhandeln, sondern lieber markante Erlebnisse beleuchten. Mein Versuch Zivildienst in einer heilpädagogischen Einöde am Bodensee zu absolvieren, misslang nur insofern, dass es an der Anerkennung mangelte. Über ein Jahr später eroberte ich meine Geburtsstadt Hamburg erneut, um endlich die Ausbildung zum Buchhändler zu beginnen. Ein bisschen hatte mich das Gelächter des tristen Menschen von der Behörde damals schon beeindruckt. Deshalb sparte ich Briefpapier und Bewerbungsmappen und streifte lieber tagelang durch die Buchhandlungen, um die geeignete herauszufinden.

Der Staat, der mich so großzügig mit einem miserablen Hauptschulabschluss ins so genannte Leben entlassen hatte, hatte sich nur wenig bemüht, mir Bildung zu verabreichen. Das war gut so, denn so konnte ich die wirklich interessanten Bereiche des Lebens ungetrübt von Schulhass selbst erkennen. Inzwischen war ich gut belesen und vielseitig aufgeschlossen. Meine Interessen waren eindeutig literarisch orientiert. Eine belletristische Buchhandlung mit einem Verkaufssortiment aus Danella, Simmel und Co konnte ich als Ausbildungsstätte ausschließen. Also spazierte ich frohgemut in die beste Fachbuchhandlung für Technik und Naturwissenschaften und fragte nach einem Aushilfsjob. Dem Unbeschwerten helfen die Götter: Ich lief dem Geschäftsführer in die Arme, der von mir wissen wollte, worauf sich mein Wunsch gründete. Ich gestand: „Eigentlich möchte ich hier eine Ausbildung machen, die Sie mir aber aufgrund meines Zeugnisses verweigern werden. Wenn Sie mich beim Arbeiten erlebt haben, wollen Sie meine Zeugnisse nicht mehr sehen." Dem Geschäftsführer gefiel das forsche Auftreten. Obwohl kein Arbeitsplatz vakant war, konnte ich am nächsten Tag als Aushilfe anfangen. Ein dreiviertel Jahr später hatte ich den begehrten Ausbildungsvertrag, nach weiteren zwei Jahren war ich Fachbuchhändler mit hervorragenden Noten.

Weiter ging es mit verschiedenen low-level-jobs: Naturtextilhändler, Buchhändler im anthroposophischen Sortiment, Sklave im Buchgroßhandel usw. Als Hausmeister eines anthroposophischen Zentrums, Herausgeber eines Veranstaltungskalenders, Archivar und Notensetzer wurde ich langsam an eine selbständig- unternehmerische Tätigkeit herangeführt. Inzwischen verheiratet und doppelter Vater, gründete ich eine EDV-Firma aus eigentlich formalen Gründen. Während ich mich aus einem Projekt herausrationalisierte, das eigentlich unseren Lebensunterhalt sicherstellen sollte, nahmen die Computer-bezogenen Aufträge zu. Ich war Unternehmer. Bisher hatte ich mehr oder weniger für kein oder wenig Geld gearbeitet. Als Angestellter waren ständige Einnahmen sowie auch Ausgaben fixe Größen, die leicht zu überschauen waren. Der kapitalistische Unternehmer-Lehrling dagegen musste schnell lernen mit größeren Summen umzugehen. Ohne Kredite läuft nichts. Und Kosten lauern allenthalben. Während die Mitarbeitenden und die Fixkosten ständig befriedigt werden müssen, sind unternehmerische Einnahmen nachrangig.

Leider neigte (und neige) ich dazu, über Geld, gerechte Rechnungen und die daraus sich ergebenden sozialen Zusammenhänge umfassend nachzudenken. Meine eigenen, teilweise mühselig erarbeiteten Fähigkeiten erschienen mir unbedeutend gegenüber noch zu bewältigenden Gebieten. In unserem verkorksten Staatsgebilde ist es ausgesprochen kontraproduktiv darüber nachzudenken, ob mein Kunde seine Rechnung auch bezahlen kann. Ich muss die meinen ja auch ohne wenn und aber begleichen. Dort war ich innerlich nicht, wollte auch nicht dahin, und beherrsche die Spielregeln des Kapitalismus bis heute nicht. So mussten die Götter weiterhin recht häufig unsere kleine Familie retten.

Meine Frau war ebenfalls selbständig und unsere Kinder noch im Krabbelalter. Bereits seit Tagen war ich nervös: keine Einnahmen, obwohl viele meiner Forderungen längst überfällig waren. Die Konten standen einhellig auf „rot", mein Banker lächelte etwas gefroren, wenn er mich sah. Meiner Frau erzählte ich solche Dinge nicht. Warum auch sie beunruhigen? Doch sie kam von sich aus auf mich zu und berichtete, dass ihre Kunden momentan nicht zahlten, die Vorräte unseres Haushalts erschöpft seien und sie dringend einkaufen müsse. Kurz, sie brauchte Geld. Nun berichtete ich meine fast gleich lautende Geschichte und wir mussten erstmal heftig lachen. Eigentlich waren wir ja richtig „reich", denn unsere Geschäfte liefen gut. Wenn dann die Rechnungen von unseren Kunden bezahlt sein würden, ja dann…

Nachdem die Kleinen mit Griesbrei ins Bett gefüttert waren, setzten wir uns in die Küche. Während wir das letzte Paket Knäckebrot futterten, inspizierten wir die Schränke und machten Inventur. Viel war es wirklich nicht, was uns aus den Regalen entgegenlachte: wenig Mehl, kaum Konserven und wahrlich nur kümmerliche Reste von Reis und Nudeln. Alles in allem: für eine Mahlzeit „Teuflische Mischung" würde es wohl reichen. Französische Küche, was die Mengen angeht. Bei der Zubereitung allerdings würde auch Paul Bocuse verzweifeln. Plötzlich grinste meine Gattin über das ganze Gesicht. Sie war gerade aus dem hintersten Winkel des gewaltigen Küchen-Einbauschrankes gekrabbelt und hielt mit Mühe einen mittelgroßen Sack in die Höhe. „Wir haben noch Hirse", triumphierte sie, „die habe ich vor längerer Zeit mal geschenkt bekommen."

Den Rest des Abends verbrachten wir gemütlich beim Tee, Pläne schmiedend. Hirse ist zwar nicht die kulinarische Erfüllung, aber ganz sicher sättigend. Zumal die Mutter meiner Kinder kürzlich ein verlassenes Rhabarberfeld zwischen den umliegenden Gärten entdeckt hatte. Wenn wir schnell, bevor er endgültig blühte, die Stängel abernten würden, dann öffneten sich uns ganz neue Welten einer autonomen Ernährung. Langsam waren wir in einer ausgesprochen ausgelassenen Stimmung angekommen, wir dachten uns immer neue alberne Kochrezepte aus und kreierten sogar eine neue Modediät aus unserem Fundus. Anstatt uns wegen Geldmangel die Haare zu raufen, kicherten wir noch im Bett halblaut vor uns hin.

Am nächsten Morgen in aller Frühe war das Rhabarberfeld geplündert und die sauren Stangen wurden gerade eingekocht, als der Postbote einen Brief von der Großmutter meiner Frau brachte. Die alte Dame war nicht gerade eine Meisterin der freundlichen Kommunikation, sie tadelte und ermahnte ausgesprochen gerne, es gab also keinen Grund, die Arbeit zu unterbrechen und den Brief sofort zu lesen. Während wir mittäglich die erste Portion Hirse (mit Zwiebeln) verdauten, öffnete Christiane den Brief. Ihr etwas angestrengtes Gesicht wandelte sich schlagartig, als sie neben einem lakonischen Zettel einen blauen Scheck entdeckte. Tausend Mark wies der Bankbeleg aus. Auf dem Papier stand nur: „Ich glaube, ihr könnt das gebrauchen. Liebe Grüße, Omi."

Über zehn Jahre lang existierte die EDV-Firma und lieferte Computer und Fachwissen an Einrichtungen in Stuttgart. Langsam aber deutlich änderte sich das Gebaren der Kunden. Immer verstärkter wurden Rechnungen anstatt bezahlt lieber reklamiert. Geiz wurde geil und brachte viel Egoismus mit sich. Außerdem wurden immer weniger Problemlösungen von mir verlangt, stattdessen waren müßige Diskussionen über Prozessoren angesagt. Ich hatte keine Lust mehr, zumal der „rote" Zustand auf den Konten dauerhaft zu sein schien. Die Firma aufzulösen dauerte ein Jahr und brachte sehr spannende und vollkommen neue Erfahrungen über Geld mit sich. Ich hätte vorher nicht gedacht, dass eine Bank auf den Vorschlag, zwanzig Prozent der geschuldeten Summe sofort zu bekommen oder evtl. gar nichts, weil ja definitiv nichts zu holen war, freudig und schnell zugehen würde. Durch die Hilfe eines weiteren Gläubigers konnte dieser Teil aufgebracht werden. Nur ein privater Kreditgeber, der bisher ungewöhnlich hohe Zinsen gefordert hatte, reagierte nicht auf die Vergleichsvorschläge und ging letztendlich leer aus.

Der Entschluss, die Firma zu liquidieren, fiel in Eckernförde und sollte unsere Familie genau dorthin bringen. Zuvor mussten wir Sozialhilfeempfänger aber die wirtschaftlichen Voraussetzungen für einen Umzug quer durch die Republik „finden". Aber inzwischen waren wir ja sicher:

Unsere Götter sind zuverlässig.

Matthias Klausener

Gute Kräfte mobilisieren

Kindheit und Jugend

Ich wurde in eine eigenwillige Schweizer Familie hineingeboren; mein Vater war Lehrer und ging seine eigenen Wege. Er war in meiner Kindheit nicht sehr präsent, wichtiger wurde er bei sportlichen Aktivitäten und Abenteuern in der Jugendzeit. Ich hatte immer Angst vor seinen unberechenbaren Reaktionen und Ausbrüchen und zog mich oft in eine Fantasiewelt zurück. Meine Mutter war sehr liebevoll, aber manchmal auch erdrückend mit ihrer Zuwendung. Beide Eltern waren auf ihre Weise dominant, es herrschten immer Spannungen zwischen ihnen, oft wurde gestritten. Harmonische Momente mit beiden gab es selten. Trotzdem liebte und liebe ich beide und die Vergangenheitsform dieses Textes ist rein stilistisch.

Eine Zeitlang war ich mit meinem fünfzehn Monate jüngeren Bruder sehr eng zusammen, wir waren wie Zwillinge und unternahmen sehr viele Streifzüge miteinander. Dies änderte sich in der Pubertät, als die Interessen andere wurden. Mit meiner über zwei Jahre älteren Schwester hatte ich ein eher distanziertes Verhältnis, aber wir respektierten uns. Die ersten zweieinhalb Jahre lebte ich in einem Idyll mit großem Garten und vielen Tieren im Haus der Großmutter. Der Verkauf dieses Anwesens gegen den Willen meines verstorbenen Großvaters und der Umzug in die Stadt waren ein Schock für mich. Als meine Tochter geboren war, kamen mir diese Bilder und Gefühle wieder ins Bewusstsein. Als Kind rettete ich mich oft in eine Traumwelt, beobachtete aber viel, sah, fühlte und hörte manchmal mehr, als ich verkraften konnte.

Krankheitsschübe waren die körperliche Reaktion darauf. Ich brauchte sehr lange, um mich in der Schule zurechtzufinden und lernte erst mit zehn Jahren lesen und schreiben. Die damalige Rudolf Steiner Schule in Basel war sehr konservativ und es gab klare gesellschaftliche Hierarchien, bei denen die „Dornacher Superanthroposophen" ganz oben standen. Zum Glück hatte ich eine wahre Perle als Lehrerin, eine echte Pionierin der Waldorf-Schulbewegung, die mich immer wieder aus meiner Trauer herausholen konnte. Mit den Jahren wurde ich ein guter und fleißiger Schüler. Die Sprache der Dichter hatte es mir angetan und in Schultheater-Aufführungen konnte ich meine Fantasiewelten einbringen, was sehr befreiend war.

Eine ganz andere Welt baute ich mir in einem Pferdestall in der Nähe auf, in dem ich die ganze Freizeit verbrachte. Der Umgang mit den Tieren war mir von Anfang an vertraut. Die Menschen dort bildeten einen wichtigen Gegenpol zu dem Rudolf Steiner-Umfeld. Meine Familie konnte damit nichts anfangen, ließ mich aber gewähren. Niemand in der Familie hatte je etwas mit Pferden zu tun gehabt.

Mit fünfzehn Jahren hatte ich große Ängste bezüglich der Berufswahl. Wir wurden in der Schule damit alleine gelassen, viele Schüler wussten allerdings ganz genau, was sie werden wollten: Musiker, Lehrer, Arzt. Mir fiel damals nichts ein und es beunruhigte mich, dass alle anderen wussten, was sie machen wollten. Irgendwann war es mir innerlich klar, dass ich auf eine Schauspielschule wollte, ich wagte aber nicht, es zu kommunizieren, da viele auf die Bühne wollten. Ich hatte Angst, nicht ernst genommen zu werden; auch war damals eine Übermacht der Goetheanum-Künstler-Kinder in meiner Klasse, die auf mich erdrückend wirkte. Dorthin wollte ich keinesfalls, mich stieß diese Deklamationsweise und die Hochhaltung des klassischen Kunstbegriffs ab, auch die ganze Ausstattung ließ mir zuwenig Raum für die eigene Fantasie.

Schauspielschule

Über den Umweg einer Handelsschule ging ich schließlich mit neunzehn Jahren auf eine Schauspielschule in Zürich und zog von Zuhause aus. Finanziell ging es mir ganz schlecht, ich lebte in einem kleinen, muffigen, möblierten Zimmer, jobbte als Portier in einem Hotel und als Kleiderverkäufer in einem Herrenmodegeschäft für acht Franken die Stunde. Ich lernte, mit sehr wenig auszukommen.

Mein Selbstvertrauen war gering. Eines Nachts hatte ich einen ungeheuer heftigen Traum, in dem eine dunkle Gestalt mich holen wollte – ich wachte im Garten wieder auf, war über mehrere Stockwerke in Trance herunter gerannt, hatte Scheiben zerschlagen, war über die Scherben gegangen. Ich hatte lediglich eine tiefe Fleischwunde an der rechten Hand. Dieses Erlebnis zeigte mir, dass Kräfte wirken, die oft negiert werden. Meine Umgebung reagierte hilflos auf dieses Ereignis, es ging vor allem darum, im Krankenhaus zu beteuern, dass ich sonst normal sei und keine Drogen nähme. Ich wurde hellhöriger und versuchte, Schutzmechanismen einzubauen. Bei späteren Albträumen verließ ich nie mehr das Zimmer.

Die nicht sehr motivierten Lehrer der Schauspielschule konnte ich mit meinen Rollen-Schöpfungen nicht immer begeistern. Damals wurde noch sehr trocken „nach Stanislawski" unterrichtet. Heute herrscht erfreulicherweise weit mehr Fantasie und Musikalität an den Schauspielschulen. Unsere Vorbilder waren Schauspielhaus-Schauspieler eher altmodischer Prägung. Es war eine aufregende Zeit, in der sämtliche Denk- und Gefühlsmuster abgelegt werden mussten, ein oft schmerzvoller Prozess. Konventionen mussten überprüft werden. Ich merkte, wie sehr man durch Herkunft und Erziehung geprägt ist. Viel interessanter war: Da kommt viel Leben hoch aus unbekannten Bereichen. Damals erlebte ich erste Ahnungen einer karmischen Weltsicht. Ich war in dieser Zeit zwischen 19 und 23 so damit beschäftigt, Theaterschauspieler zu werden, dass ich dem alles andere unterordnete. Trotz aller Befreiung von Gewohntem entwickelte ich gerade im geistigen Suchen Verdrängungsmechanismen, die viele Gedanken nicht zuließen.

Bald spielte ich bei freien Theatern, weil mir der Schauspielschulbetrieb zu realitätsfremd und unlebendig wurde. Aber die Truppen, in denen ich damals arbeitete, waren nicht innovativ, sondern eher schweizerisch-behäbig oder gar spießig, was mich sehr enttäuschte. Meine wirtschaftliche Situation war nach wie vor desolat. Immer wieder gab es Streit und Trennungen – ich konnte nicht gut mit Spannungen und Meinungsverschiedenheiten umgehen, es gab nur ein „entweder - oder." So machte ich es mir schwer und litt selber am meisten unter dieser Situation. In dieser Phase meines Lebens zwischen 19 und 22 Jahren lehnte ich jegliche seelische, psychologische oder medizinische Hilfe radikal ab. Ich erkrankte schwer an Schuppenflechte (Psoriasis) und hatte deswegen große Minderwertigkeitsgefühle und Probleme, meinen Körper zu akzeptieren. Auf der anderen Seite war ich konzentriert und fleißig und erarbeitete mir ein breites literarisches Wissen.

Mit dem lang ersehnten ersten richtigen Jahresengagement in einer Stadt in Bayern wurde ich freier und gewann an Selbstvertrauen. Es war eine regelrechte Befreiung, die Enge der Schweiz verlassen zu können. Es machte mich stolz, wenn man mich nicht als Schweizer erkannte. Die Landschaft um diese Stadt war mir seltsam vertraut – lichte Kiefern- und Birkenwälder, dazwischen Seen und immer wieder Kornfelder. Ich wollte immer nur Theaterschauspieler sein, berühmt zu werden oder Filme zu drehen war nie meine Intention, mir ging es um den sprachlichen und körperlichen Ausdruck. Auch konnte ich so die vielen belastenden Leben in mir kanalisieren und in eine Form bringen. Es gefiel mir, den ganzen Tagesablauf auf diese zwei bis drei Stunden intensiven Lebens auf der Bühne zu zentrieren und dem alles unterzuordnen. Im Alltag wollte ich normaler sein als alle anderen. Das Kleinstadtleben gefiel mir, beruflich lief alles rund: Nach einem Jahr bekam ich eine Anstellung in einer größeren schwäbischen Stadt, wo ich zwei Jahre blieb, dann folgte der Sprung in die damalige Bundeshauptstadt.

Berufliche und seelische Irritationen

Alles ordnete ich der Karriere unter. Es gab immer wieder Brüche und Irritationen, manchmal Traumbilder, die etwas anderes erzählten als ich leben wollte. In der Bundeshauptstadt fühlte ich mich oft leer, traurig und unzufrieden. Die Landschaften gefielen mir nicht, ich konnte kein Heimatgefühl entwickeln. Einmal, auf einem Spaziergang im Wald, flog ein kleiner Vogel zu mir, eine Blaumeise, was mich zutiefst aufwühlte, weil meine verstorbene Großmutter mich ganz konkret fragte, ob ich glücklich sei. Blitzartig und unter Tränen wurde mir bewusst, dass ich zutiefst unglücklich war. Dieses Erlebnis hat mich sehr erschüttert und ich wurde hellhöriger auf das, was mir die Tiere erzählen. Ich las später in einer östlichen Karmalehre, dass sich die Seelen der Verstorbenen kurze Zeit in Tierkörpern wieder finden, ehe sie wieder Menschen werden. Das überzeugte mich und machte mich demütiger.

Stundenlang saß ich vor dem Fernseher, die Arbeit am Theater war unbefriedigend – sie hatten einen netten jungen Mann eingekauft, einen Typen, der sich aber jetzt als zu schwierig und aufsässig erwies. Der Vertrag wurde nicht verlängert. Ich fühlte mich fremd in dieser Stadt, dieser Landschaft, und die Oberflächlichkeit am Theater setzte mir zu. Ich konnte nicht mit Leuten, die mir vielleicht nützlich gewesen wären, verkehren, sondern geriet immer wieder an Menschen, die selbst am gesellschaftlichen Rande standen. Es brauchte lange, bis ich begriff, dass dies mein Weg ist, immer wieder machte ich Versuche, mich anzupassen, nicht aus den Normen zu fallen, fand es selbst aber peinlich. Ich mochte das elitäre Gehabe am Stadttheater nicht, versuchte es mit Volkstheater, wurde aber dort durch die Spießigkeit abgestoßen. Ich saß zwischen Stuhl und Bank. Schließlich zog ich wieder in die Schweiz und wurde freiberuflich tätig. Dies lief erstaunlich gut und ich bekam auch Engagements beim Fernsehen.

Ich empfand es immer als Bereicherung, einen guten Text auswendig lernen zu dürfen, die verschiedenen schöpferischen Phasen durchzugehen. Trotz aller Arbeit in der Gruppe war es eine große Einsamkeit, durch die ich vor einem Auftritt hindurch musste – Gefühle der völligen Verzweiflung, die Angst, zu versagen, der Leistungsdruck, fremde Gedanken und Gefühle zu vermitteln. Manchmal bedrückte die Zusammenarbeit mit Menschen, die mir fremd oder unsympathisch waren, es gab mühsame Vorstellungen, in denen kein Funke springen wollte, vor leerem Zuschauerraum. Zu schaffen machten mir auch die vielen süchtigen und kaputten Menschen am Theater – vor allem der Alkohol ist oft ständiger Begleiter. Ein absolutes Tabuthema in der Öffentlichkeit. Oft ist es – wie in vielen anderen Berufen auch – dass nicht die Fähigkeiten und die Leistung zählen, sondern die persönlichen Zu- oder Abneigungen. Der beste Schauspieler verkümmert, wenn er nicht die entsprechenden Rollen bekommt. Freie Marktwirtschaft pur – man verkauft sich ständig, oft indirekt. Ich spielte dieses Spiel recht geschickt, weil ich die Mechanismen durchschaute, bis es mich so anwiderte, dass ich ausbrechen musste.

Gewisse Muster wiederholten sich: Ich wurde als Ensemblevertreter von der Gewerkschaft eingesetzt, obwohl ich immer sehr skeptisch zu Kunst und Gewerkschaft stand, und sah mich bald andere vertreten. Ich wurde mit den ganzen Problemen des Arbeitsmarktes konfrontiert durch diese Arbeit für andere. Am Schluss stand ich allein da und hatte selber berufliche Schwierigkeiten, stand sozusagen auf der „roten Liste" der Intendanten. Ich arbeitete mich aber gut ein und erzielte als Gewerkschafter durchaus Erfolge. Natürlich kam der Hass auf mich zurück, raffinierte Intrigen wurden inszeniert – auf einmal war ich nicht mehr im Theater, sondern im Leben. Es ging um die eigene Existenz, nicht um eine Bühnenfigur.

Karmische Erkenntnisse im Osten

Manchmal erlebte ich Symbiosen mit Rollen und der eigenen Situation. Als ich nach dem Mauerfall an einem berühmten ostdeutschen Theater den Josef K im „Prozess" von Kafka spielte, war dies ganz meine Situation dort: Jemand wird angeklagt und weiß nicht warum. Die ehemals unkündbaren Staatsschauspieler-Kollegen aus der ehemaligen Diktatur entluden ihre ganze Aggression und Anklage über ihre neue kündbare Situation auf den Kollegen aus der Schweiz, der eigentlich voller Idealismus gekommen war. In einem anderen Stück war ich ein junger Priester, der fragt und fragt, aber keine Antworten bekommt von den Inselbewohnern. Da musste ich ganz ich selber sein, was unglaublich anstrengend war, weil „alles Theater" wegfiel. Diese Arbeit wurde in Fachzeitschriften positiv besprochen, aber in der ostdeutschen Stadt abgelehnt. Als der Hass so groß wurde, dass ich um mein Leben fürchtete, verließ ich diesen Ort. Auch diese freie Entscheidung löste noch größeren Hass aus. Es dauerte lange, bis ich begriff, dass ich nur die Projektionsfläche für lange aufgestaute Wut war. Es wurde mir auch bewusst, dass hier stark karmische Dinge hinein spielten; dies erklärte mir selbst auch den völlig unlogischen Schritt, überhaupt dieses Engagement anzutreten (davor war ich an einem der damals besten deutschsprachigen Häuser engagiert, dem Theater Basel).

Ich gewann die Gewissheit, dass ich starke Fähigkeiten zur Meditation besaß – wenn ich mich auf eine Landschaft, einen Menschen oder ein Ereignis konzentrierte, kamen Bilder in mir hoch, die es mir ermöglichten, Zusammenhänge zu sehen und Einsichten zu gewinnen. Auch gab mir diese Arbeit immer wieder die lange ersehnte innere Ruhe, um Schicksalsschläge zu ertragen. So fing ich an, mein Verhältnis zu Vorgesetzten zu überprüfen, zur Staatsgewalt, zum Autoritätsgehabe gewisser Männerrunden. Es tauchten auch Fragen auf. Warum konnte ich mit Waffen so gut umgehen, obwohl ich nie Militärdienst geleistet habe, woher kommt dieser vertraute Umgang mit den Tieren, ganz besonders mit Pferden. Und immer wieder diese weite Landschaft aus Wäldern, Seen und Kornfeldern vor dem inneren Auge. Keine Schweizer Landschaft.

Eigene Theaterproduktionen und Eröffnung eines Kulturbüros

Einige Jahre, von meinem 30. bis 33. Lebensjahr, war ich freiberuflich tätig, dann begann ich mit Freunden und Gleichgesinnten selber Theaterproduktionen auf die Beine zu stellen. Die Hauptverantwortung lag immer bei mir: Ich trieb Geld auf, organisierte, inszenierte, managte, engagierte Kolleginnen und Kollegen, verkaufte Vorstellungen. Es lief viel Geld durch meine Hände, ich ging verantwortungsvoll damit um, am Schluss blieb sehr wenig für mich. Irgendwann kam ich zur Erkenntnis, dass ich viel besser bin als Künstler, wenn ich nicht alles selber mache, wenn ich mich ganz auf die Vorstellung konzentrieren kann.

Mit 35 machte ich mich ganz selbstständig, auch weil ich der ständigen Kontrolle durch die Arbeitslosenkasse überdrüssig war. Ich hatte genug davon, Angestellten, die keine Ahnung hatten, immer wieder meine Tätigkeiten rechtfertigen zu müssen, um ein paar miese Franken Arbeitslosenhilfe zu bekommen. Meine Tätigkeit als Inhaber eines Kulturbüros verlief sehr erfolgreich, bis ich an die falschen Partner geriet: unglaubliche Bosheiten und Rechtsstreitigkeiten brachen aus. Jetzt waren es keine frustrierten Künstler mehr, die mich fertig machen wollten, sondern mit allen Wassern gewaschene Geldmenschen. Dies war nicht mehr Theater. Jetzt kam mir die Fähigkeit, gute Kräfte mobilisieren zu können und ein verlässliches Umfeld zu haben zur Hilfe, sonst hätte ich diese dunkle Zeit nicht durchgestanden. Ich fühlte meinen Schutzengel. Ein wichtiger Prozess war, Böses nicht mit Bösem vergelten zu wollen, weil dies immer zurückkommt. Ich lernte, Kreise und

Schutzhüllen zu ziehen. Einmal stand einer meiner Feinde an einer Halte-stelle und ich machte instinktiv ein Kreuzzeichen, vielleicht sehr banal, aber es gab eine ungeheure Kraft und den Mut, den eigenen Weg weiter zu verfolgen. Wo andere cool bleiben, werde ich in meinem Innersten erschüttert. Schmerzhaft musste ich lernen, gewissen Konstellationen aus dem Wege zu gehen.

In dieser Zeit spielte ich weniger Theater – gewisse berufliche Beziehungen hatten sich totgelaufen, anderes wurde wichtiger: ein altes Haus im Elsass und die Familie. Meine Frau, die ich schon mit zweiundzwanzig kennen gelernt hatte, und ich hatten keine Kinder und mussten in Bezug auf die-sen unerfüllten Kinderwunsch sehr schwere Jahre durchstehen. Wahrschein-lich können dies nur Paare verstehen, die ähnliches durchmachten. In jüngs-ter Zeit ist das Problem zum Glück kein Tabuthema mehr in unserer Gesell-schaft. Später wurde mir durch karmische Vertiefung diese Prüfung er-hellt. Nach sieben Jahren, wie im Märchen, wurde unsere Tochter geboren und dreieinhalb Jahre später unsere Zwillingssöhne. Doch ich greife vor.

Unfall – Das Ende der Schauspielerkarriere

Vor diesen freudigen Ereignissen, exakt in meinem zweiten Mondknoten, fuhr mich ein betrunkener Autofahrer über den Haufen. Ich hatte ein Todes-erlebnis auf der einen Seite, auf der anderen Seite war da auch eine Kraft, die ich als „Kraft meiner ungeborenen Kinder" bezeichnen würde, die mich schütz-te. Ich überlebte schwer verletzt und habe seitdem ein gelähmtes Bein. Mei-ne Schauspielerkarriere wurde durch diesen Unfall beendet, ich studierte Kulturmanagement und schloss mit einem Mastertitel ab.

Ich wurde Leiter einer anthroposophischen Kulturinstitution. Als ich den schlecht bezahlten Anstellungsvertrag voller Idealismus unterschrieb, das Bild Rudolf Steiners im Hintergrund an der Wand, sagte mir mein Gefühl, dass es ein Fehler wäre. Die Herren des Vorstands hatten ziemlich reaktionäre An-sichten und wenig Kunstsinn. Ich dachte, dass sich ein Kreis schließt, drehte mich aber nur im Kreis. Nach einigen Monaten des Wirkens mit guter öffent-licher Resonanz und einem spannenden Spielplan, wurde mir mitgeteilt, dass der Kulturbetrieb eingestellt und meine Stelle gestrichen würde, man wolle nur noch „interne Künstler." Ich war wie vor den Kopf gestoßen, trotzdem reagierte ich anders als „programmiert." Ich blieb gelassen und führte den Betrieb noch bis zur Sommerpause ruhig und ohne Streit. Der Presse gegenüber hielt ich mich zurück, nicht um den Vorstand zu schützen, sondern um meinen inneren Frieden zu haben. Es war für mich äußerst schmerzlich, Opfer eines unsozialen, ungeistigen und nicht nachhaltigen Handelns zu sein. Die Menschen dieser Einrichtung schlichen mit einem eigenartigen Kadavergehorsam herum. Die ganze Stimmung war wie gelähmt. Ich fand heraus, dass dieser Ort sehr belastet ist von einer mittelalterlichen Richtstätte und einem Geld-Karma.

Frühere Leben

Zum Schluss möchte ich zwei meiner früheren Leben kurz und schematisch darlegen, weil sie mir aufgezeigt haben, was eben jetzt wichtig für mich ist. In einem mittelalterlichen Erdendasein erlebte ich mich als Teilnehmer eines Kreuzzuges, einen Anführer, aus dem süddeutschen/elsässischen Raum, der voller Missionseifer ins Morgenland fuhr, seine Familie verließ, aber schnell durch christliche Gräueltaten und ein tiefes Verständnis für die so genannten Heiden in einen Konflikt kam mit dem institutionalisierten Christentum. Ein ganz starkes Gefühl von Einsamkeit und Verlassenheit überfiel ihn auf der Terrasse einer Burg stehend, eine ungeheure Wehmut seiner Frau und seinen Kindern gegenüber. Später folgten schwerste Prüfungen, die Heimat sah er nicht wieder.

In der letzten Inkarnation sah ich mich als ostdeutschen Gutsbesitzer, der gegen Ende des Krieges hingerichtet wurde. Ein Familienmensch heiteren Gemüts, Offizier, der durch miterlebte Massaker zum Widerstandskämpfer wurde, obwohl er eigentlich nicht wollte. Diese Persönlichkeit war stark verbunden mit der Landschaft, in der sie wirkte – Seen, Steine, Eichenalleen und Wälder. Der Konservativismus, die Pflicht und Tradition ließ ihm wenig Raum, sich um seine Familie und die Kinder zu kümmern, was ihn in der Todeszelle, wo er grausamste Folterungen und Verhöre erleben musste, bekümmerte. In einem neuen Leben wollte er mehr Zeit haben für diese

Dinge, die sich jetzt als die wichtigsten offenbarten. Fluchtmöglichkeiten auf der einen Seite und die Sorge um die Familie auf der anderen Seite führten zu schwersten Konflikten. Dieser Mensch konnte aber gute Kräfte mobilisieren und nach seinem Tode aus der geistigen Welt so stark wirken, dass die verschleppten Angehörigen sich wieder fanden. Als ungeheurer Schmerz wurde der Verlust der Heimat empfunden, auch weil diese Familien wirklich zusammengehörten.

Gegenwart

Trotz der Schwere dieser Schicksale war für mich das Erfassen dieser Zusammenhänge vor allem aus dem Grund wichtig, weil ich meine eigene Biografie besser verstehen lernte und Kraft schöpfte, das jetzige Leben so zu gestalten, dass ein Ausgleich stattfinden kann.

Es ist tatsächlich so, dass wir jetzt ein bescheidenes Leben auf dem Lande führen – dank des Hauses im Elsass ist dies möglich. Ich bin gerne Hausmann und für meine Kinder da. Ich habe mich mehr auf das stille Gewerbe orientiert, habe ein Buch geschrieben, verfasse Artikel im Kulturbereich und auch im pferdesportlichen Umfeld. Meine Auftritte habe ich als Dressurreiter, nicht mehr als Schauspieler. Ich bin sehr froh, dass mein Leben nicht mehr fremdbestimmt wird. Seitdem ich die Zwänge abgelegt habe und so lebe, wie ich es verantworten kann, mit allen Einschränkungen finanzieller Art, treffe ich immer wieder auf ganz neue Menschen und überraschende Zusammenhänge. Für mich ist Karmaarbeit etwas Organisches und Natürliches, nichts Besonderes oder Mystisches. So, wie ich mich bei Konzentration an frühkindliche Erlebnisse erinnern kann aus dem Unterbewusstsein, so kann ich eben noch weiter zurückgehen; aber ich bin skeptisch und nicht immer willens und bereit dazu. Das Wichtigste für mich ist, dass ich die jetzige Existenz besser verstehen und leben kann und die Dinge tue, die hier und heute wichtig sind.

Clivia Blank

Inneres Drängen – es ist an der Zeit

Meine berufliche Laufbahn begann mit einer kaufmännischen Bank-Lehre. Danach folgten einige Auslandsaufenthalte, unter anderem in Paris und als Au-Pair-Mädchen in London, wo ich auch meinen zukünftigen Mann kennen lernte. Als ich wieder in die Schweiz zurückkehrte, arbeitete ich in meinem erlernten Beruf, bis mein erstes Kind geboren wurde. Bald folgte ein zweites Kind, und damit eine längere Familienpause. Während die Kinder heranwuchsen, engagierte ich mich ehrenamtlich in Kindergarten und Schule, sowie in einem Dritte-Welt-Laden. Freude machte mir auch das Puppenspiel und das Herumtingeln mit Märchenaufführungen.

Als die Kinder größer wurden, stand ich vor der Frage, wieder in meinen alten Beruf einzusteigen, um noch eine Chance zu haben im kaufmännischen Bereich. Ich war 42, gehörte für die Berufswelt also schon zum „alten Eisen". Ich kaufte mir einen Computer und belegte Computerkurse, um die Entwicklung der vergangenen vierzehn Jahre aufzuholen.

Dann bewarb ich mich und ließ mich nicht entmutigen durch die vielen Absagen. Ich schob alle Ängste und Vorurteile wegen meines Alters und der langen beruflichen Pause beiseite, übte mich in positivem Denken und war überzeugt, dass ich es wieder schaffen würde.

Ich machte weiter trotz aller emotionalen Höhen und Tiefen. Ich wusste, dass die richtige Fügung kam, als ich mich wieder einmal vorstellte. Da wurde ich wieder erkannt von einem Mitarbeiter meiner alten Arbeitsstelle. Er arbeitete jetzt woanders, aber erkannte mich. Er fragte mich, für wen ich denn gearbeitet habe und meinte dann: „Wenn Sie es mit dem ausgehalten haben, halten Sie es mit mir auch aus." Er suchte tatsächlich eine reifere Mitarbeiterin. Da zu diesem Zeitpunkt auch seine Frau gerade versuchte, nach der Kinderpause wieder Arbeit zu finden, hatte er Verständnis für mich. Dort habe ich mit fünfzig Prozent Arbeitszeit wieder angefangen.

Es hatte sich sehr viel verändert an den beruflichen Anforderungen, aber ich habe das Alte losgelassen und versucht, mich wieder einzufügen. Dann wollte ich mehr arbeiten, denn ich sah, dass es klappte und wollte wissen, was ich kann. Ich ging zur Berufsberatung und ließ mich testen, wo meine Fähigkeiten, Schwächen und Stärken sind, was für ein Berufsbild da hervorkommt und was für Möglichkeiten ich von der Ausbildung her habe. Ich machte eine Weiterbildung als PR-Assistentin, wusste aber, dass ich dies beruflich nicht anstrebe. Es war eine sehr vielseitige Ausbildung in Kommunikation, Schreiben, Redigieren, Journalismus. Ich wusste, dass es mir einfach gut tut, um nach vierzehn Jahren Pause wieder in der heutigen Berufswelt zu bestehen. Ich war eine der Ältesten dort, das waren sonst alles junge Leute, aber ich fand es toll, mitzumachen.

Ich musste dann aus finanziellen Gründen meine Arbeitszeit aufstocken, halbtags war zu wenig. An meiner Arbeitsstelle war das nicht möglich, weil dort gerade Stellen reduziert wurden. Ich fand bei meinem jetzigen Arbeitgeber eine Stelle, die mir gut gefällt und wo ich sehr geschätzt werde. Die Kollegen sind nett, haben Verständnis für mein Leben als allein erziehende Mutter und schätzen meine Erfahrung und mein reifes Alter – ich bin jetzt 49.

Von der äußeren Situation her könnte ich zufrieden sein, bin es auch, aber es gibt noch etwas anderes, was mir keine Ruhe lässt, was mich innerlich drängt. Das ist die Frage nach einem geistigen Weg, einer inneren Aufgabe. Ich hatte schon als Kind und Jugendliche keine Mühe, bei Meditationen innere Bilderlebnisse zu haben. Ich spürte sehr früh, dass noch etwas in mir lebte, was ich entdecken muss und woraus ich Kraft schöpfen kann. Diese Welt in mir war nie so ganz greifbar und schien mit dem Leben ringsherum wenig gemeinsam zu haben. In der letzten Zeit spürte ich verstärkt dieses innere Drängen wie eine Aufforderung, sich jetzt gezielt um diesen geistigen Weg zu kümmern. Ich empfand es so, als hätte mein Engel mich gestupst.

Ich setzte mich zuerst intellektuell damit auseinander, mit esoterischer Literatur, Meditation, der Arbeit an meinen Emotionen, die oft ohne äußeren Grund aus dem Inneren aufsteigen. Da gibt es die ganze Palette von Unzufriedenheit, Unglücklichsein, Trauer, Mangel an Lebensfreude. Das wurde so schmerzhaft drängend, dass ich es ernst nehmen musste als Zeichen, wach zu werden, etwas zu verändern in meinem Leben.

Durch eine Bekannte erfuhr ich von der Karmaarbeit von Christiane Feuer-stack. Ich vereinbarte drei Gesprächstermine bei ihr, durch die ich sehr große Klarheit für meinen weiteren Weg bekam. Ob dieser innere Weg sich loslöst von meinem äußeren Weg, den ich jetzt gehe, oder ob das ineinander fließt und parallel läuft, das weiß ich jetzt noch nicht. Ich weiß nur, dass ich jetzt diesen Weg gehen muss. Es stupste und plagte mich so lange, bis ich das anschaute. Jetzt bin ich froh über diesen Schritt, durch den mir vieles ganz klar geworden ist. Durch die Begleitung in der Karma-arbeit habe ich bei meinen Bildern eine ganz andere Klarheit und Sicher-heit erlebt als bei meinen früheren Erlebnissen.

Für uns Menschen, die wir in der heutigen Weltsituation inkarniert sind, ist es eine große Chance, auf dem inneren Weg in unser Urvertrauen zu wachsen, da die äußere Welt immer weniger Sicherheiten bietet. Entwe-der man lebt in der Angst weiter, in der Unsicherheit, oder man schafft es, die Brücke ins Geistige und das daraus wachsende Vertrauen zu finden.

Ich möchte hier eine Zusammenfassung meiner Erlebnisse mit der Karma-arbeit anfügen:

Imaginationen

Ich sehe ein Buch mit goldenem Rücken, eine ganz alte Klosterkopie mit Ledereinband. Eine alte Frau mit vielen Runzeln sagt, ich soll das Buch aufschlagen. Sie zeigt mit dem Finger auf eine Seite, es ist eine alte Schrift, die ich nicht lesen kann. Ich sträube mich, weil es mich an ein Kloster erinnert. Ich muss zwischen den Zeilen lesen. Dort ist auch das Licht. Die alte Frau hält mir eine Laterne hin mit einer Kerze drin. Sie möchte mir irgendetwas beleuchten. Ich sehe ein Bild von Wasser, von einem Fluss, wie eine Quelle. Eine junge Frau mit langen dunklen Haaren und dünnem Hemd steht darin, aber nicht freiwillig. Sie schaut fasziniert auf das Licht, das sie unter diesem Wasser gesehen hat. Es sieht so aus, als wäre diese junge Frau in dem Wasser ums Leben gekommen. Sie treibt an der Ober-fläche, die Haare schwimmen im Wasser, um ihre linke Fußfessel ist ein Seil mit einem Stein dran. Sie hat sich aus Leibeskräften gewehrt. Mönche in braunen Kutten haben sie hineingestoßen. Andere Leute schauten zu, viel Volk lief umher. Die Mönche hatten die Aufgabe, die junge Frau ins Wasser zu bringen. Sie hat immer wieder von dem Licht erzählt, das sie gesehen hat. Die Menschen waren gerne bei ihr.

Ich fühle mich als diese junge Frau. Ich durfte nichts von diesem Licht erzählen, weil ich ja ein gewöhnlicher Mensch war. Es gab Pfarrer, einen Abt, Klerus, die haben das verboten. Ich war höchstens Mitte zwanzig, nicht verheiratet, hatte keine Kinder, war aber auch nicht im Kloster. Ich habe einfach zu Hause gelebt. Die Eltern haben Handel getrieben, es war eine Kaufmannsfamilie. Ich war wohl behütet, habe gestickt und manchmal kamen Menschen zu mir, denen ich half. Ich musste nicht für meinen Lebensunterhalt arbeiten. Darauf waren meine älteren Brüder eifersüchtig. Die wollten mich ins Kloster schicken, aber das wollte ich nicht, weil ich durchschaut hatte, dass das im Kloster nichts mit meiner geistigen Welt zu tun hat. Die Brüder wollten mich raus aus dem Haus haben, weil ich so viel Macht hatte, sie hatten Angst vor meiner Ausstrahlung. Ich kam dann vor ein Gericht, aber das war ein Scheingericht. Die Menschen, die sonst zu mir kamen, bekamen Angst und hielten sich zurück. Vor dem Tode selber hatte ich keine Angst, aber ich hatte eine große Wut wegen dieser Ungerechtigkeit. Dass diese Menschen so falsch sehen, so falsch leben und so manipuliert werden.

Nach dem Tod spüre ich immer noch Wut, ich sehe, dass es doch ein paar Menschen gab, die mehr wussten, die aber nicht den Mut hatten, zu ihrem Wissen zu stehen. Jetzt soll ich diese Wut anschauen und sie verwandeln. Dieses Erlebnis führte dazu, dass ich eine neue Taktik einschlug, mich so zu verstecken und das andere, das Geistige, verborgen zu leben – also in zwei Welten zu leben. Ich habe Angst vor dieser Kraft, die in mir ist, diese Kraft wirklich zu leben, es ist eine Gabe, eine Aufgabe. Jetzt hat sich die Zeit geändert. Es wird jetzt wichtig, diese Aufgabe wirklich zu ergreifen und die Opferrolle abzulegen. Jetzt habe ich wieder das alte Buch vor mir, ein neues Kapitel wird aufgeschlagen. Zunächst werde ich aufgefordert, allen Beteiligten an meinem damaligen Tod zu verzeihen. Wir stehen im Kreis, berühren uns an den Händen und ich bitte alle Engel, anwesend zu sein, um bei der Verwandlung zu helfen. Es ist jetzt leichter geworden. Der Impuls zu verzeihen ist da, der das alles heilen wird, aber es braucht noch Zeit.

Die alte Frau hat sich noch einmal gemeldet: Sie ist froh und erleichtert, dass ich jetzt endlich etwas kapiert habe, das sie mir zeigen wollte in diesem Buch. Sie sagt, sie wäre eine alte Freundin, die mich schon durch viele Leben begleitet hat. In dem jetzigen Leben ist sie nicht inkarniert. Sie ist mit Runzeln erschienen, um auszudrücken, dass wir schon sehr viele Erfahrungen gesammelt haben. Diese alte Frau meint, es wäre höchste Zeit, dass ich das jetzt angehe. Sie verzweifelt manchmal fast an meiner Sturheit, aber für heute ist es genug.

Für die zweite Sitzung hatte ich die Frage mitgebracht, wie altes Wissen und alte Erfahrung bewusst gemacht werden und ins jetzige Leben integriert werden kann.

Ich sehe eine Prozession buddhistischer Mönche mit orangefarbigen Gewändern. Es erklingt tibetanische Musik, Glocken und Zimbeln. Wir sind auf dem Weg zurück in das Kloster. Wir sind junge Mönche, noch keine zwanzig. Wir sind beim Essen, albern herum – das dürfen wir aber nicht. Die Stimmung ist friedlich, fast naiv. Jetzt kommen ältere Mönche, die setzen sich woanders hin. Die jüngeren werden wieder ernster, nehmen die Mahlzeit schweigend ein. Der Schlafsaal besteht aus vielen Pritschen, wir sind müde, aber wir dürfen noch nicht schlafen, sondern müssen noch studieren. Ich schweife in Gedanken immer wieder ab, die weltlichen Freuden ziehen mich noch in ihren Bann. Durch die Prozession habe ich wieder Einblick darein bekommen. Ich versuche mich wieder zu konzentrieren. Ich möchte einem Geheimnis auf die Spur kommen, etwas erkennen, erforschen, das noch nicht bekannt ist. Später, als älterer Mönch, habe ich eine mittlere Position, fühle mich dankbar und glücklich. Es erfüllt mich, die jüngeren Mönche zu sehen, die ebenfalls diesen Weg einschlagen. Ich bin ein Lehrer, dem bewusst ist, wie es in diesen jungen Mönchen aussieht, weil ich das auch alles durchgemacht habe. Ich bin beliebt und akzeptiert als Lehrer und als Mensch. Die alte Frau bringt mir ein noch größeres Buch und meint, ich müsse mich noch mehr vertiefen. Ich schlage es auf und es verwandelt sich in Blätter, die aufeinander gestapelt sind. Ich kann diese Schrift nicht lesen und frage die alte Frau, ob sie das übersetzen kann. Es kommt ein Lichtstrahl, eine Wissensquelle, eine Schwingung, da soll ich einen Stein hineinwerfen und schauen, was für eine Resonanz da ist. Es soll ein Bild entstehen.

Geistige Wesen erscheinen, die warten, sie erwarten etwas von mir. Sie schicken mir farbige Bänder als Symbol der Verbindung zu ihnen. Ich soll mir diese Bänder umschnallen wie einen Gürtel um die Taille. Daran ziehen sie mich hoch. Ich soll alle Schranken, Grenzen und Ängste loslassen. Es ist meine Beschränktheit, die diese Verbindung behindert. Daran muss ich etwas ändern. Ich soll das Bewusstsein entwickeln, dass ich durch diese geistigen Bänder mit diesen Wesen verbunden bin und nur das jetzt wahrnehmen. Wenn ich im Alltag wieder in mein rationales Verstandesdenken zurückfalle, soll ich das loslassen und Vertrauen gewinnen in die geistige Führung und den weiteren Lebensweg.

Der tibetische Mönch schmunzelt. Ich frage mich, ob dieser Mönch über sein nächstes Leben gewusst hat und sich gezielt auf seine nächste Aufgabe vorbereitet hat. Daraus schließe ich, dass diese Vorbereitung jetzt in mir drin ist. Der Mönch antwortet, dass noch ein Teil in ihm war, an dem er in dem Kloster nicht arbeiten konnte. Dort war es friedlich, es herrschte gute Stimmung und es gab keine Intrigen. Ein Teil musste sich noch mehr in der Polarität im Materiellen schulen und prüfen und geschliffen werden. Im Kloster ist man nicht so gefordert, das Gottvertrauen hervorzuholen, wie wenn man im weltlichen Leben steckt mit all seinen Existenzängsten. Dort kann man erst das richtige Vertrauen entwickeln. Das ist wichtig, um sich auf diesen Weg einlassen zu können, weil es um andere Gesetze geht, als man im gewöhnlichen Leben kennt. Der Mönch verweist noch auf meine Kinder, denn es war wichtig, dass sie sich durch mich und meinen Mann inkarnieren konnten. Es war wie eine Abmachung, weil wir einander helfen wollten in unserer Entwicklung.

Jetzt stellt er mich vor meine Aufgabe. Das hat er sich so vorgestellt, dass ich jetzt ganz bewusst eine Türe schließen soll, um eine neue öffnen zu können. Ich soll mich ganz dem Geistigen öffnen. Je mehr ich das tue, desto mehr öffne ich mich für die irdische Lebensfreude. Das kostet mich mehr Überwindung als der andere Weg.

Ich stehe jetzt in einem Gang. Hinter mir ist eine Türe offen, vor mir eine Türe geschlossen. Ich möchte mich verabschieden von meiner Kleinheit, von Ängsten, Sorgen, Feigheit, Trauer, von allem was nicht mehr hierher gehört. Ich möchte die Schmerzen und Verletzungen aus Begegnungen verzeihen lernen und allen Beteiligten Licht senden. Jetzt schließe ich diese

Tür mit der Gewissheit, nicht mehr zurück zu wollen und zu können. Es ist eine schwere Eisentür, die schweiße ich noch zu. Im Gang vor mir befindet sich die neue Tür, eine helle Holztüre aus Ahorn mit einem Messinggriff. Ich bin mir bewusst, dass es jetzt nur noch diesen Weg gibt. Ich möchte ihn gehen und werde Kraft und Hilfe bekommen. Ich soll ein physisches Symbol dafür aufhängen in meiner Wohnung, damit dieser Entschluss noch nachwirkt. Ich mache die Türe auf und beschreite diesen Weg. Dort sehe ich einen Boden, eine Quelle, die eingezäunt ist. Es ist eine Quelle der Weisheit. Wenn ich Fragen habe oder nicht mehr weiter weiß, kann ich in diese Quelle eintauchen. Dort steht ein Baum, der mir Kraft gibt. Es wartet auch eine Aufgabe auf mich, die sehe ich aber noch nicht konkret. Es wird sich alles entwickeln. Ich habe immer noch diese Bänder um. Es heißt für mich, weicher zu werden, verletzlicher zu sein, den Panzer um mich herum abzulegen.

Wenn ich jetzt wieder zu dem Mönch komme, wird er nachdenklich und müde. Er hat die Stimmung „Es ist vollbracht. Es ist abgeschlossen." Er möchte jetzt wieder zurück in die geistige Welt und über sein Leben nachdenken. Es war ein erfülltes Leben. Er möchte in mir weiter leben, seine Weisheit durch mich leben. Er möchte, dass ich mich in ihm erkenne und mir bewusst werde, dass ich dieses Leben gelebt habe. Ich soll ihn ein bisschen pflegen in mir. Wenn ich innerlich mit ihm Zwiesprache halte, werde ich wieder an dieses alte Wissen herankommen, es ist ein Teil von mir. Dann werde ich mich auch wieder mehr ganz fühlen, heiler fühlen. Ich spüre jetzt diesen Mönch ganz in mir drin. Ich bin jetzt auf dem neuen Weg und die andere Türe ist zu. Ich freue mich darauf und bin gespannt. Der Zeitpunkt ist richtig, auch vom Alter der Kinder her. Es strömt ein Licht in mich hinein, ein weißes Licht und die Kraft des Vertrauens. Was genau auf mich zukommt, weiß ich nicht, aber das spielt keine Rolle. Es kommt schon zur richtigen Zeit. Ich soll unvoreingenommen sein, damit sich das alles öffnen kann. Es besteht das Bedürfnis und die Aufgabe, bescheiden und elementar zu werden. Es geht nicht um falsche Bescheidenheit, aber darum, sich auf das Elementare und Beglückende zu konzentrieren.

Die alte Frau strahlt, weil ich das endlich begriffen habe. Mein Engel ist auch da, er wirkt ganz stark und groß, gibt mir Lichtsäulen in die Hände.

Er ist hinter mir und möchte mir zeigen, dass ich meine Vorstellungen von „oben oder unten" aufgeben soll, dass das Geistige überall im Irdischen verwoben ist. Mein Engel wird mir helfen, dass dieses alte Gedankenmuster sich auflöst.

In der dritten Sitzung erlebe ich mich als eine Priesterin einer weit zurück-liegenden Zeit. Mein Bewusstseinszustand ist völlig anders als heute. Es ist fast ein Trancezustand, in dem ich geistige Botschaften empfange, um sie auf die Erde zu den Menschen zu leiten.

Ich weiß, wen oder welche Gruppe ich begleiten soll. In dieser Kultstätte habe ich Zugriff auf geistiges Wissen, Einblick in menschliche Zusammen-hänge, in Vergangenheit, Gegenwart und Zukunft.

Ich fühle mich nicht als Individuum, obwohl ich in meinem Körper bin, von anderen Menschen körperlich losgelöst, aber ich habe innerlich nicht die-ses Gefühl des getrennt seins. Es wirkt alles gegeben und richtig.

Ich sterbe jung durch ein Ritualopfer. Das ist dort ein üblicher Tod, indem man der Gemeinschaft seine Kräfte opfert und dadurch die Verbindung zwischen Himmel und Erde stärkt. Ich bekomme einen Kräutertrank, der mich sanft hinüberschlummern lässt. Es ist kein großer Unterschied zu vorher, ich diene weiterhin der Gemeinschaft und bin Teil des Ganzen. Ich fühle mich eins mit allem und will eigentlich kein neues Erdenleben begin-nen. Aber es ist wichtig und notwendig, um ganz und gar in dieser Mate-rie zu stehen und dafür ein Verständnis zu entwickeln, um dann später wieder auf dieses geistige Wissen zurückzugreifen.

Das folgende Leben zeigt sich als krasses Gegenteil zu diesem Einssein mit dem Geistigen. Ich fühle mich als ein wilder Urzeitmensch, der dumpf seinen Instinkten folgt und in der dichten Materie um sein Überleben kämp-fen muss. Das ist ein großer Schock. Ich erlebe es als ein viel größeres Opfer als diesen „Opfertod" der Priesterin, der ja ein sanfter Übergang in eine bekannte Sphäre war. Ich muss lernen mich abzugrenzen, mich zu wehren gegen wilde Tiere, gegen Unwetter und Kälte, mich gegen andere Menschen zu verteidigen, die mich angreifen, und zu entscheiden, was ich will und was nicht. Wenn ich es warm haben möchte, muss ich ein Feuer machen, wenn ich etwas zu essen haben möchte, muss ich ein Tier erlegen. Dadurch nehme ich mich selbst viel stärker als Individuum wahr. Das hat es mir erst ermöglicht, meine Ich-Kraft zu entwickeln.

Da gibt es eine Parallele zu der vorigen Sitzung: Sowohl der Mönch in dem Kloster als auch diese uralte Priesterin waren dem Göttlichen sehr verbunden, aber sie mussten sich nicht mit dem irdischen Existenzkampf auseinandersetzen und konnten sich deshalb als Individuum der Welt gegenüber nicht so stark behaupten. Dagegen musste ich nach dieser Priesterin-Inkarnation lernen, mich zu verteidigen gegen Tiere, gegen andere Menschen und gegen die Naturgewalten.

Auch mein gegenwärtiges Leben ist geprägt von Existenzängsten, sich verteidigen und zu sich selbst als Individuum stehen müssen.

Ich verstehe jetzt, dass dieser Existenzkampf dazu dient, die nötige Ich-Stärke zu entwickeln, um das Geistige aus eigener Kraft auf die Erde zu bringen. Ich bin sehr dankbar, auf diesen Weg geführt worden zu sein.

Thomas Anton Weber

Es gibt keine richtige oder falsche Seite

Diesem Bericht liegt eine Gesprächsaufzeichnung zugrunde, die nur geringfügig bearbeitet wurde, so dass der mündliche Charakter erhalten bleibt

Ich bin jetzt 45 Jahre alt, arbeite als Allgemeinarzt seit acht Jahren in einer großen fachübergreifenden Gemeinschaftspraxis in Norddeutschland, die sehr, sehr viele Patienten hat. Ich wurde von Kollegen gefragt, ob ich mit ihnen als Allgemeinarzt zusammenarbeiten wollte. Ich entschloss mich dazu, obwohl ich ursprünglich Internist werden wollte.

Ich wuchs in anthroposophischen Zusammenhängen auf. Meine Eltern waren Hauseltern in einer Behinderteneinrichtung. Ich besuchte eine Waldorfschule. Als ich zwischen vierzehn und sechzehn war, wechselten wir nach Berlin. Dort habe ich das Abitur gemacht und mich entschlossen, Medizin zu studieren. Ich hatte eigentlich nicht unbedingt die Voraussetzungen dazu und musste mich sehr anstrengen, das Abitur zu schaffen. Nach meinem Zivildienst als Rettungssanitäter begann ich mit dem Studium. Auch das war vom Schicksal her eine relativ straffe Führung, denn mein Abitur war nicht gerade so, dass man hätte erwarten können, dass ich über den Numerus Clausus einen Studienplatz bekommen würde. Ich machte daher zunächst einmal ein einjähriges Krankenhauspraktikum, weil ich mich an der Universität Herdecke zu einem Medizinstudiengang bewerben wollte, und stellte mich innerlich schon auf eine längere Bewerbungs- und Wartezeit ein. Um die Zeit zu überbrücken, habe ich eine Pflegerausbildung begonnen und mich parallel dazu um einen Medizinstudienplatz beworben. Völlig überraschend bekam ich tatsächlich sofort einen. Das war für mich frappierend, weil ich mich eigentlich schon ganz schön eingerichtet hatte in Berlin. Ich wollte gerade in Urlaub fahren mit Freunden und musste dann in eine andere Stadt ziehen und dort sehr schnell das Studium aufnehmen.

Das Studium selbst fiel mir nicht leicht. Dieses stupide Auswendiglernen, dagegen wehrte ich mich innerlich. Irgendwann mitten im Semester war ich schließlich so frustriert über dieses stressige Studium, dass ich glaubte, es nicht mehr zu schaffen, und wollte aufhören. Ich rief zu Hause an und bat meinen Vater, mich abzuholen. Ich legte mich ins Bett, stand drei Tage nicht mehr auf und ließ die Prüfungen, die gerade anstanden, sausen. Irgendwann pochte es vormittags an meine Tür und ich öffnete völlig verschlafen mein Zimmer mit abgedunkelten Jalousien. Da standen alle meine Kollegen aus dem Anatomiesemester. Sie zwangen mich, mich anzuziehen, nahmen mich mit und stellten mich vor den Professor, der sofort die letzte Prüfung abnahm. Obwohl ich kaum gelernt hatte, wusste ich alle Fragen zu beantworten und bestand. Ich nahm das als Wink, weiter zu studieren.

Ich wechselte kurz darauf wegen einer Freundin zurück nach Berlin. Nachdem ich dort gerade angekommen war, war mit der Beziehung Schluss. Ich saß in Berlin wieder alleine, aber ich biss mich durch so gut es ging. Dann traf mich eine Tumorerkrankung, ich hatte Lymphdrüsenkrebs und musste eine Chemotherapie machen. Danach stand ich wieder vor der gleichen Entscheidung: Kann ich weiter Medizin studieren oder nicht? Vom Elternhaus her war alles sehr ärmlich und es gab eigentlich keine finanziellen Möglichkeiten, mich so zu unterstützen, dass ich hätte weitermachen können. Mein BAföG war mittlerweile ausgelaufen und ich wusste eigentlich nicht mehr, wie ich meine letzten Abschnitte mit dem Praktikum gestalten sollte, da ich es nicht finanzieren konnte.

Das Sozialamt war nicht mehr zuständig. Es war eine Situation, wo nichts mehr ging. Dennoch fand sich eine schicksalhafte Möglichkeit: Ich hatte von einer Stiftung gehört, die anthroposophisch orientierte Leute oder Einrichtungen unterstützt. Diese schrieb ich an und erhielt sofort einen Scheck. Man sagte mir, es sei so einleuchtend und dringlich, dass ich nicht aufhöre, so dass mir die Möglichkeit gegeben wurde, weiterzumachen.

So konnte ich das PJ (ein Jahr ärztliche Stationsarbeit ohne Bezahlung in verschiedenen Fachdisziplinen) wider Erwarten doch noch absolvieren und anschließend die Ausbildung zum Facharzt für Allgemeinmedizin abschließen.

Ich startete mit meiner Tätigkeit und es war so, dass mir die Praxis von der Größe und Struktur her nicht entgegen kam. Es war mir alles viel zu viel. Ich hatte nicht das Bedürfnis nach einer Fünf-Minuten-Medizin, in der ich dort offensichtlich gelandet war. Die Anforderungen waren enorm hoch.

Wenn man einen gewissen menschlichen Anspruch hat, ist das auf Dauer nicht zu leisten. Ich kam immer mehr in einen großen Widerspruch mit meinen eigentlichen Zielen, die ich mit der Medizin erreichen wollte.

Ich suchte für meine Familie ein Haus in der Nähe, das ich kaufen wollte und dafür einen hohen Kredit aufnehmen musste. Der Kredit erforderte wiederum hohe Einnahmen und diese waren nur mit der Massenpraxis erreichbar. Das war ein Teufelskreis. Ich wurde immer unglücklicher, ich konnte es nicht steuern. Ich wollte das überhaupt nicht und trotzdem waren es selbst gesuchte Zwänge, denn ich hätte das Haus ja nicht kaufen müssen. Das war eine Situationsentscheidung, die ich damals getroffen hatte und aus der ich dann nicht mehr herauskam. So wurde es für mich von Tag zu Tag schwieriger. Die eine Schwierigkeit war der finanzielle Zwang und dann kam dazu, dass meine Kollegen eine ungeheure Dominanz entwickelten und ein Verhalten forderten, was für mich nicht förderlich war. Ich wollte heraus aus diesem Teufelskreis, konnte es aber nicht.

Gleichzeitig entwickelten sich um das Haus, in dem wir lebten, neue Schwierigkeiten: In unmittelbarer Nachbarschaft befand sich eine kleine Kneipe. Die Besitzerin hatte einen neuen Lebenspartner gefunden, einen Menschen voller Lebensfreude, der aus dem kleinen Restaurant etwas Größeres machen wollte. Die Abende wurden immer länger, die Terrassenbewirtung ging bis ein Uhr nachts oder noch später. Unsere Kinder konnten nicht schlafen, weil gelärmt wurde. Aus unserem Bemühen, dass die sich an ihre Zeiten halten sollten oder die Terrasse schließen, entstand ein großer Nachbarschaftskonflikt, der uns sehr belastete. Es war nicht möglich, das Haus zu wechseln, denn es wurde praktisch unverkäuflich durch dieses Restaurant.

Auch meine Ehe litt sehr stark unter diesem Druck, es ergaben sich Situationen, in denen es nicht mehr weiter ging. Wir stritten teilweise bis tief in die Nacht, so dass ich morgens nach drei bis fünf Stunden Schlaf in die Praxis kam und dort immer verzweifelter meiner unbefriedigenden Arbeit nachging. Körperlich hatte ich mir mittlerweile einen Panzer angefressen, so dass ich mit 95 Kilogramm kaum noch die Treppe hoch kam, ohne zwischendurch Pause machen zu müssen. Körperlich war ich am Ende. Ich konnte nicht mehr!

Dann kam ein denkwürdiger Tag, der schön sonnig anfing. Ich fuhr zur Praxis und dachte mir: Wenn ich mir das so anschaue – geht es doch eigentlich ganz gut. Du arbeitest zwar viel, aber du hast wenigstens Arbeit. Unten wartete schon sehnsüchtig eine Patientin auf mich, die ich zunächst nur sporadisch gesehen hatte, die in den letzten Wochen aber doch häufiger kam und von mir behandelt wurde, wobei ihre Beschwerden nicht besser, sondern eher schlechter wurden. Es ging ihr oft sehr schlecht. Sie kam mit ihrem Partner und sie verlangten von mir das Geld zurück. Sie machten mir sehr wilde Vorwürfe und setzten mich über eine Stunde im Sprechzimmer fest mit Drohungen, dass sie ihren Rechtsanwalt informieren und die Polizei holen würden usw. Ich sollte die Patientenakte herausgeben. Sie hätte ihre Arbeit aufgeben müssen, es ging ihr so schlecht. Ich war wie paralysiert, konnte nicht adäquat reagieren. Es stellte sich heraus, dass bei ihr eine Psychose begann.

Trotzdem trafen mich die Vorwürfe ungeheuer tief, hatte ich doch den Anspruch, dass ich niemandem mit meiner Arbeit Schaden zufügen wollte. Das wäre für mich ein Grund, mich nach einer anderen Betätigung umzusehen.

Nun hatte ich mich schon lange mit Rudolf Steiner und seiner Philosophie, aber auch mit seinen erkenntnistheoretischen Schriften auseinandergesetzt. Die Idee der wiederholten Erdenleben und der Karmagesetze waren mir von daher vertraut.

Es wuchs in mir die Vermutung, dass das nicht alles nur in diesem Leben verwurzelt sein könnte, sondern etwas mit meinen bisherigen vergangenen Leben zu tun haben müsste. Ich hatte bereits ein Jahr vor dieser Begebenheit das Buch von Heide Oehms gelesen „Karmaerkenntnis – warum?".[20] Schon spontan dachte ich, dies sei genau das, zu dem ich hinschauen müsse. Ich hatte aber Bedenken und große Angst, mit Karmaarbeit zu beginnen. Ich hatte das Gefühl, ich müsse mich geisteswissenschaftlich und moralisch so weit entwickeln, dass ich hellsichtig würde, damit ich eine Berechtigung hätte, mein Karma anzuschauen. Wenn das für mich das Richtige wäre, würde es mir sicherlich gezeigt werden. Das war eigentlich meine Vorstellung. Ich hatte Angst und dachte, es könne ja nicht so einfach sein, wie es da beschrieben wurde. Ich kümmerte mich erstmal nicht weiter darum.

Jetzt war ich aber an einen Punkt gekommen, an dem ich nicht mehr weiter wusste. Ich erkannte auch nicht mehr, was ich falsch gemacht hatte, so dass ich in diese Situation kommen konnte. Mit meiner Ehe, mit meinem Haus, mit meinem Körper, mit meinem Beruf und mit meinen Kollegen ging es zu Ende. Und das alles gleichzeitig! Finanziell war ich in solchen Zwängen, dass ich nicht den Hauch einer Chance hatte, auszusteigen.

Ich kratzte schließlich meinen ganzen Mut zusammen und bemühte mich um einen Termin bei Frau Oehms. Sie hat sehr lange angehört, was ich zu erzählen hatte über alle meine Schwierigkeiten und irgendwann sagte sie: „Ja, jetzt setzen wir uns hin und fangen einfach an." Ich merkte, wie ich innerlich unruhig und nervös wurde. Doch ich wollte nicht zurück, sprang über meinen Schatten, schob meine Angst beiseite und fing an, nach den Einleitungen, die sie machte, mich auf das zu konzentrieren, was sich zeigen wollte. Zunächst befürchtete ich, bei mir könnten gar keine inneren Bilder entstehen, ich sei nicht dazu in der Lage. Dann bemerkte ich, dass doch innere Bilder entstanden. Ich ließ mich darauf ein und es zeigte sich sehr schnell, was es mit der besagten Patientin auf sich hatte, worum es bei ihr ging. Es gab ein sehr direktes, weit zurückliegendes Karma zwischen uns beiden. Es zeigte sich das Bild einer Situation, in der ich dieser Frau einmal einen sehr großen Schaden zugefügt hatte. Dieser Schaden lag weit zurück, es war in Südamerika, wo ich sie als Opfer eines Herzopfer-Kultes erlebte.

Ich hatte dieses Ritual nicht selber durchgeführt, war aber dabei anwesend. Später habe ich mich auch an solchen Kultopfern beteiligt. Ich war ein Gehilfe, legte die Menschen auf den Opferaltar, hatte eine Priestertätigkeit inne. Das war für mich ein unglaublich großer Schock, diese Bilder zu erleben. Bis zu diesem Zeitpunkt war ich fest davon überzeugt, dass ich, weil ich doch ein „guter Anthroposoph" war, nie mit irgendwelchen schlimmen, schädigenden oder schwarzmagischen Dingen zu tun hatte. Ich war fest davon überzeugt, auf der „richtigen" Seite zu stehen.

Das war für mich eine weitere Erkenntnis, zu lernen, dass es keine richtige oder falsche Seite gibt und meine Vorstellungen von gut und böse, schlecht und richtig, bei diesen Bildern nicht standhielten. Es folgte eine sehr intensive Arbeit mit Heide Oehms, wir haben mindestens vier bis sechs Stunden pro Tag an Imaginationen gearbeitet und das immer zwei Tage hintereinander. Am Anfang war ich alle vier Wochen bei ihr. Es war eine so intensive Arbeit, bei der sich alle üblen Taten aus meinen vorherigen Leben häuften – das waren sehr, sehr viele. Häufig dachte ich: Das gibt es doch nicht, schlimmer kann es gar nicht mehr kommen. Es kann doch nicht sein, dass ein Mensch allein so viele Schlechtigkeiten in sich vereint. Irgendwie kam es aber immer noch schlimmer. Bei alledem lernte ich, dass ich dennoch Mensch bin und trotz aller Übelkeiten, die ich früher verzapft hatte, nun eine sehr tiefe Beziehung zu Gott und zu Christus erfuhr. Diese Beziehung zu Christus wurde im Folgenden immer intensiver. Erst nachdem ich wirklich diese ganzen Tiefpunkte meiner karmischen Erlebnisse wieder durchgemacht hatte, kamen auch andere, teilweise sehr schöne Erlebnisse. Manchmal erschienen sie mir sehr unglaubwürdig und ließen mich auch zweifeln an der Richtigkeit dessen, was an Vorstellungen sich entwickelte oder was sich in Bildern darstellte.

Ich machte öfters eine Gegenprobe und versuchte, bestimmte Wünsche in die Imagination hineinzubringen. Da waren aber schnell sehr straffe Blockaden. Ich sah einfach nichts mehr, das Bild war weg, als wenn es ausgeschaltet worden wäre. Deswegen konnte ich immer mehr Vertrauen in diese Erlebnisse fassen. Nach und nach erfuhr ich nicht nur meine Verbindung zu dieser Patientin, sondern auch meine Verbindung zu meinen Kollegen und was es damit auf sich hatte. Es wurde deutlich, dass ich nicht zufällig bei ihnen gelandet bin und die Härte, mit der ich dort „angekettet" war, notwendig war, damit ich nicht ausreiße, sondern mich den Problemen stelle. Stück für Stück erfuhr ich auch den Grund, warum ich mit meiner Frau zusammen bin und weshalb wir so große Schwierigkeiten hatten zusammenzubleiben, weil wir so gegensätzlich waren. Ob es um die Erziehung ging, die Gestaltung des Hauses, die Planung des Urlaubs – wir waren uns in keinem Punkt einig. Das sind wir auch heute nicht, aber heute ist es fruchtbarer, da wir uns nun in unserer Gegensätzlichkeit sehr ergänzen können. Damals jedoch war ich drauf und dran, wegzulaufen, bis ich endlich sah, was sie alles erleiden musste in früheren Leben. All das Leid, wovon ich dachte, es in meinem jetzigen Leben durch sie zu erfahren, war ein Witz gegen das, was von ihr erlitten und erduldet wurde. So konnte ich ein neues Verhältnis zu ihr aufbauen und bekam ein tiefes Bedürfnis, ihr bei der Bewältigung ihres Anteils zu helfen.

So hat sich das belastete Verhältnis zu meiner Frau aufgelöst. Das Verhältnis zu der Patientin hat sich insofern aufgelöst, als ich sie nie wieder gesehen habe. Aber die Todesangst, die sie damals in mir ausgelöst hat - denn das war eine Patientin, die in ihrer Psychose auch eine Wahnsinnstat hätte begehen können - war schlagartig weg. Ich bekam tiefes Mitleid mit ihr, denn ich hatte ihre Angst gesehen, die sie selbst im Augenblicke ihres früheren Todes hatte.

Nachdem mir bewusst wurde, in welcher Form ich an Schädigungen dieser Seele beteiligt war, sah ich weitere Bilder, wie ich als hoher Priester diese Kultopfer durchgeführt hatte. Am Ende haben wir diese Bilder der geistigen Welt übergeben mit der Bitte um Auflösung. Ich hatte das deutliche Gefühl, dass diese Negativität zwischen uns sich auch gelöst hat. Ich merkte das dadurch, dass sich meine Angst, Wut und Zorn ihr gegenüber in Mitleid verwandelten.

Eines der gravierenden Ergebnisse der Karmaarbeit ist das Verschwinden meiner schweren Depressionen, die ich seit meiner Jugend hatte und die bis dahin lebens-prägend waren. Meine Eltern hatten sich sehr viel gestritten. Meine Mutter hatte es nicht leicht mit uns fünf Kindern, sie war ständig überfordert. Wir Geschwister haben alle irgendwann mal Selbstmordgedanken gehabt, weil es zu Hause so schrecklich war. Diese Depression brachte ich dann mit in mein junges Erwachsenenleben und das hat sich dann so durchgezogen bis vor einigen Jahren. Wenn ich in einer sehr, sehr starken Überforderung stecke, was aufgrund der massiven Arbeitsbelastung auch mal vorkommen kann, dann kann es noch einmal zu einer kurzen Depression kommen, aber vergleichbar mit dem was früher war, ist das nichts.

Die Depressionen hingen mit dem allerersten Bild zusammen, das ich sah: Ein fröhliches junges Mädchen, in einer sonnenüberfluteten Gegend die Straße entlang springend. Sie trifft einen Mann, spricht sich mit ihm ab, läuft weiter. Sie kommt an eine Kante, geht darüber hinweg und unter ihr ist nichts mehr und dann stand das Bild da. Ich dachte, hänge ich da selber in der Luft? Dann sah ich, dass ich selber dieses Mädchen war, das die Klippen hinunter gesprungen ist, also Selbstmord beging.

Der Grund des Selbstmordes war, dass ein junger Soldat, der ihr Liebhaber war und dem sie heiß ersehnt in seinem Urlaub in die Arme gefallen war, sich eine altertümliche Pistole in den Mund gelegt und sich vor ihren

Augen erschossen hatte. Das habe ich aber erst Jahre später gesehen. Es war also eine Kurzschlussreaktion, sie lief in den Ort, hat einem Mann Bescheid gegeben, der zurück gerannt ist zum Unglücksort und sie raste gleichzeitig zu der Klippe. Interessant ist, dass ich die Stelle, wo dieses Mädchen sich von der Klippe gestürzt hat, aus einem Urlaub kannte. Vor vielen Jahren stand ich an dieser Stelle und sollte ein Erinnerungsfoto schießen für ein japanisches Pärchen, das sich an dieser grandiosen Aussicht fotografieren lassen wollte. Ich nahm den Fotoapparat in die Hand, sah dieses Pärchen vor dieser Klippe bzw. vor einer kleinen Mauer davor und in diesem Moment zog es mir die Beine unter den Füßen weg. Ich strauchelte, fiel hin, konnte gerade noch den Fotoapparat in der einen Hand halten, rappelte mich wieder auf – eine skurrile Situation. Ich machte das Foto und entschuldigte mich, peinlich berührt über mein unerklärliches Ungeschick.

Momentan bin ich äußerlich immer noch in der gleichen Situation und bin sehr angestrengt, arbeite jetzt noch mehr als damals. Ich betreue viel mehr Patienten mit deutlich mehr Verantwortung, aber dadurch, dass sich die Dramatik zwischen mir und meinen Kollegen entschärft hat, hat sich mein Arbeitsleben deutlich entspannt und verbessert. Ich bin jetzt schlicht und einfach im Leben sehr stark gefordert, musste durch den permanenten Anstieg der Anforderungen mehr Kraft entwickeln. Irgendwann habe ich das einfach sportlich gesehen, dafür verantwortlich zu sein, wenn bis zu zweihundert Patienten am Tag in der Praxis auftauchen, dass trotzdem keine Katastrophen auftreten. Dies ist eine Situation, in der man hochkonzentriert alles im Bewusstsein haben muss und die eine enorme Anstrengung und viel Kraft erfordert. Das muss man sich langsam erarbeiten. Es hat den Vorteil, dass ich jetzt viel mehr Kräfte habe, als ich vorher hatte.

Meine Sicht den Dingen gegenüber hat sich vollständig verwandelt, geradezu umgekehrt. Ich kann immer mehr das Positive sehen. Ein Patient, der sich abwerben lässt, ist letztlich auch nicht der Patient, der hinter mir steht, wenn es einmal schwierig wird. Die Patienten, die jetzt bei mir sind, haben ein enges Verhältnis zu mir.

Ich sehe es nicht als moralisch verwerflich an, Geld zu verdienen, im Gegenteil, ich finde es sogar wichtig, auch wirtschaftlich erfolgreich zu sein. Ich sehe aber auch, dass es sehr schwierig ist, tatsächlich mit bestimmten

Dingen so viel Geld zu verdienen, dass man davon leben kann, gerade im therapeutisch-sozialen Bereich. Diese Berufe sind gnadenlos unterbezahlt. Die Einstellung der Bevölkerung sollte sich gründlich ändern, damit eine Bereitschaft entsteht, für soziale Tätigkeiten Geld auszugeben. Wenn ich mit meiner jetzigen Arbeit kein Geld verdienen müsste, dann würde ich eine Mischarbeit machen, die es mir ermöglicht, sowohl eine normale Hausarzttätigkeit zu erledigen, vielleicht an drei Tagen in der Woche mit vielleicht zwanzig Patienten am Tag – das wären traumhafte Verhältnisse. Dann könnte ich den Patienten noch gerechter werden, mich viel intensiver mit ihnen auseinandersetzen. An den anderen Tagen würde ich gerne mit Patienten auch geistig arbeiten, da in der Medizin sichtbar wird, wie ein Teil der Beschwerden und Erkrankungen mit vorhergehenden Leben zusammenhängen

Bei vielen Patienten kann ich das gut abspüren und merke, dass es karmische Knoten gibt, die es zu lösen gilt. Es müsste eine adäquate Therapie geben, eine Mischung aus Schul- und Alternativmedizin. Diese Dualität zwischen alternativer und schulmedizinischer Behandlung sollte besser verbunden werden. Die Schulmedizin hat eine starke Berechtigung, aber eine naturheilkundliche, anthroposophisch-ganzheitlich ausgerichtete Medizin hat auch eine solche. Jedes hat seinen Platz und ich kann mittlerweile gut erkennen, welcher Platz wo ist und wo die Grenzen der einzelnen Methoden sind. Diese Erfahrung möchte ich auch nicht missen oder verlieren, so dass ich auch in Zukunft nicht rein auf geistigem Gebiet arbeiten möchte. Man sollte beides verbinden.

Ich traf unter meinen Patienten viele meiner Opfer aus früheren Leben wieder. Bei einigen Patienten, mit denen ich nicht zurechtkomme, mit denen es Schwierigkeiten gibt, handelt es sich meiner Vermutung nach um Menschen, die in früheren Leben einen Schaden durch mich erlitten haben. Das sind Patienten, die immer wieder kommen und bei denen ich ein ganz starkes Bedürfnis habe, ihnen weiterzuhelfen, es aber nicht kann. Vielleicht sind es die Herausforderungen, an denen ich am meisten lerne und mir neue Fähigkeiten erwerbe. Es ist in diesen Fällen oft so, dass auch Andere nicht weiterhelfen können, wenn es mir nicht gelingt. Es fehlt den Patienten die Selbsterkenntnis als wichtiger und heilender Schritt.

Eine Kombination aus Karmaarbeit und Schulmedizin gibt es leider noch nicht, ich kann nur verweisen auf das eine oder andere. Ich bin immer wieder erschrocken, wie wenig Resonanz das hervorruft. Ich denke, das müsste doch bei den Menschen viel mehr Echo hervorrufen, gerade wenn sie leiden und dadurch einen großen Fortschritt machen können. Die meisten haben aber große Ängste davor.

Durch die Karmaerkenntnis habe ich die Kraft wieder gewinnen können, dass ich fast den Zustand wie vor meiner Erkrankung erreicht habe. Die Gesamtsituation ist eine völlig andere, während es nach außen hin (fast) alles beim Alten blieb.

Anne Fischer

Den Knoten lösen und verwandeln

Ich bin die Älteste von fünf Kindern und habe noch zwei Schwestern und zwei Brüder. Die familiären Verhältnisse, aus denen ich stamme, sind einfach und vom streng katholischen Glauben (der strafende, alles sehende Gott) geprägt. Ich erinnere mich an eine strenge Kindheit mütterlicherseits. Mein Vater ist eher so aufgetreten: „Hol' meine Hausschuhe!", aber auch als jemand, der uns sofern das Geld da war mal etwas Süßes kaufte. Er hatte ein weiches Gemüt, war jemand dem schon auch mal Tränen kamen. Mein Vater ist vor neunzehn Jahren gestorben und ich bin ihm eigentlich nie nahe gekommen. Während seiner letzten Jahre – als er schon krank war – habe ich ihn immer wieder auf die Wichtigkeit gesunder Ernährung hingewiesen und erst der Besuch bei seinem Herzspezialisten machte für mich klar, dass ich nicht loslassen konnte. Nach diesem Arztbesuch waren wir zusammen in einem Cafe. Ich erinnere mich gefühlsmäßig noch stark daran, weil ich ihn endlich mal nur für mich hatte - wenn auch nur für kurze Zeit. Während seiner Krankheit habe ich ihm einen Brief geschrieben, den ich ihm nie gegeben habe. Nach seinem Tod habe ich diesen vervollständigt und dann im Garten verbrannt.

Mein Verhältnis zu meiner Mutter war immer gespannt, manchmal dachte ich, wir sind uns nahe und dann wieder war ein tiefer Graben zwischen uns, sicher auch aufgrund der sehr strengen Erziehung. Ich habe erst spät verstanden, dass auch sie sehr streng erzogen wurde, wobei ihr Vater der Strengere war, während meine Großmutter eine sehr gütige, liebevolle Frau war, die ich sehr verehrte und liebte.

Mittlerweile habe ich das Tochter-Mutter-Verhältnis in einer Biografiearbeit aufgearbeitet und bin sehr froh darum.

Nach der Realschule machte ich eine Ausbildung bei der Post, ging später in die Industrie, holte meinen Kaufmannsgehilfenbrief nach und war dann lange in einem deutsch-amerikanischen Unternehmen beschäftigt. Ich merkte schon bald, dass ich nicht bis zum Rentenalter im Büro tätig sein wollte. Mit vierzig Jahren holte ich die Fachhochschulreife nach und studierte Sozialpädagogik an einer staatlichen Fachhochschule, arbeitete aber weiter halbtags in der deutsch-amerikanischen Firma. An der Fachhochschule hatte ich erstmals durch unsere Juraprofessorin Kontakt zur Anthroposophie.

Nach dem Studium habe ich weiter halbtags in der Industrie gearbeitet und die andere Hälfte der Arbeitszeit in einer Lebensgemeinschaft für seelenpflegebedürftige Kinder, Jugendliche und Erwachsene. Diese so unterschiedlichen Arbeitswelten hielt ich ein paar Jahre aus, um mich dann ganz für die soziale Arbeit zu entscheiden. Im Laufe der Jahre spürte ich jedoch, wie kraftlos und müde ich wurde. Ich habe meine Arbeitszeit auf vier Tage pro Woche reduziert und arbeite seit diesem Jahr in Altersteilzeit, wobei ich noch einiges an Zeit in ehrenamtliche Arbeit dort investiere.

Ich kenne aus meinem Leben immer wieder Phasen des Depressivseins, der Angst nicht zu genügen. Bisher kam ich mit Hilfe verschiedener Therapien aus den Tälern immer wieder heraus. Doch seit Beginn dieses Jahres fühle ich mich müde, ausgelaugt und antriebslos. Ängste die Arbeit nicht zu schaffen sitzen in mir - es kommen Gedanken, dass ich aufhören sollte zu arbeiten. Dann kommt eine Existenzangst in mir hoch. Ich spüre, dass ich der Lautstärke, dem Krach, den Auseinandersetzungen zwischen den „Betreuten" und auch mit ihnen, in dem Haus, in dem ich arbeite, nicht mehr so gewachsen bin wie früher. Hinzu kommt, dass ich seit einigen Wochen von einem autistischen jungen Mann aus der Gruppe provoziert und teilweise tätlich angegriffen werde und somit auch Angst vor ihm habe, was er natürlich spürt.

Zu meiner Biografie gehört auch, dass ich in zweiter Ehe verheiratet bin und keine eigenen Kinder habe. Meine erste Ehe mit einem Österreicher war davon geprägt, etwas Eigenes auf die Beine zu stellen, dadurch wenig Zeit füreinander zu haben. Schließlich begegnete ich jemandem, zu dem ich eine tiefe Seelenverwandtschaft spürte. Diese Beziehung, die für mich nicht in die Zukunft zeigte – das war aber schon zu Beginn klar, verheimlichte ich vor meinem Mann. Allerdings habe ich Briefe so liegen gelassen, dass er sie finden konnte, was uns in eine extreme Situation brachte. Gespräche, Zukunftspläne und ein Neuanfang waren nur kurzfristig heilend.

Meinen jetzigen Mann lernte ich später kennen und wir haben erst geheiratet, als wir uns schon fast fünfzehn Jahre kannten und miteinander lebten. In den ersten Jahren wohnte sein Sohn aus erster Ehe bei uns. Das Verhältnis zu ihm war nicht immer einfach, da er sehr wortkarg und kaum mitteilsam war und sich meist zurückzog und ich sicher auch meinen Anteil daran hatte.

Mein Mann ist von seiner Weltanschauung eher materialistisch orientiert und sich mit spirituellen Themen auseinanderzusetzen ist nicht seine Sache, ich kann ihn jedenfalls nicht darauf neugierig machen. Ein weiterer großer Unterschied zwischen uns ist der Umgang mit Geld, ich bin großzügiger im Ausgeben. Wenn das Geld knapp wird, werde ich innerlich eng und starr und es kommen massive Existenzängste auf. Dies ist bei meinem Mann anders, er ist in einigen Bereichen äußerst sparsam. Das Thema Geld ist für mich noch zu bearbeiten, denn diese Existenzängste lähmen mich in meiner Aktivität und den dicken Knoten würde ich mit Hilfe der Karmaarbeit gerne auflösen und verwandeln.

Ich möchte über noch etwas berichten, was sicher auch damit zu tun hat, dass ich in einer Einrichtung mit seelenpflegebedürftigen Menschen arbeite. Zu Beginn meiner Beziehung zu meinem Mann wurde ich ungewollt schwanger. Mein damaliger Frauenarzt stellte eine Komplikation fest, wodurch eine Behinderung des Kindes wahrscheinlich sei und riet zum Abbruch, den ich dann auch vornehmen ließ. Dies hat mich damals in eine schwere seelische Krise mit Selbstmordgedanken gestürzt. Einige Jahre später war ich wieder schwanger, es kam jedoch zu einer Fehlgeburt. Durch meine streng katholische Erziehung sah ich das als Strafe für meine vorherige Einwilligung in die Abtreibung an. Ich habe damals daran verhaltenstherapeutisch mit einem Psychologen gearbeitet.

In den letzten Jahren habe ich eine Methode der Biografiearbeit kennen gelernt und dadurch einiges für mich lösen können (wichtigstes war die Klärung meines Verhältnisses zu meiner Mutter). Über eine Kollegin, die ein Seminar mit Christiane Feuerstack organisierte, habe ich die Karmaarbeit kennen gelernt. Da der Konflikt mit dem jungen autistischen Mann mich derart bedrängte und ich mich damit gedanklich derart auseinandersetzte, dass mein Kopf einem sich bewegendem Bienenschwarm glich und ich Angst hatte, verrückt zu werden, habe ich eine Sitzung Karmaarbeit gemacht, von der ich berichten möchte. Seitdem bin ich zurzeit mit kleineren Rückschlägen auf dem „Wege der Besserung". Aber noch ist es für mich sehr schwer ins Tun zu kommen und für mich in wohltuender Weise zu sorgen. Dies drückt mich nieder und der Mut, dafür zu kämpfen, ist noch nicht da.

Mein Bericht über die Karmaarbeit wegen des aktuellen Problems mit dem jungen Mann an meiner Arbeitsstelle:

Imagination

Es erscheint das Bild des jungen Mannes, der mich provoziert und attackiert und er sagt: „Ich verhalte mich so, weil ich mich rächen will. Du hast mich im Stich gelassen, ich habe dir vertraut." Plötzlich fliegen Geldscheine herum und er sagt: „Das ist mein Geld; du hast es nicht richtig angelegt, du hast es unterschlagen."

Ein neues Bild: es kommt jemand in einer Rüstung angeritten, der das Geld geraubt hat. Im Vordergrund befindet sich noch der junge Mann, und dahinter der Mann in der Rüstung. Die Geldscheine werden zu gestohlenen Geldstücken. Ich sage zu dem Ritter in der Rüstung, dass es gestohlenes Geld sei, welches ich nicht verwalten könne und dass es zurückgegeben werden soll. Er kommt auf mich zu, bedroht mich mit einer Lanze und befiehlt mir: „Du verwaltest das Geld!", ich erwidere laut und klar: „Nein!"
Jetzt sticht er mir mit der Lanze in Herz. (Es tut mir in der Sitzung das Herz in diesem Augenblick weh.) Ich glaube zu sterben. Der Ritter und sein Gefolge reiten weg und ich liege da, es fließt Blut aus mir.

Im Hintergrund sehe ich eine Art Burg, eine Festung mit runden Mauern, die Zinnen, goldgelb glänzend. Ich liege weiter auf dem Platz, bewege mich aber ein Stück weg und liege jetzt vor einem Tor. Es wird geöffnet und zwei alte Frauen kommen heraus, finden mich und tragen mich in einen hallenartigen Raum. Jemand mit einem hellen Gewand will mich verbinden. Ich liege auf einer Art Sandsteinkreuz, das leicht verwittert ist. Derjenige, der mich verbinden will, hat plötzlich eine Dornenkrone auf dem Kopf und legt seine Hand auf mein Herz. Ein Lichtstrahl geht von seinen Händen aus wie Sternenstrahlen.

Ich sehe mich zeitlich ins Mittelalter versetzt als ca. vierzigjährigen Mann mit halblangen Haaren, gut gekleidet. Es sieht so aus, als herrschten Unruhen. Ich hatte Menschen zu beschützen und zu betreuen. Der Ritter mit der Lanze stand gesellschaftlich über mir, hätte mir befehlen können, ich hatte auch keine Waffe. Ich hatte mich ihm verweigert, weil er Unrechtes von mir wollte.

Ich bin auf dem Sandsteinkreuz gestorben. Es erscheint zuerst etwas Helles, dann Dunkelheit. Es hat etwas Befreiendes, dass ich mich dem gestellt habe, es ist richtig, dass ich das getan habe, dass ich mich nicht weiter beherrschen lassen muss. Dieser Ritter kam manchmal und hat streng kontrolliert, als ich für die Menschengruppe zuständig war.

Jetzt taucht wieder das Gesicht des jungen Mannes auf, der wahrscheinlich sowohl der Ritter war, der das Geld raubte, als auch der über mir stehende Kontrolleur. Was mit dem Geld geschehen ist und ob man mir Schuld zugewiesen hat, weiß ich in diesem Moment nicht. Ich versuche mich zu erinnern. Es tauchen neue Bilder auf.

Nach dem Stich mit der Lanze ist der Ritter mit seiner Gruppe umgedreht und weg geritten. Sie wurden aufgehalten. Ein großer mächtiger Mann steht auf der Straße und versperrt ihnen den Weg. Aus den Wäldern kommen viele Feinde oder Gegner, sie sind in großer Überzahl und kreisen die Gruppe mit dem geraubten Geld ein, fordern das gestohlene Geld. Sie drohen die Räuber zu töten. Der Ritter sieht, dass er keine Chance hat und übergibt das Geld in einem Tornister. Sie dürfen weiterziehen. Der Ritter zieht sein Visier hoch und es schaut mich der junge Mann an. Er beschuldigt mich. Ich erwidere ihm, dass er Unrechtes getan hat, denn er hat Menschen beraubt und getötet, um seine Gier nach Geld und Macht zu stillen. Der Mann reagiert verwirrt. Er besteigt sein Pferd und reitet weg.

Ich versuche seine Todessituation zu erkennen.

In den Gebäuden, in denen er sich befindet, ist Feuer ausgebrochen – es ist unklar, ob durch Gewitter oder Brandstiftung, dort verbrennt er. Er will wegrennen, schafft es aber nicht mehr nach draußen.

Ich versuche ihn in der geistigen Welt nach dem Tod wieder zu treffen.

Ich befinde mich in einer weißlich-hellen Sphäre, treffe ihn nach seinem Tod, der gar nicht so viel später ist als mein eigener damaliger Tod durch den Lanzenstich.

Wir fassen uns an den Händen und machen einen kleinen Tanz im Kreis – es ist als seien wir einander zugeneigt.

Er sagt jetzt: „Ich bin wach geworden, es tut mir leid, dass ich dich getötet habe, aber dadurch bin ich zu mir gekommen, verzeih mir, es tut mir unendlich leid."

Ich antworte: „Ja, ich kann dir verzeihen."

Er: „Wenn ich dich sehe, kommt manchmal wieder dieses Unrecht, welches ich dir angetan habe, ahnungsweise hoch und das schlägt dann so durch, dass es mich unruhig und aggressiv macht. Es gibt noch etwas, was sich nicht gelöst hat."

Ich frage: „Ist das jetzt zu lösen?"

Er: „Damals war mir das Materielle so wichtig. Jetzt sehe ich, dass dies überhaupt nicht wichtig ist, sondern dass es um etwas anderes geht: um die Liebe der Menschen untereinander. Aber um das zu erkennen, musste ich das durchmachen."

Ich bitte ihn, sich auch selbst zu verzeihen, nachdem er das erkannt hat und die Hilfe der Engel zu holen, dass er sich selbst erlösen kann.

Es kommt ein „Ja", es ist noch ein zaghaftes Ja, dann ein „Ja, ich verzeihe mir."

Ich habe ihm ja schon lange verziehen. „Ja, wir können jetzt friedlich miteinander umgehen."

Wir danken beide unseren Engeln für Ihre Hilfe.

Ich erbitte noch ein Kraft-Symbol für mich und es erscheint das Bild, dass ich in mir das Kreuz trage, welches von einem Strahlenkranz umgeben ist.

Erstaunliche Zusammenhänge zeigten sich nun zwischen den beiden Themen, die mich zu diesem Zeitpunkt belasteten, die ich aber zuvor separat voneinander betrachtet hatte. Die Aggressivität des jungen Mannes und meine Existenzängste verbanden sich zu einem Themenkomplex, der an Erfahrungen von Gier, Besitz und Verlust gekoppelt war. Der junge Mann hat sich dieses Mal für ein Leben entschieden, in dem das, was er damals als wichtigstes erkannt hat, gelernt werden kann: die Liebe der Menschen untereinander, nicht der Besitz materieller Dinge. Daran können wir uns gegenseitig immer wieder erinnern. Das ist es, was er mir zeigen will.

Seit dieser Sitzung sind einige Tage vergangen, ich fühle mich gestärkt, hatte einige Tage später noch einmal einen ziemlichen Zusammenstoß mit dem jungen Mann, doch bin ich zuversichtlich, den Knoten lösen und verwandeln zu können.

Martin Rebholz

Kunst: Auf dem Weg zum Sozial-Gestaltungsimpuls

Die erste Schulzeit

Den ersten Lerneifer, entwickelte ich bei einer geliebten Grundschullehrerin in einer kleinen Dorfschule. Nach einigen Jahren führte der zunehmende Notendruck auf dem Gymnasium dazu, dass ich auch außerhalb der Schule an selbst gestellten Aufgaben lernen wollte.

Mit sechzehn Jahren beschloss ich, beeindruckt durch die Zeichenkünste einer Freundin, selber zeichnen zu lernen. Parallel zur Schule, einem naturwissenschaftlichen Gymnasium, an dem in der Oberstufe wenig praktischer Kunstunterricht erteilt wurde, versuchte ich im Bereich der Malerei zu experimentieren und autodidaktisch Fortschritte zu machen. Ein alter Maler, der in der Mittelstufe Kunstunterricht erteilte, beeindruckte mich durch seinen nicht auf Notenreglement und Überwachung ausgerichteten Unterricht. Ein anderer begeisterter Kunstgeschichtslehrer brachte mir die Ikonen der europäischen Bildtradition nahe, Goya, Bosch, Dürer und Leonardo. Diese Bilder weckten mein nachhaltiges Interesse und beschäftigen mich noch heute. Die Oberstufe brachte mir eine Auseinandersetzung mit dem Surrealismus, der Welt des Traumes und der inneren Bilder, vor allem auch die Begegnung mit dem Werk von Josef Beuys.

Durch wieder einen anderen, etwas anarchistischen Lehrer der 68er Generation begegnete ich in der neunten Klasse der Anthroposophie. Er machte uns mit der Waldorfpädagogik vertraut und gab uns anthroposophische Literatur zu lesen, die einen tiefen Eindruck bei mir hinterließ. Es war wie wenn ich Ideen begegnen würde, die mir schon lang vertraut waren, eine Form von Wissen, die vor allem auch im Widerspruch stand zu der Art, wie die Welt im naturwissenschaftlichen Schulzusammenhang angeschaut wurde. All diesen Lehrern verdanke ich das Interesse an Kunstgeschichte, Literatur und dem Lehrerberuf.

Studium der Malerei und autodidaktische Ausbildung zum Kunstlehrer

Nach dem Abitur und einigen Reisen in Italien und Aufenthalten in der Schweiz, auf denen ich weiterhin künstlerisch fortlaufend arbeitete und auch meine spätere Frau kennen lernte, beschloss ich, am Goetheanum in Dornach bei Basel Malerei zu studieren. Unser alter italienischer Meister, welcher im Spätwerk einen Schulungsweg im Umgang mit der Farbenwelt entwickelt hatte, übergab uns die letzten drei Jahre vor seinem Tod ein reichhaltiges Studienmaterial, wobei die Menschenkunde R. Steiners, sowie meditative Malprozesse, neben vielen anderen Fächern im Zentrum der Ausbildung standen. Besonders auch die Betrachtungen zur Kunstgeschichte mit dem alten Maler waren ein wichtiges Lerngebiet für ein schauendes Sehen und den bewussten Umgang mit Bildern. Am Ende des Studiums wurde unsere erste Tochter geboren, zwei Mädchen und ein Sohn sollten noch folgen.

Ohne eine pädagogische Ausbildung übernahm ich mit 25 Jahren den Aufbau des Kunstunterrichtes in der Oberstufe einer Waldorfschule in der Nähe von Stuttgart.

Trotz mancher Schwierigkeiten bei der Beheimatung im Schwabenland, begann nun eine intensive pädagogische Tätigkeit, getragen von einem jugendlichen Idealismus aus der Begegnung mit der Anthroposophie. Ich versuchte, die im Studium der Malerei gemachten Erfahrungen in eine pädagogische Erziehungskunst umzuarbeiten.

Menschenbildung und die vielen Aufgaben in der Schule galt es ganz aus dem künstlerischen Prozess und der Menschenkunde heraus zu durchdringen. Es boten sich Ende der 80er Jahre und Anfang der 90er Jahre, in denen die Bewegung der Waldorfschulen stark expandierte, reichhaltige Erfahrungsmöglichkeiten

Es entstanden viele Bühnenbilder und Wandbilder, aber auch ab Mitte der 90er Jahre eigene Ausstellungen innerhalb des Stuttgarter Raumes. Dieses Hineinwachsen in die Berufsbiografie kam nach zwölf Jahren mit dem Herannahen des zweiten Mondknotens zunehmend ins Stocken.

In meiner Lebensmitte betrat ich einen dunklen Wald, wie es bei Dante so schön heißt.

Der zweite Mondknoten mit ca. 37 Jahren führte neben massiven Beziehungsschwierigkeiten auch zu einer Erschöpfungs-Depression mit Pfeifferschem Drüsenfieber. Der Mondknoten bezeichnet in der Astrologie eine Konstellation, in der die Umlaufbahn des Mondes zum Zeitpunkt der eigenen Geburt in einer bestimmten Winkelstellung zur Erde steht. Diese exakte Stellung des Mondes zur Umlaufbahn der Erde wiederholt sich jeweils nach achtzehn Jahren und sieben Monaten und bringt somit die vorgeburtlichen Schicksalsmotive erneut in Bewegung. Es entstehen häufig Krisen, Fragen, Erneuerungsprozesse oder auch eine grundsätzliche Neuorientierung in der Biografie.

Die ewigen Konflikte in der Selbstverwaltungsarbeit der Schule, die permanente Überarbeitung und die dauernden Geldsorgen mit der großen Familie endeten zunächst in einer Sackgasse!

Das Leben an einer Waldorfschule, sowie das Eingebundensein ins Familienleben, waren zunehmend eine dunkle Belastung, die mich in tiefste seelische Spaltungen und dauernde Zerrüttungen führte.

Heftige psychische Krisen führten an den Rand der Berufsunfähigkeit.

Der alte unerlöste Traum nach freier Arbeit in der Malerei und unbestimmte, vage Vorstellungen anderer Arbeitsformen, also verdrängte biografische Motive, tauchten aus dem Untergrund des Seelenlebens empor.

In der Malerei und verschiedenen künstlerischen Tätigkeiten fand ich zwar immer noch ein labiles seelisches Gleichgewicht. Aber der Wille, diese von extremen Konflikten zerrüttete Schulgemeinschaft zu verlassen, und mein instabiles Seelenleben führten zu einer vertieften Suche, neue innere und äußere Wege im Beruf zu finden. Dabei wirkte die Gesamtsituation von Familie, schwieriger Berufssituation, gestörter Beziehung und eigenen chaotischen Seelenprozessen als ein undurchdringlicher Knoten von unbewältigter, psychischer Dynamik, immer wieder sehr niederdrückend.

Diese anhaltende Krise führte mit Höhen und Tiefen durch fast sieben Jahre.

Wie in einem Hamsterrad entstanden sehr schmerzhafte Ereignisse, die die physische und psychische Gesundheit beeinträchtigten.

Erfahrungen mit der Imaginationsarbeit

Die Wandlung oder Umstülpung von der ersten zur zweiten Lebenshälfte

Nach dem Studium zahlreicher psychologischer und psychoanalytischer Ratgeberliteratur, Ansätzen zur Ehe-Therapie und Biografiearbeit, fand ich in der Imaginationsarbeit mit Christiane Feuerstack einen Ansatz, um allmählich in die Hintergründe der äußeren und inneren Konflikte hineinzuschauen. Zumindest entdeckte ich die Möglichkeit, durch die heilsame Wirkung der imaginativen Prozesse ein Transformationsgeschehen psychischer Vorgänge einzuleiten. Durch die langjährige Arbeit mit der Malerei und der Beschäftigung mit dem anthroposophischen Schulungsweg war der Umgang mit den inneren Bildern ein notwendiger Schritt auf dem inneren Weg.

Sowohl die Intensität der Farben in der imaginativen Welt, als auch die zum Teil schrecklichen Erfahrungen mit Doppelgängerwesen erschienen mir vertraut.

Für mich konnte der Umwandlungsprozess physisch-psychischer Blockaden in einem ersten Schritt nur über die archetypischen Bilder der Seele stattfinden, denn die Anrede des Engels an uns findet zunächst in Bildern oder Bildmetamorphosen statt. Die Beschäftigung mit der Malerei hatte einen seelischen Boden bereitet, durch welchen ich diese Bilder exakt wahrnehmen konnte. Vielleicht war es eine bestimmte Form des Herzdenkens, bei der die Gedanken aus der Sphäre der Vorstellungsgebundenheit befreit wurden, um sich, vergleichbar mit dem wachen, bewussten Traum, in symbolischen Bildern darzuleben.

Diese Bildfolgen waren erfüllt von einer ungeheueren Dramatik und tiefen seelischen Erfahrungen.

Mir erschloss sich eine Welt, von der ich bei Rudolf Steiner gelesen, die aber so direkt zu erfahren ich nie erwartet hätte. Es waren substanzielle Bilder, die in ihrer Ungewöhnlichkeit mich immer wieder in Erstaunen versetzten.

Niemals könnte man sich diese unerwarteten Bilder, die immer in einem seltsam exakten inneren Zusammenhang mit der spezifisch aktuellen Situation auftraten, willkürlich zusammenfabulieren.

Durch die Beschäftigung mit den Darstellungen über Imagination, Inspiration, Intuition, diesen höheren Erkenntnisformen, die Rudolf Steiner oberhalb des Gedankensinnes ansiedelt und auch als Organe kennzeichnet, konnte ich viele der Erfahrungen, die in der Arbeit auftauchten, einordnen, besonders auch akustische, inspirative Erlebnisse waren in ihrer Schönheit ergreifende Momente. So hörte ich Sonnengesänge des Urchristentums, von solcher Innigkeit, bis hin zu tiefsten seelischen Erschütterungen, wie es sich sonst nur selten beim Hören einer großen Sinfonie ereignet. Dieses Hören unterscheidet sich aber von dem normalen Hören, weil es nicht leibgebunden, sondern ein seelisches Hören ist.

Durch die Qualität der Intuition wurde der karmische Sinnzusammenhang einer Bildfolge bis zu einem gewissen Grad nachvollziehbar.

Viele Schwierigkeiten und Schicksalsprobleme im Alltag erscheinen durch Imaginationsarbeit in ganz unerwarteten Zusammenhängen. Dies schuf Befreiung und konkrete Hilfe bei vielen scheinbar undurchdringlichen Situationen.

Neuorientierung

Durch diese inneren Erfahrungen kamen auch der Mut und die Phantasie, um im Äußeren neue Möglichkeiten anzugehen. Da meine Frau die letzten Jahre berufs-begleitend eine Ausbildung zur Klassenlehrerin abgeschlossen und nun eine erste Klasse übernommen hatte, konnte ich mein Deputat an der Schule reduzieren und nach neuen Aufgaben suchen.

Durch Kunst am Bau und der Arbeit mit Glaskunst ergriff ich neue künstlerische Ausdrucksfelder. Außerdem begann ich als Dozent in der Jugend- und Heimerzieherausbildung zu arbeiten. Hier vertiefte ich mit anderen Künstlern zusammen neue Projektformen, die die Aufgabe hatten, die Durchdringung der Künste für einen sozialtherapeutischen Ausbildungszusammenhang fruchtbar zu machen.

Drei Jahre lang entwickelte ich meine pädagogischen Fähigkeiten beim Unterricht mit älteren Jugendlichen und Erwachsenen, die in eine Berufstätigkeit kommen wollten, weiter. Innovative Kunstprojekte und andere Arbeitssituationen schufen so Raum für neue Aufgaben. Auch wenn die Verdienstmöglichkeiten wiederum nie ganz ausreichen sollten, konnte ich doch wieder besser in meiner Arbeit atmen.

Leider endete diese fruchtbare Arbeit durch einen extremen Konflikt mit dem Leiter des Seminars, was dazu führte, das wir beide die Schule verließen. Durch das gute Verhältnis zu den Seminaristen und zur neuen Seminarleiterin blieb ich allerdings in beratenden Aushilfssituationen dem Seminar verbunden.

Ökonomisch stand ich nun vor dem Nichts. Kurze Zeit später kamen durch Ausfälle an anderen Waldorfschulen im Umkreis verschiedene Anfragen, wodurch ich im Jahr 2005 an drei verschiedenen Waldorfschulen im Stuttgarter Raum pendelnd unterrichtete, so dass für das Auskommen der Familie gesorgt war, ich aber wieder in meiner Berufssituation auf das „Lehrerdasein" beschränkt wurde.

Der Konflikt im Seminar brachte neben Lebenserfahrung auch eine intensive Auseinandersetzung mit eigenen und fremden Schattenanteilen, gerade leidvolle soziale Erfahrungen fördern die Selbsterkenntnis direkt!

Meine Berufssituation grundlegend zu verändern schien unmöglich. Den Zug entgleisen lassen wollte ich nicht. Zudem machte mir die Arbeit mit Jugendlichen auch viel Freude.

Auf dem Weg zur Freiheit oder der Suche nach dem eigenen Auftrag für dieses Leben, sind die Hindernisse wohl oft die wichtigsten Botschaften.

Ich versuchte nun, parallel zur Tätigkeit an der Schule, die mir als Basisverdienst eine gewisse Sicherheit für die Familie ermöglichte, Projekte zu entwickeln, die aus ganz eigenen Ideen entstanden.

In dieser Zeit verstarb mit 35 Jahren überraschend ein junger Maler, in dessen Atelier wir kurz nach seinem Tod eintraten. Bei diesem Besuch vernahm ich von dem Toten intuitiv den Auftrag, seine Werke noch einmal einem größeren Menschenkreis zu präsentieren.

Dieser Aufgabe widmete ich mich nun mit viel Energie über mehrere Monate. Leider ohne die Aussicht auf ein Grundeinkommen.

Hierbei lernte ich meine vermittelnde Fähigkeit kennen, Künstler zusammenzubringen, um ein kulturelles Energiefeld zu schaffen, an dem Menschen teilhaben können. Ich erlebte auch, wie aus der bewussten Begegnung mit Menschen neue Arbeitsfelder oder Aufgaben entstehen können, sozusagen Berufe, die es noch nicht gibt.

Ich entdeckte meine Freude an Kommunikationsprozessen. Wie ich früher die Kunst als Umgang mit Farben verstand, malte ich nun mit Menschen Netzwerke für andere Menschen. Das ist für mich soziale Kunst oder soziale Plastik

Mich bewegte auch die Frage: Wie kann Geld in solch freien Projekten kulturellen Zielen dienen?

Im folgenden Jahr entwickelte sich ein Projekt im Kontext Kunst und Wirtschaft aus der Anfrage einer Freundin, die seit langen Jahren Entwicklungshilfeprojekte in Rumänien betrieb. Über ein Jahr lang liefen die Vorbereitungen zur Entwicklung des Netzwerkes, bis das „Rosenprojekt" in einem Stadtraum in die Öffentlichkeit treten konnte. Sowohl eine Ausstellung verschiedener Künstler, der Verkauf von Rosenziegeln zur Förderung einer Landbauschule in Rumänien, als auch Vorträge zum Thema Grundeinkommen, Soziale Plastik, Naturwissenschaft und Ökologie schufen für viele Menschen ein anregendes Feld. Getragen wurde das Projekt einzig von einer Spende durch die Stiftung „Soziales Leben" von der GLS-Gemeinschaftsbank in Bochum.

Auch hier arbeitete ich an einem Projekt meiner eigenen Intentionen soweit als möglich selbst bestimmt.

Die Selbstbestimmung der Individualität oder die Selbstgestaltung der eigenen Biografie als ein Kunstwerk zu begreifen, fällt uns in den Notwendigkeiten des Berufslebens schwer.

Die Krisenmomente in der Biografie sind sozusagen der Kunstgriff des Schicksals, um durch Schmerz Bewusstsein zu erzeugen der eigenen Unzulänglichkeit. Es entsteht durch Konflikte mit anderen Menschen oder anderen Seelendramen die Möglichkeit, für neue Wege und Perspektiven im eigenen Leben aufmerksam zu werden.

Mich bewegte beim Rosenprojekt besonders die Idee der sozialen Kunst, der Kreativität, die in den Netzwerken selbst steckt. Wie kann man durch Kunst Menschen in einem Forum gemeinsam ins Gespräch über die Entwicklung unserer Gesellschaft bringen?

Aktuelle Situation

Nach einer großen Ausstellung meiner Malerei im letzten Herbst geriet ich zunehmend in eine Erschöpfungsdepression! Die vielen Aktivitäten, parallel zum nun wieder vollen Lehrauftrag, hatten mich an eine Grenze geführt.

Nach sechs Monaten Verzweiflung und dunkelster Ausweglosigkeit im Beruf, sah ich keine Chance für einen weiteren Weg. Der rote Faden war sehr weit entfernt. Wie im Labyrinth von Chartres bewegen wir uns mal ganz nah an den Mittelpunkt, an das Potenzial unseres Selbst heran, um dann wieder an den äußersten Rand eines kraftlosen Zustandes zu geraten. Dieser Rhythmus scheint mir ein Gesetz der inneren Entwicklung zu sein, immer wieder die Stufen von „Stirb und Werde" zu durchleben.

Durch diese Ausweglosigkeit musste ich mich in Behandlung eines Heilpraktikers begeben, der mir durch innere Bilder und gezielt homöopathische Behandlung intensive Hilfestellung geben konnte. Das Vertrauen auf Menschen, die im richtigen Moment genau die richtige Hilfe geben können, ist für mich auch ein wichtiger Schlüssel auf meinem Weg geworden. Immer wieder sind es Menschenbegegnungen, durch die wir weiter durch das Labyrinth des Lebens kommen.

Parallel zu dieser inneren Schwellensituation und der intensiven Begegnung mit dem eigenen Doppelgänger, der die Entfaltung unserer Kräfte solange lähmt, bis wir lernen, ihm immer direkter ins Gesicht zu schauen, hatte ich mich an einer Hochschule beworben. Um meine 21jährige praktisch-pädagogische Erfahrung in einem Hochschulzusammenhang auf neuer Stufe in einem Forschungsprojekt zu reflektieren, suche ich den Spiegel der anderen forschenden Menschen.

Bei der Aufarbeitung der neuesten Forschungsliteratur zum Thema Kunstdidaktik, erscheint es mir, als hätte ich nie unterrichtet und stünde völlig am Anfang meiner Arbeit.

Dieser Anfängergeist in mir zieht sich wie ein roter Faden durch meine Tätigkeiten für Schule und Bildungsprozesse, für fortwährende Erneuerung und Erweiterung von Fähigkeiten. Wie kann ich Lehrer sein, wenn ich nichts mehr lernen kann? Dieser Wille zu neuen Formen ästhetischer Bildung, das Lernen durch innere und äußere Bilder, die Entwicklung neuer Schulformen scheint ein zentrales Motiv meines Lebensthemas zu sein.

Durch die Vermittlung von Bilderlebnissen will ich Menschen zusammenführen, um Kommunikationsnetzwerke zu bilden, die kulturell-künstlerischen Zwecken oder eben der Evolution unserer Gesellschaft dienen.

Das sintflutartige Auftreten von inneren und äußeren Bilderwelten deutet auf das Erwachen neuer Fähigkeiten der Menschen. Das schriftgebundene Denken wandelt sich allmählich um in ein Bilderdenken. Das intellektuelle Bewusstsein wandelt sich in das spirituelle Bewusstsein des Herzdenkens, welches zunehmend die Globalisierung nicht nur als Angst vor der Zerstörung unseres Planeten erfährt, sondern als ein Erwachen zur Menschheit als Ganzheit. Das imaginative Erkennen bildet hier eine Brücke, einen ersten Schritt auf dem Weg.

Imagination: Die Brücke

Ein seelisch-weibliches Wesen übernimmt eine Führungsposition, nicht ganz irdisch, nicht ganz Engel, es zeigt eine Landkarte. An einem Brunnen hat sie mir einen Trunk gegeben, der Vertrauenskräfte weckt. Dadurch ist mir der Blick geöffnet worden für das, was die Engelwelt an die Menschen heranbringen will an Sonnenkarma.

Es hat sich eine Figur ausgesondert, die mit Menschenverbindungen zu tun hat. Ich soll Bilder entwickeln, um Menschen zu verbinden für bestimmte Aufgabenstellungen. Ich muss den Kontakt zu diesem Wesen suchen, aufbauen und pflegen. Es geht um verschiedene Arten, Öffnungen zu schaffen, um Vermittlung.

Ich sollte ein Mantram finden, womit ich den Kontakt zu diesem Wesen aufbauen kann. Es sollte nur vier Zeilen haben, ich soll es selber machen, damit ein Freiraum entsteht, keine Abhängigkeit. In dem Gewand dieses Wesens gibt es einen Stein, einen Diamanten, ein Lichtgewebe, woran ich dieses Wesen wieder erkennen kann, das ist sehr rein und sehr klar. Es folgt eine offene Bildfolge, mehrdimensional, in der der Zusammenhang mit meinem Beruf deutlich wird. Die Pädagogik ist heute keine Hilfe zur Berufsfindung. Die Motive des Berufs sind in der Pubertät eigentlich da, werden verschüttet durch Anforderungen des Systems. Das System schaltet den Menschen aus. Es ist auch meine Aufgabe, die Jugendlichen bei ihrer Berufsfindung zu unterstützen.

Zweiter Teil (einige Wochen später)

Das Schutzwesen von letztem Mal ist wiedergekommen. Es hat mich zu einer Baustelle geführt. Ich sehe ein Schloss, viele Räume, alles ist im Rohbauzustand, relativ offen. Ich habe das Wesen gefragt, an welcher Stelle dieses Komplexes ich bauen soll. Es geht um eine Brücke, die noch nicht existiert. Es scheint sehr kompliziert zu sein, diese Brücke herzustellen. Ich soll sie bauen oder veranlassen, dass sie gebaut wird, die besteht aus „Gedanken-Substanz", die einzelnen Bausteine bestehen aus Bildern oder Bildkomplexen. Die Brücke ist leuchtend, kostbar, besteht aus wertvoller Substanz, sie entsteht aber nicht von allein.

Es ist eine unwirtliche Situation, ein gefährlicher Abgrund. Die einzelnen Steine sind sehr autonom für sich. Ich gehe in einen solchen Stein herein und frage, was es damit für eine Bewandtnis hat. Es geht um eine Gruppe von Menschen, die sich kennen, die karmisch verbunden sind, ein Netzwerk. Diese Brücke besteht aus verschiedenen Steinen, dazwischen ist Mörtel, das sollte eine durchlässigere Membran werden. Meine Aufgabe besteht darin, dass da wieder ein Fluss, eine Verbindung entstehen kann.

Das Schloss überblicke ich jetzt mehr, das ist ein gigantischer Komplex, ein ungeheures Bauwerk. Auf der anderen Seite der Brücke geht es noch mal um das Errichten eines Gebäudes, das hat jetzt spezieller mit meinen Aufgaben zu tun, das ist ein Schulzusammenhang, eine Schule für Bilder, Bildstrukturen. Da liegt meine Aufgabe, da komme ich aber nicht hin, ohne zuerst die Brücke zu bauen. Es ist eine Aufgabe, die ich aufgenommen habe in der Sphäre der Entschlüsse, die ich jetzt suche auf der Erde, aber noch nicht gefunden habe. Ich muss mich jetzt erstmal mit der Brücke beschäftigen, um überhaupt zu dem Schloss zu kommen, bei dem die Aufgabe wartet.

Die Brücke ist sehr lebendig, ich spüre die Strömungsverhältnisse, es ist eine komplexe Aufgabe, diese Brücke zu errichten. Scheinbar sind die Bausteine noch zu isoliert voneinander, die müssten voneinander wissen und in einen Informationsfluss kommen.

Es erscheint eine Doppelspiegelung: einerseits das Urbild der Brücke, das singt und klingt, davon geht Musik aus und Friedensstiftung, andererseits ihre momentane Nicht-Existenz. Sie kann nur durch Menschen gebaut werden, sonst kommt man nicht über den Abgrund. Jetzt ist dieses Schutzwesen wieder in den Vordergrund getreten. Ich soll nach Menschen suchen, darauf warten, vertrauen oder auch aktiv suchen. Eigentlich bin ich in der Realität schon dabei. Durch das Bild der Brücke ist noch mal der Sinnzusammenhang deutlicher geworden. Ich soll im Sinne meines Netzwerkgedankens Menschengruppen, die auf ihren „Inseln" arbeiten, in einen Austausch bringen, das sind die einzelnen Bausteine in dieser Brücke.

Dieses Schutzwesen ist sehr freundlich und humorvoll, es sagt, ich soll doch ruhig immer fragen kommen, das sei nicht so schwierig.

Immo Lünzer

Mit Biografie- und Karmaarbeit in die Zukunft

Lichtblick

Hoffnung ist nicht Optimismus.
Nicht die Überzeugung,
dass etwas gut ausgeht,
sondern die Gewissheit,
dass etwas einen Sinn hat,
ohne Rücksicht darauf, wie es ausgeht.

Vaclav Havel

1954 in Hessen geboren und aufgewachsen, war ich zunächst recht verträumt und verspielt. Die Schule machte mir keine allzu große Freude, ich genoss lieber den schönen Garten, in dem ich viel spielen durfte. Nach der fünften Klasse in der Grundschule fand ich schließlich den Weg zum Gymnasium. Zwei Jahre zuvor – als ich neun Jahre alt war – war die Scheidung meiner Eltern ein schwerer Schicksalsschlag, ich blieb bei meinem Vater, der bald darauf wieder heiratete. Allerdings fand ich bei ihm nicht die Anerkennung, die ich als Sohn brauchte, und fragte mich lange Jahre, woran das wohl liegt – bis ich mit 42 Jahren dahinter kam, dass er gar nicht mein leiblicher Vater ist und ich ein richtiges Kuckuckskind bin. Ein ganz besonderer Schicksalsschlag, der mich natürlich auch nach den karmischen Ursachen fragen ließ – die in diesem Fall nicht so leicht zu beantworten sind.

In den Zeiten der Pubertät suchte ich tiefer gehend nach dem Sinn des Lebens, habe aber von den Erwachsenen, die ich fragte, keine befriedigende Antwort bekommen. Erst durch meine Freundin – und spätere Ehefrau – konnte ich mit etwa siebzehn Jahren die Anthroposophie (und auch die Transzendentale Meditation) kennen lernen, die mir viele Antworten auf meine Fragen gab, aber auch neue Fragen stellte.

Ein wichtiger Punkt dabei war auch die übermittelte anthroposophische Kenntnis von Reinkarnation und Karma, mit der ich allerdings zunächst große Schwierigkeiten hatte, mir das so recht vorzustellen und in den Alltag einzubauen.

Die Wahl zum Stadtschulsprecher gab mir schließlich einen Teil der Anerkennung, die ich im Elternhaus vermisste und machte Politik für mich lebendig. Später wurde ich interessiert und wach an der Umweltdiskussion und so habe ich mit großer Begeisterung das Buch „Die Grenzen des Wachstums" von Meadows et al. (1972) gelesen und weitere Bücher über die Umweltproblematik. Dies bewog mich dazu, hierfür einen Beruf zu ergreifen. Es war schwierig, einen geeigneten Studiengang zu finden. So entschied ich mich für die Agrarwissenschaften und habe im Privatstudium nebenher ökologische und biologisch-dynamische Agrarkultur sowie Anthroposophie studiert, was damals nicht so einfach möglich war.

Nach dem Studium hatte ich gleich die Möglichkeit, in einer ökologischen Stiftung in der Pfalz zu arbeiten, in der ich mich viele Jahre engagiert für die Verbreitung der ökologischen Agrar- und Ernährungskultur einsetzen, Veranstaltungen organisieren und viel publizieren konnte. Nebenher betätigte ich mich für die Anthroposophische Gesellschaft und die Christengemeinschaft, sowie nach der Geburt unserer beiden Kinder für die Waldorfbewegung. Außerdem versuchte ich, in meinem Beruf den spirituellen Ansatz zu integrieren, was nur teilweise möglich war.

Mit 35 wurden die beruflichen Erfolge immer größer, aber auch die Krise der so genannten Lebensmitte erwischte mich heftig. Hier half anthroposophische Biografiearbeit und ein erstes Studium der „Doppelgänger" [21]

Die „Krönung" war schließlich – kurz vor meinem 47. Geburtstag – eine ordentliche Lungenentzündung mit Krankenhausaufenthalt (übrigens ein Tag bevor uns Agrarministerin Renate Künast besuchen wollte).

Nach Rehabilitation und neuer Berufsorientierung bewarb ich mich erfolgreich um die Stelle des Geschäftsführers beim Forschungsring für Biologisch-Dynamische Wirtschaftsweise und arbeitete insbesondere an der Fusion mit dem Institut für Biologisch-Dynamische Forschung, so dass ich meinen eigenen Arbeitsplatz schließlich selbst wegrationalisierte. Außerdem trat die schicksalhafte Situation ein, dass ich gesundheitlich an meinem bisherigen Berufsziel ausbrannte. Und ziemlich genau an meinem 50. Geburtstag wurde mir klar, dass ich noch etwas anderes, etwas Neues tun muss: einerseits etwas mehr Spirituelleres, andererseits auch etwas nicht mehr rein Ökologisches. Unterstützt durch das Buch von Oliver Fritsch: „Alles anders – 15 Fragen, die ihr Leben verändern" legte ich eine Sabbatzeit ein und orientierte mich neu.[22]

In dieser Zeit prüfte ich verschiedene Themen, die mir als wichtige Zukunftsaufgabe erschienen, z. B. Zeitsignaturen des neuen Jahrtausends, insbesondere die Frage nach dem Spirituellen.

Dabei hat sich immer wieder das Thema Reinkarnation und Karma herauskristallisiert und ich gelangte zu der Überzeugung, dass es wichtig wäre, das Wissen um Reinkarnation und Karma sowie den praktischen Umgang damit stärker zu vertiefen. Ich gewann die tiefe Erkenntnis, dass mir dieses Thema auch dazu helfen kann, ganzheitlicher/ökologischer zu handeln, und dass es zusätzliche wichtige Aspekte für ein zeitgemäßes soziales Miteinander mit sich bringt.

Das Buch von Heide Oehms: „Karma-Erkenntnis warum? Innere Entwicklung als Grundlage geistiger Fähigkeiten"[20] vermittelte mir wichtige Grundlagen, die ich später bei einem Seminar mit Christiane Feuerstack in Stuttgart und verschiedenen Stunden der Karmaarbeit bei ihr vertiefen konnte (vgl. auch Christiane Feuerstack: „Samenkörner — karmische Bilder" mit einer Einführung in die Karmaerkenntnis)[23]. In diesen Begegnungen konnte ich insbesondere lernen, einen Lichtraum aufzubauen, um in Kontakt mit dem Engel und dem höheren Selbst zu gelangen. Deutlich wird dabei, dass der Engel nur ein Helfer sein kann, der nicht in die freie Willensentscheidung eingreift.

Durch gezielte Übungen kann man dabei auch ein intensiveres Verständnis für seine Mitmenschen gewinnen und ganz praktisch an der Weiterentwicklung des sozialen Miteinanders arbeiten.

Ganz wichtig ist auch die Arbeit am eigenen Doppelgänger, der unsere Schattenseiten verkörpert, die mit unseren eigenen vergangenen (Un-)Taten zu tun haben. Sie treten in Form von unbeherrschten Reaktionen (die wir eigentlich nicht wollen) oder zu starken Emotionen auf. Einerseits konnte ich feststellen, dass allein die intensivere Beschäftigung mit dem Doppelgänger (auch das Lesen der entsprechenden Literatur, z. B. Flensburger Hefte NR. 65: „Doppelgänger – der Mensch und sein Schatten") schon helfen kann, ihn bewusster zu machen und zu verwandeln. Andererseits kann man ihm durch Aufmerksamkeit im Alltag bewusst begegnen, z. B. durch folgende Fragen: Wer bist du? Was tust du hier? Wo und wie bist du mir heute begegnet? Was ist deine Aufgabe/Botschaft? Was kann ich morgen für dich tun?

Eine Prise Geduld ist dabei sehr hilfreich, zumal sich die Doppelgänger gerne verbergen oder verwandelt auftreten.

Rückblickend auf meine Biografie bekamen meine Krisen und Wendepunkte durch diese Arbeit eine neue Qualität. Und so fing ich ganz bewusst an, mich tiefer gehend mit dem Thema einer zeitgemäßen Karmaarbeit zu beschäftigen und studierte weitere anthroposophische Ansätze, wie z. B. die von Marianne Carolus, Coenraad van Houten, Denis Klocek, Jostein Saether sowie einigen Schülern des verstorbenen Ate Kopmans. Es ist ganz wichtig, dass jeder individuell den Ansatz der Karmaarbeit findet, der gerade zu seiner biografischen Situation passt. Es ist mein persönlicher Wunsch, dass die verschiedenen Pioniere auf diesem Gebiet künftig intensiver zusammen arbeiten um sich mit ihren Ansätzen gegenseitig zu befruchten.

In einer Zeit, in der immer mehr menschliche Arbeit durch technische Maschinen ersetzt wird und die Umweltfaktoren sich zunehmend auch auf die psychischen und gesundheitlichen Parameter des Menschen negativ auswirken, geraten immer mehr Menschen in biografische und spirituelle Krisen.

Ich konnte nun an mir feststellen, dass hier eine zeitgemäße Karmaarbeit wirkungsvoll ansetzen kann und sowohl innere als auch äußere Veränderungen mit sich bringt. Die eigene Wahrnehmung, aber natürlich auch die der Mitmenschen, wird vertieft, man gelangt zu neuen Einsichten und zu einem besseren Verständnis der sozialen Situation, aber auch natürlich der diversen Krisen und Schicksalsschläge. Dies führt zunächst zu einer Akzeptanz und im nächsten Schritt zu einer Erneuerung der eigenen Ideale und auch der eigenen Arbeit. Dies bringt mehr Erfüllung und Zufriedenheit, weil man die eigenen Entwicklungen und die der anderen hier ganzheitlich betrachten und kreativ weiterentwickeln kann.

Meine Vision: Verbreitung des Wissens über Karma und Reinkarnation! Aus meiner Arbeit an diesem Thema hat sich diese Vision für mich konkretisiert – und ich sehe viele Parallelen zur Situation des biologischen Landbaus vor 35 Jahren. Schicksalhaft ist meine Situation inzwischen so, dass ich tatsächlich an meiner Vision arbeiten kann, da meine Existenz mit einem relativ geringen Aufwand sichergestellt werden kann. So vertiefe ich jetzt mein Wissen in diesem Bereich und arbeite dafür, dass Reinkarnation und Karma immer mehr Eingang in die Gesellschaft findet und den Menschen hilft, ihre Krisen und Schicksalsschläge besser zu verarbeiten und aktiv an die Gestaltung des Schicksals zu gehen.

Die immer konkreteren Fragen nach der Existenz Gottes und auch nach dem Sinn der sich immer mehr individualisierenden Schicksale – wie sie in den letzten Monaten verstärkt in den Medien zu finden waren – zeigen ganz deutlich wie wichtig dieses Thema für immer mehr Menschen wird.

Dora Schmid

Sprung in den Jungbrunnen des Geistes

Ich bin auf dem Weg zu den bildlosen Bildern, zu der Imaginationsarbeit. Ein Versuch, die Schichten meiner Geschichte kennen zu lernen, zu durchdringen, die Figuren miteinander sprechen zu lassen, sie in Bezug zu bringen, damit sich die Erzählungen zu einem Ganzen zusammenfügen: Alles kommt mir vor wie eine Art Märchenbuch, mit hellen und dunklen Geschichten und einer tiefen Weisheit, die darin verborgen liegt.

Um es gleich vorwegzunehmen ein paar astrologische Bemerkungen: Ich bin bald Mitte fünfzig, und ich denke, das Leben hat, auch angesichts der heutigen Lebenserwartung, noch etwas vor mit „jung- alten" Menschen zwischen dem dritten und vierten Mondknoten. (Mondknoten: siehe Erläuterung im Vorwort)

Es kann nicht sein, im satten Wohlstandsstaat mit Ende fünfzig gemütlich einer frühen Pensionierung entgegenzudämmern und nur noch alt zu werden. Darum: Bleib dran! – Ein Sprung in den Brunnen und ein Sprung zurück in die Jugend und zeitlebens in den immerwährenden Jungbrunnen des Geistes.

Zum Äußeren

Als Jüngste von fünf Geschwistern wuchsen wir Zwillinge (mein Bruder und ich sind auch im „Zwilling" geboren am Pfingstsonntag) in Bern auf. Dort besuchten wir die Grundschule. Ich erwarb mir zwei Sprachdiplome und ein Handelsdiplom und wurde Anfang der 70er Jahre berufstätig als Sekretärin. Dann holte ich das Gymnasium nach und studierte an der Universität Journalistik und Kommunikationswissenschaft, um als Journalistin zu arbeiten. Ich schrieb in Tages-, Wochen- und Monatszeitungen und wurde später bei einer Kulturzeitschrift auch als Redakteurin tätig.

Nebenher gründeten wir, etwa ein halbes Dutzend Frauen im Alter von 22 bis 69 Jahren, eine Frauenschreibwerkstatt in Bern, in der wir uns austauschten, Lyrik und Kurzprosa schrieben, einiges auch veröffentlichten und Lesungen hielten

Nicht wenige Schreibgruppen sind aufgrund unseres Impulses entstanden. Es war eine sehr kreative und lebendige, eine auf- und anregende Zeit.

Interessant und aufreibend waren die Jahre als Journalistin, und es brauchte einiges, sich in diesem damals noch stark männerdominierten Beruf zu halten, zu bewähren. Sich abgrenzen, behaupten, gut sein und noch besser, als ob frau sich „beweisen" müsste, warum es ihr nicht genügt, sich nach einer immerhin ordentlichen Ausbildung einen lieben Mann zu suchen und eine Familie zu gründen. Mütter von Freunden, die in einer traditionellen Frauenrolle lebten, gaben einem das zu spüren: „Studieren, wozu?" fragte mich die Gärtnerfrau, und die Frau eines Pfarrers fragte, ob ich denn die deutsche Sprache genügend beherrschte, als ich von meinen Studienplänen erzählte. „Das kann man doch", antwortete ich unverblümt und ohne zu zögern, „denn sonst wählt man bestimmt nicht eine solche Studienrichtung."

Krise und Umschwung

Als ich um Haaresbreite eine sehr gute und entsprechend gefragte Stelle beim Radio verpasste, gebot ich mir Einhalt mit Ende zwanzig und „beurlaubte" mich nach Dornach. Dort besuchte ich das Anthroposophische Studienjahr, geprägt und geführt von einer sehr kompetenten, vielseitigen, eigenständigen und künstlerisch durchdrungenen Persönlichkeit.

Ich wollte lernen, die Dinge von höherer Warte aus zu betrachten, in einem tieferen Sinn über Gott und die Welt nachzudenken. Zeit haben, um wirklich zu reflektieren, jenseits der Tageshetze, in der die Zeitung abends schon Altpapier ist. Weg aus all der Geschäftigkeit und dem scheinbar Dringlichen hin zu Wesentlichem.

Es folgten beruflich wechselhafte Jahre, bis ich mich, ziemlich mittellos, noch einmal für ein langjähriges Studium entschloss: für die Eurythmie als Bewegungskunst.

Nach einigen Jahren Fachunterricht an Rudolf-Steiner-Schulen und in einem Kindergarten lernte ich in England Heil-Eurythmie dazu und wurde

1993 Therapeutin. Meine Arbeit verlagerte sich zunehmend weg von den Schulen in die Heime. Allmählich baute ich mir in Thun eine freiberufliche Praxis auf.

Das Zusatzstudium der Heil-Eurythmie schien mir unerlässlich, ja notwendig, um näher an das Wesen der Eurythmie heranzukommen. Eurythmie im sozialen Miteinander und als Bühnenkunst brachte mir viel, und sie enthielt ein großes Potenzial an Verwandlungsmöglichkeiten der eigenen Person. Doch suchte ich stets nach einer Vertiefung, nach dem inneren Gehalt dieser geistigen Quelle.

Wandlung: Die Kunst hilft beim Transformieren

Mit Ende zwanzig kam ein Wendepunkt: Anstatt intellektuell zu grübeln und zu analysieren, wie sich mein noch junges Leben bisher entwickelt hatte und wie es wohl weitergehen würde, schmiss ich mich mit dreißig ziemlich kopflos in die eurythmische Bewegung und übergab mich den Wogen der Kunst. Am Berner Abendgymnasium hatten wir keine Zeit für Kunst gehabt. Es war, neben der Berufsarbeit, ein dreijähriger Drill mit einer enormen Menge an Stoff und Wissensvermittlung. Ideal für den Wissensdurst, aber wenig für die Seele und das Gemüt.

Jetzt las ich Goethe ganz anders, im Zusammenhang mit Rudolf Steiners Geisteswissenschaft, und die „Ilias" und „Odyssee" von Homer zum Beispiel kamen mir vor wie Sprachmusik. Ich beschäftigte mich mit der Antike und den griechischen Philosophen. An Aristoteles biss ich mir fast „die Zähne aus". Ich recherchierte und referierte über Komponistinnen und exotische Schriftstellerinnen, und ich beschäftigte mich mit Metrik und Poetik, alles weit weg vom politischen Alltag und dem Tagesgeschehen, in dem ich all die Jahre zuvor so intensiv gelebt hatte. Ein paar bisherige Freunde, Kolleginnen und Bekannte waren einigermaßen erstaunt. Nur wenige folgten mir ins „neue" Leben.

Unfreiwilliges Einzelgängertum und Weitung des Blickwinkels

In der Anthroposophie bin und war ich innerlich immer sehr zuhause. Ich habe viele gute Erinnerungen an meinen Fachunterricht. Es gab Sternstunden, in den Klassen und an Elternabenden, an denen ich Wesentliches vermitteln konnte. Insgesamt hat mich sozial und zwischenmenschlich in verschiedenen Zusammenhängen manches befremdet und enttäuscht, so dass ich mich aus den Institutionen immer mehr zurückzog, weil dort oft wenig bis gar nicht das gelebt wurde, was ich aus dem Studium heraus glaubte verstanden und aufgenommen zu haben. Direkte Konfrontation und offene Aussprachen waren Ausnahmen. Drückebergermentalität, nicht hinschauen, ausweichen, Scheinheiligkeit war die Regel.

Mich beruflich irgendwo niederzulassen, wohlbehütet und getragen unter Seinesgleichen in einer Gruppe, das war nicht angesagt. Wahrscheinlich auch darum schaute ich mich nach anderen Geistesschülern, Heilerinnen und Therapierichtungen um. Beeindruckt war ich von der Cranio-Sacral-Therapie, die mir selber half, ein Schleudertrauma zu überwinden. Ich fand Menschen und Meister in Zusammenhang mit den Lehren von „Daskalos", dem griechisch-zypriotischen Heiler, der auch Übungswege aufgezeigt hat.

Meine Erfahrungen in der Meditation, in der Arbeit und in der Musik – ich betreibe Stimmbildung und klassischen Gesang – führten allmählich zu geistigen Erlebnissen und zu einer erweiterten Wahrnehmung, die sich in der Karmaarbeit auf eindrückliche Art verbindet, verdichtet und fokussiert. Es ist wie wenn mehrere Bächlein zusammenfließen.

Karma-Arbeit

Als ich im Herbst 2006 ein Wochenendseminar bei Christiane Feuerstack und Heide Oehms besuchte, kam ich sofort in eine innere Erfahrungswelt, die mir einerseits sehr vertraut war, und mich andrerseits auch überraschte, so dass ich bald wusste: Hier will ich hin, hier will ich mich aufhalten, hier komme ich vielleicht einen Schritt weiter auf meinem Erkenntnisweg. Es war eine fruchtbare Ergänzung zur Arbeit im „Daskaloskreis", ein durch Christoph Stämpfli inspirierter „Kreis für Wahrheitssuche" in Spiez, in dem ich seit Jahren aktiv bin.

Ich habe bisher etwa ein Dutzend dieser inneren Geschichten erlebt und bin beeindruckt von der Dichte und Vielschichtigkeit dieser Reisen. Die Begleitung in den Einzelstunden geschieht ganz zurückhaltend, und man ist es selber, der/die die eigenen Geschichten erzählt: Gleichzeitig in mehreren Funktionen: Ich bin Erzählerin, Beobachter und Betrachter, was eine gewisse Distanz schafft, aber zugleich auch Betroffene und Handelnde, also ganz im Geschehen drin, agierend und reagierend, und im Höheren Bewusstsein eigentlich auch beratend und kommentierend, antwortend... also eine Art „Alles in einem". Das fasziniert mich.

Unfassbar und konkret

Von eigentlichen Resultaten im Alltag kann ich noch nicht viel erzählen. Ich habe das Gefühl, ganz dicht dran zu sein an wesentlichen Themen, was über kurz oder lang schon Veränderung bringt, weil sie angegangen und bewegt werden. Diese Arbeit ist sehr konkret, und dennoch ist sie nicht ganz fassbar, wohl auch nicht wirklich verständlich in Worte zu fassen. Natürlich kommt auch Zweifel. Handelt es sich lediglich um Phantasiegespinste? Der Zweifel darf sein, aber nicht die „ganze Wahrheit" für sich beanspruchen.

Und dennoch will ich hier eine möglichst exemplarische Geschichte erzählen, eigentlich sind es zwei Geschichten, die ineinander wirken, um eine Empfindung dafür zu wecken, in welcher Sphäre sich diese Karmaarbeit bewegt und wie sich die Geistige Welt in Bild und Handlung ausspricht. Nicht selten sind es Geschichten, die zwar im Persönlichen wurzeln, dann darüber hinaus weisen in ein Allgemeingültiges, zum Beispiel dann, wenn es sich unerwartet wie ein Märchen anfühlt. Märchen sind auch aber nie „nur" subjektiv erlebte Wirklichkeit.

Imaginationen als ein ätherisches Bilderweben

1. Bild

Ich suche Hilfe bei einer alten, weisen Frau und betrete ihr Haus. Sie beachtet mich kaum. Es findet auch kein Gespräch statt, weil sie aufgrund natürlicher Fähigkeiten sieht, warum ich da bin und dass mir das Leben abhanden gekommen ist. Wir gehen nach draußen in ihren prächtigen Garten und sie erzählt mir viel über Pflanzen und Kräuter. Und siehe da: In ihrer Gegenwart kann ich eine Art Ätherweben um die Pflanzen herum wahrnehmen. Wieder im Haus, wird gekocht und gegessen, aber auch am Tisch nicht gesprochen oder reflektiert. Ein volles, rundes, stimmiges Lebensgefühl stellt sich ein. Nach dem Essen soll ich mich kurz hinlegen, was mir im fremden Haus einigermaßen peinlich ist. Da liege ich nun, wie eine Pflanze, halb wach, halb schlafend, und ich spüre die Präsenz dieser Frau und ihr Wirken. Dann ist sie plötzlich weg. Kein Gespräch, kein Abschied, nichts Sentimentales. Ich bin wieder mir selber überlassen.

2. Bild

Ich gehe einen Korridor entlang mit einer Begleitperson, die ein Materialwägelchen nach sich zieht, und ich bin verantwortlicher Arzt, ein Mann diesmal, an einer improvisierten Pflegestation nach einer Umweltkatastrophe. Es sind viele Verletzte da, Halbertrunkene, Seuchenkranke und auch Sterbende in einem jetzt zweckentfremdeten Herrschaftssitz. Der Krankensaal ist groß, die Fensterfront hin zum Park gewölbt. Fast kreisförmig sind die Betten angeordnet. Die Patienten liegen mit den Füßen zur Mitte. Der Raum ist hoch, hell, schön und sauber.

Die Stimmung im Saal ist mir sehr wichtig. Darum wird, wer Besuch erhält, hinausgefahren, nicht aus Diskretionsgründen, aber damit nicht alle alles mitkriegen, also um unnötige Aufregung zu vermeiden. Dieser „geschützte" Raum scheint mir wesentlich zu sein für die Genesung und ich bin erstaunt, dass ich als Mann so sensibel bin und auf diese Hülle achte. Trotz der Krisensituation amtiere ich ruhig und souverän und es geschieht nicht selten, dass wir Leute durchbringen, die wir am Vortag noch aufgegeben hatten.

Auf mein körperliches Empfinden achtend im imaginativen Bewusstsein, fühlte sich dieser Mann eindeutig links an, also auf der „weiblichen" Seite, was mich erstaunte, vielleicht weil dieser Arzt auch stark aus der Intuition handelte. Seine Ausstrahlung war hell, warm und liebevoll, sehr vornehm auch, aber durchaus männlich.

Ich verknüpfe die beiden vorigen Geschichten

Nun kam der Impuls: Diesen Mann und jene Frau aus der anderen Geschichte, ja, die zwei müsste ich verbinden. Das passte gut, denn die Frau, ich nenne sie jetzt Demeter, ich spürte sie während des Imaginierens eindeutig in der rechten Seite meines Körpers. Dieses Überkreuzte, das interessierte und faszinierte mich. Um die Verbindung herzustellen, wob ich eine seitliche Acht um die beiden Individualitäten. Und siehe da, die Antwort blieb nicht aus:

Jetzt kam eine Kraft von vorne rechts und umhüllte mich, wickelte mich ein, und zwar ganz deutlich meine linke Körperseite. Nichts von Enge oder Fesselung, eher wie ein Geschenk aus der Geistigen Welt. Erfreut antwortete ich mit einer Handlung. Ich wickelte wieder aus, nein ein, ich umwickelte mich jetzt ganz, also inklusive meine rechte Seite, und jetzt fühlte ich mich noch kräftiger, sehr zentriert und ganz stark in meiner Wirbelsäule, und ich zog den goldenen Lebensfaden da hinein.

Stroh zu Gold spinnen

Eine Meisterrunde war nun plötzlich anwesend am runden Tisch und ich wurde als Fadenspule herumgereicht. Das fühlte sich lustig an. Die interessierten sich jetzt für mich. Ich spürte deutlich, wie ich als Fadenspule dann wieder am Platz saß. Nun kam ein Anliegen von „Wir" mit hinein. Nicht dieses Einzelkämpfertum, nicht dieses isolierte Arbeiten. Also dehnte ich meinen Raum aus und staunte: meine Form änderte sich von der Fadenspule zum Wollknäuel, zum Chlungeli, wie wir im Dialekt sagen, kugelig-rund, voll, zentriert....vom Aufgerichteten der Spule (männlich) zur runden Sphäre (weiblich).

In der Mitte des Tisches stand jetzt ein schalenförmiger, weit offener, geflochtener Weidenkorb. Es war mehr ein Wiegen als ein Stehen, denn der Boden war gerundet, und ich als Knäuel, kräftig, farbig und bereit zum stricken oder verstrickt werden, ich wurde in diese Schale hineingelegt. Siehe da: Es waren noch andere „Chlungeli" drin, das ersehnte „Wir". Die Knäuel im Korb und die Meisterrunde fühlten sich in der Substanz gleichwertig an. Ein spiritueller Freund und Meister, der in beidem zu Hause war, im Korb und im Kreis, er verwob, dienend als Götterbote, in merkurialer Leichtigkeit diese Wollknäuel mit dem Kreis der Meisterinnen und Meister.

Meine Fragen an die Karmaarbeit sind sehr allgemeine, sehr grundlegende:

Was ist „Lebensgefühl", wie und aus was ist es entstanden? Was ist wirkliches Leben? Aufräumen, Lebenshindernisse erkennen, sie aus dem Weg schaffen, immer wieder, sich einen Weg bahnen durch den Dschungel des Gewordenen, zur eigenen, eigentlichen Kraft zurückfinden, die Meisterschaft erringen bzw. sie aus dem Keim herausschälen. Im Innersten verfügen wir über ungeahnte Kräfte, die (wieder-) erweckt werden möchten. Viele spirituell suchende Menschen spüren das heute.

Was muss ich aufgeben, um meine wirkliche Aufgabe zu finden? Wie kann ich Sinn und Erfüllung erfahren, damit ich noch besser dienen kann in dem Ganzen? Die alten Fragen, immer wieder neu beleuchten, sie angehen und anbinden an den Zeitgeist der Gegenwart. Die Karmaarbeit scheint mir ein möglicher Weg zu sein unter mehreren.

Florian Hainke

Dipl.- Betriebswirt (FH), Schorndorf

Hoffnung und Enttäuschung

Als ich zur Schule ging, wollte ich immer Chemiker werden. Dessen war ich mir ziemlich sicher, denn Chemie hatte etwas Berechenbares, Voraussagbares, war logisch, mitunter gefährlich, aber dadurch auch interessant. Und auf jeden Fall beherrschbar, weil logisch zu verstehen, so jedenfalls meine damalige Vorstellung. Unterstützung für meinen Wissensdurst bekam ich von einer Nachbarin, die von Beruf studierte Chemikerin war. Sie brachte mir manchmal Material aus dem Labor mit oder machte sogar Versuche mit mir zusammen, damit ich lernen und verstehen konnte. So erklärte sie mir das Bohr'sche Atommodell, das mir sehr beim Verständnis der Zusammenhänge half. Auch kaufte ich mir Bücher auf ihren Rat hin, die ich mit Begeisterung verschlang und auch größtenteils verstand.

Die Chemie war aber nicht das einzige Interessengebiet der damaligen Zeit, es erstreckten sich meine Interessen vielmehr auf die Naturwissenschaften überhaupt. Die Kernphysik war auch eines meiner Steckenpferde, allem voran die Spaltungsreihe von Uran und Plutonium. Dazu ließ ich mir vom deutschen Kernforschungszentrum Broschüren schicken, die ich las. Auf diesem Gebiet waren zwar keine Experimente möglich, doch theoretisches Wissen war durchaus erlangbar und ich hatte wirklich Freude am Verstehen und Erkennen. Es gab mir eine gewisse Beruhigung, dass ich alles verstehen konnte, wenn ich nur wollte und an den entsprechenden Lesestoff oder die dazu nötigen Informationen käme. Ich hatte sogar ein eigenes kleines Labor und einen weißen Kittel, mit dem ich mir schon fast wie ein Professor der Chemie vorkam. Mein Berufswunsch war dahingehend sehr konkret, dass ich wusste bzw. glaubte, Chemie studieren zu wollen.

Die Realität sah leider etwas anders aus, denn die Freie Waldorfschule, auf die ich ging, war bezüglich der Wissensannäherung und -erlangung gänzlich anders, als es mir die Bücher ermöglichten. Dort sollte man im Unterricht durch Beobachtung und „Herumvermuten" sich der Erkenntnis nähern, was aber nicht meine Sache war, gab es doch die mir schon bekannten logischen Erklärungen für diese Ereignisse. Mein Wissensdurst wurde daher durch den dort erlebten Unterricht zunächst nicht gestillt. Bis eines Tages wieder eine Chemieepoche anstand und wir einen neuen Lehrer bekamen. Dieser Lehrer war anders als die bisherigen. Er kam, soweit ich mich erinnere, eigentlich von der Staatsschule und machte eine Art Vertretung an unserer Schule. Was mich an ihm begeisterte war, dass er eben den mir bekannten Erklärungen entgegenkam, indem er den Unterricht so gestaltete, wie es an der Staatsschule üblich war und wie ich es aus meinen Büchern kannte. Die Folge war, dass ich ein exzellenter Schüler in seinem Unterricht wurde.

In dieser Zeit festigte sich wieder mein Berufswunsch in dieser Disziplin tätig zu sein. Leider war die Epoche irgendwann vorbei und die Schule ging wieder den mir mehr oder weniger unangenehmen Gang. Einzig das Fach Mathematik hatte nie den Charakter des Heruminterpretierens bekommen, denn das geht bei dieser zwingenden Logik nicht. Die mir nicht entgegenkommenden Lernmethoden und auch einige menschliche Defizite seitens der Lehrer führten dann dazu, dass ich die Freie Waldorfschule verließ. Es war nicht möglich, die von mir gewünschten Leistungskurse Chemie und Mathematik bzw. Physik zu wählen.

Nun hatte ich also entschieden, auf das normale staatliche Gymnasium zu gehen und musste dafür einen Teil meiner Sommerferien über lernen, um die Aufnahmeprüfung für die elfte Klasse zu schaffen, die ich im Gymnasium wiederholen sollte. Das gelang mir zu meiner Verwunderung auch, merkte ich doch, wie groß meine Wissenslücken in den für Staatsschüler normalen Wissensgebieten waren. Die elfte Klasse überlebte ich in einigen Fächern nur sehr knapp, aber ich schaffte sie. Für die zwölfte Klasse sollte ich dann meine Leistungskurse wählen. Ich wählte Chemie und Mathematik zu meinen Leistungsfächern, in der Überzeugung dass sie meinen Neigungen entsprächen, würde ich genug motiviert sein, die Lernziele erreichen zu können. Das stellte sich aber nach einiger Zeit als fataler Irrtum heraus, waren doch meine Wissenslücken zu groß. Hinzu kam in dieser Zeit auch noch ein Abflachen der Motivation, großteils begründet in der dauernden Überforderung, die Lernziele nicht erreichen zu können, da mir das lerntechnische und inhaltliche „Handwerkszeug" fehlte, denn mir hatte auf der Waldorfschule niemand beigebracht, *wie* man lernt. Dabei gab es einen Teufelskreis, in dem ich immer mehr von der Schule weg in mein Hobby flüchtete, das Reiten im örtlichen Reitverein. Da ich schon über achtzehn war, konnte ich mir selbst die Entschuldigungen schreiben, eine famose Sache.

Am Halbjahresende der zwölften Klasse musste ich dann aufgeben. Meine Defizite waren zu groß, als dass ich diese Klasse hätte bestehen können, um in die dreizehnte versetzt zu werden. Nun wollte ich nicht mehr in die Schule gehen und entschied mich, das Gymnasium zu verlassen. Klar, ich hätte die Klasse wiederholen können, entweder mit den gleichen Kursen oder mit anderen, aber ich hatte damals einfach keine Lust und Kraft mehr. Meine Eltern gestatteten mir das Verlassen der Schule nur unter der Bedingung, eine Lehrstelle in Aussicht zu haben.

Ab diesem Moment hatte ich das Problem, dass ich nicht wusste, was ich denn gerne machen würde, wenn mein bisheriges Ziel nicht mehr realisierbar war. Meine Überlegungen führten relativ schnell zu dem Ergebnis, eine kaufmännische Lehre zu machen, denn ein Handwerk kam nicht in Frage. Ich wollte nicht schwer körperlich arbeiten, sondern mit dem Kopf tätig sein und in einem Büro sitzen, in dem es nicht regnet und schneit. Meine Eltern halfen mir dabei, eine Lehrstelle zu finden, was auf die Schnelle nicht so einfach war. Schließlich fand ich eine Möglichkeit, in einer Küchenmaschinenfabrik in Schorndorf eine Lehre zum Industriekaufmann zu machen.

Schon nach kurzer Zeit stellte ich fest, dass die kaufmännischen Inhalte zwar auch mein Interesse weckten, aber der Umgang mit den Menschen mir nicht gefiel, ja sogar missfiel. Zur damaligen Zeit war diese Firma in wirtschaftliche Not geraten und es übertrug sich die Anspannung der Mitarbeiter auf das Betriebsklima. Dies war aber nicht der einzige Grund, dass die Menschen dort mir größtenteils unsympathisch waren. Manche von ihnen, leider zu meinem Nachteil die Entscheidungsträger, waren menschlich indiskutabel und pflegten einen respektlosen Umgang mit Mitarbeitern, nicht nur mit mir. Deshalb reifte in mir der Gedanke, ich müsste mich irgendwie dahingehend ausbilden, dass ich in die Lage käme, eine selbständige Berufstätigkeit ausführen zu können, um mir solche Menschen als Vorgesetzte vom Leibe zu halten. Dabei kamen mir zweierlei Ideen: Zum einen gab es in der Firma, in der ich lernte, über die gesamte Bundesrepublik verteilte Gebiets-Handelsvertreter, die ganz einträglich von den Küchenmaschinen zu leben schienen, die in ihrem jeweiligen Gebiet über sie verkauft wurden. Somit war die Alternative in meiner Vorstellung geboren und ich hielt mir so eine Möglichkeit vor Augen, um die üble Zeit in dieser Firma irgendwie hinter mich bringen zu können. Die andere Möglichkeit wäre, nach der Lehre nochmals die Schulbank zu drücken und anschließend mit der Fachhochschulreife vielleicht Betriebswirtschaftslehre (BWL) zu studieren und dann die Steuerberaterprüfung abzulegen, um danach ein eigenes Steuerberaterbüro eröffnen zu können. Das Beispiel hierfür hatte ich im Reitverein vor Augen, denn dort gab es einen solchen Steuerberater, der von diesem Geschäft ganz einträglich leben konnte. Beide Alternativen hatten zum Ziel, mir die nötige Freiheit zu verschaffen, die ich zum Leben brauchte, denn die Lehrfirma zeigte mir täglich, was es bedeutet, von anderen als Untergebener abhängig zu sein, ohne als Mensch respektiert zu werden. Das war mir sehr deutlich klar, dass ich dies unter keinen Umständen wieder erleben wollte, geschweige denn ein ganzes Berufsleben lang.

Nach dem Ende der Lehre, die ich als Bester der gesamten Lehrlingsjahrgänge in dieser Firma abschloss, ging ich auf das einjährige kaufmännische Berufskolleg, das speziell für die ausgebildeten Kaufleute die Erlangung der Fachhochschulreife in einem Jahr möglich machte. Ich war zunächst froh, wieder die relative Freiheit des Schülers zu haben, was bedeutete, dass ich außerhalb der Unterrichtszeit mein eigener Herr war. Das Lernen dort fiel mir nicht besonders schwer, waren doch die meisten Lehrer angenehm. Irgendwann kamen wir auch darauf, dass es wichtig war, mit alten Klausuren auf die anstehenden Klassenarbeiten zu lernen, denn die nicht allzu eifrigen Lehrer griffen gerne auf bereits dagewesene Prüfungsaufgaben zurück. Die Fachhochschulreife bestand ich mit einem sehr guten Durchschnitt, so dass ich mir die Fachhochschulen aussuchen konnte, an denen ich studieren wollte. Meine Entscheidung fiel dann auf die Fachhochschule Nürtingen, dort gab es die meisten Vertiefungsrichtungen. Ich hatte vor, in die Richtung der Steuerberatung/Wirtschaftsberatung zu gehen.

Als dann das Studium begann, wurde ich wiederum eines Besseren belehrt. In manchen Fächern hatte ich große Schwierigkeiten, so z. B. in höherer Mathematik, Statistik und Volkswirtschaftslehre. Das waren die so genannten „Siebfächer", bei denen die Leistungshürde zum Bestehen so hoch gesteckt war, dass sie nur mit äußerstem Aufwand zu überspringen war. Mit Nachhilfeunterricht und viel Lernen konnte ich alle Fächer meistern, bis auf Statistik. Diese Hürde war in Nürtingen für mich nach meiner Einschätzung unüberwindlich, weshalb ich zur Prüfung gar nicht erst antrat. Auch wusste ich, dass ich nicht ausreichend vorbereitet war. Von meinem besten Freund, den ich während des Studiums in Nürtingen kennen lernte, bekam ich den Rat, an die Fachhochschule Albstadt-Sigmaringen zu wechseln, da er wusste, dass dort die Studienanforderungen nicht so extrem waren wie in Nürtingen. Das kam mir sehr entgegen, war mir doch bewusst, dass ich das Studium in Nürtingen niemals hätte zu Ende machen können unter den gegebenen Bedingungen. Also sah ich mich in Sigmaringen um, bemühte mich um Anerkennung meiner bisherigen Prüfungsleistungen, was gelang, und suchte mir dort eine Studentenwohnung. Obwohl ich eigentlich aus meiner Heimat im Remstal nie fort wollte, fühlte ich mich in der dortigen Gegend sehr wohl. Das Studium war wirklich nicht von solcher Schwierigkeit wie in Nürtingen, auch wenn es manche andere Hürde zu nehmen gab. Immer noch lebte ich in dem Glauben, das zu erringende Diplom würde mir den Weg zur Freiheit ebnen. Die Steuervertiefungsrichtung gab es zwar in Sigmaringen nicht, aber die Disziplin Controlling/Rechnungswesen versprach zumindest einen angesehenen Abschluss, der mich wenn nicht in eine selbständige Tätigkeit, wenigstens in eine geachtete und mit gewissen Freiheiten behaftete Karriereposition bringen sollte. Im zweiten Praxissemester – das erste wurde mir aufgrund der Lehre anerkannt – wurde mir auch dieser Zahn gezogen, denn ich musste in der Firma, in der ich es zu absolvieren hatte, feststellen, dass die Zustände dort, was das menschliche Niveau anbelangt, noch schlimmer waren, als in dem beschriebenen Ausbildungsbetrieb. Das ging soweit, dass ich die für das Bestehen des Praxissemesters nötigen Tage rückwärts zählte und nur mit Mühe und Not erreichte, bevor ich mich krankschreiben ließ, um diese Firma nicht wieder betreten zu müssen. Damit war dann auch die letzte Illusion gestorben, jemals in ein normales Berufsleben kommen zu können. Diese Firma war alles andere als verschrien und hatte einen durchaus guten Ruf.

Als dann die Diplomarbeit auf mich zurückte, entschloss ich mich für eine theoretische Arbeit, die ich daheim und in der Bibliothek anfertigen konnte, um nie wieder in diese Firma zu müssen, denn es war ursprünglich so gedacht gewesen, das Praxissemester als Einstieg für eine Diplomandenstelle zu nutzen. Das wollte ich auf keinen Fall. Die Diplomarbeit bereitete mir auch noch einige Probleme, waren doch meine beiden betreuenden Professoren gute Bekannte und sprachen sich bei meiner Benotung so ab, dass es nicht mal einen Unterschied der beiden Noten gab, was absolut ungewöhnlich war. Sie straften mich mit einer einhellig beschlossenen schlechten Note dafür ab, dass ich von ihnen viel Hilfestellung für das von ihnen gestellte Thema verlangte, weil ich nicht von selbst auf den richtigen Weg fand. Damit endete das Leiden während der Studienzeit, auch wenn es zwischendurch ganz angenehm sein konnte, relativ viel Freizeit zu haben.

Als ich mich nach einer Weile von den Strapazen des Diplomarbeitschreibens erholt hatte, wurde mir klar, in welcher Lage sich mittlerweile die Arbeitsmarktsituation befand. Während des Studierens war mir vieles entgangen, musste ich mich doch sehr auf die Inhalte konzentrieren und hatte wenig Interesse, die Weltlage oder die Situation in Deutschland genau unter die Lupe zu nehmen. Über einen Freund bekam ich die Möglichkeit, in einem Steuerbüro mitzuarbeiten und ich dachte, ich könnte auf diesem Wege auch ohne Studium mit Steuervertiefung doch noch die Steuerberaterprüfung bekommen. Nach einem halben Jahr des vergeblichen Bemühens musste ich auch hier wieder aufgeben und erkennen, dass es auf diesem Wege nicht funktionierte. Entweder hätte ich tatsächlich die Vertiefungsrichtung wählen müssen, oder eine Lehre zum Steuerfachangestellten machen. Die dritte Möglichkeit wäre eine Ausbildung beim Finanzamt gewesen, aber dafür hatte ich damals keinen Blick, denn ich wollte ja in die Unabhängigkeit hineinarbeiten. Nun, vielleicht kann man mir ungenügende Informationstiefe vorwerfen, aber ich musste die Lage so nehmen, wie sie war.

Jetzt begann ein verzweifeltes Spiel von Hoffnung und Enttäuschung. Ich bewarb mich auf alle möglichen kaufmännischen Stellen immer in der Hoffnung, doch noch eine Firma zu finden, in der mich die Menschen halbwegs leben lassen würden. Bis auf wenige Ausnahmen, bei denen ich zumindest bis zu einem Bewerbungsgespräch vorrückte, bekam ich nur Absagen mit mehr oder weniger befriedigender Erklärung bzw. Antworttext. Eine Zeit lang ließ sich die Illusion noch aufrechterhalten, irgendwann doch einen Job ergattern zu können, auch wenn es nicht mehr das Ideal sein sollte. Irgendwann kamen dann noch Überlegungen hinzu, eine andere Ausbildung zu machen, aber was sollte das sein? Bei der Frage an mich selbst, was denn meine Interessen oder Neigungen wären, konnte ich keine Antwort finden. Das ist auch bis heute so geblieben, nachdem ich über vier Jahre der Arbeitslosigkeit hinter mir habe und immer noch in diesem Zustand lebe. Ich kann mir gar nichts mehr vorstellen, das mir überhaupt einen Sinn geben könnte, schon gar nicht eine Beschäftigung in einer Firma *für* einen anderen, der sich in kapitalistischer Manier an dem durch mich geschaffenen Mehrwert ungerecht bereichert. Nun, man hat viel Zeit über solche Dinge nachzudenken, ist man einmal dem Hamsterrad entkommen, in dem sich die meisten Menschen Zeit ihres Arbeitslebens befinden. Ich las die Theorie von Marx und alle möglichen anderen Werke zu solchen Themen. Mittlerweile kann ich mir gar nicht mehr vorstellen, in einer Firma für deren Eigentümer zu arbeiten. Selbst wenn ich tatsächlich einen Job bekommen würde, glaube ich nicht, dass ich es dort lange aushalten würde. Der einzige Weg, eine befriedigende Berufstätigkeit zu haben, wäre eine Selbständigkeit ohne Fremdbestimmung, aber hierfür fehlt mir das nötige Kapital, eine bestehende Firma zu übernehmen oder eine entsprechende Geschäftsidee ins Leben zu rufen, wenn ich sie denn hätte. An den an ein Wunder grenzenden Fall zu glauben, es könnte einen Menschen geben, der meine menschlichen und fachlichen Fähigkeiten schätzt, mich beschäftigt, gerecht bezahlt und in gewisser Freiheit in geschäftlicher und menschlicher Hinsicht leben lässt, fällt mir zunehmend schwer.

Das geht sogar soweit, dass ich denke, mit dem in unserer Zeit in unserem Land herrschenden System komme ich als Mensch einfach nicht mehr klar, müsste ich mich dafür doch viel zu sehr verbiegen, um konform sein zu können. Auch kann ich mir nicht vorstellen, dass dieser Zustand, in dem ich mich befinde, das von mir gewählte Karma sein soll. Ich hatte den Wunsch, mit dem Kopf zu arbeiten, auch für die Welt und andere Menschen Sinnvolles und Gutes tun zu können, doch in meiner Lage scheint das zunehmend unmöglich zu werden. Welchen Freiraum ich bekäme und in welcher Richtung ich mich betätigen könnte, hätte ich beispielsweise ein bedingungsloses Grundeinkommen, fällt mir momentan schwer zu sagen. Aber eine Entlastung von der Abhängigkeit, in der ich lebe, würde es mir in jedem Fall geben können. Um zu erkennen, was meine innerste

Aufgabe und Handlungsanweisung ist, müsste ich wohl die vor kurzem begonnene Karmaarbeit weiterverfolgen. Aus meinem täglichen Leben heraus kann ich keine Handlungsanreize diesbezüglich gewinnen, denn ich würde schon etwas Weitergehendes machen wollen, nicht nur Omas und Opas im Altenheim besuchen und betreuen. Das gäbe mir niemals solche Befriedigung, wie wenn ich etwas in größerem und für die Menschheit weit reichendem Rahmen tun könnte, so z. B. als Idee eine Firma zu leiten oder mit zu leiten, deren Eigentümer sich zum Ziel gesetzt hat, einen menschlicheren und gerechteren Umgang mit den Mitarbeitern und Kunden vorzuleben. Das ist nämlich meines Erachtens der einzige Weg, die Menschheit langfristig zu einem Umdenken bewegen zu können. Durch bloßes Referieren und Voraugenhalten der aktuellen Probleme ist für mein Dafürhalten nichts zu gewinnen, denn die meisten Menschen sind nicht in der Lage, das Problem theoretisch zu durchdringen. Daher hilft nur das Vorleben am Beispiel. Wenn sich nun so jemand fände, der im Ideal eine Firma sein eigen nennt und solchen Gedanken gegenüber aufgeschlossen ist, sich mit mir zusammen tun würde und wir ein solches Projekt ins Leben rufen könnten, so könnte ich darin einen wichtigen Schritt für die Menschheit sehen und für mich ein sinnvolles Handeln finden. Aber wo und wie ich so einen Menschen finden kann, ist mir bisher nicht klar geworden. Möglicherweise kann diese Geschichte mich zu einem Menschen führen oder den Menschen zu mir, damit wir gemeinsam etwas für eine positive Entwicklung beitragen können. Daran wäre mir sehr viel gelegen.

Imagination: Der Einsiedler

„....auf der einen Seite scheint eine Behausung zu sein, es sieht so aus, dass sich da ein einzelner Mensch zurückgezogen hat, sich eingerichtet hat als Selbstversorger, ein Mann von ca. vierzig Jahren. Der hat sich da schön eingerichtet, weil er seine Ruhe haben will, hat sich von der Welt zurückgezogen, weil ihm das alles zu viel wurde und er den Stress nicht erträgt. Das Haus scheint aber keine Bruchbude zu sein, sondern in gutem Zustand, in Ordnung, der Garten gut angelegt, kein Wildgarten. Der hat ein Pferd, das ist sein Fortbewegungsmittel, das benutzt er um das Nötigste zu besorgen, was er braucht, was es in dem Tal nicht gibt. Das scheint ein Gesetzloser zu sein, kein Verbrecher, eher einer, der für sich sein will. Der bleibt in dem Haus bis zum letzten, versucht sich da zu halten. Es scheint in der Gegend keine Bedrohung zu geben. Er hat vorher mal woanders gelebt, hat sich da jetzt eingerichtet, bleibt dort bis zum Tod. Er kann auch alles alleine. Wenn er Werkzeuge braucht oder etwas anderes, kann er es besorgen. Es gibt irgendwo Zivilisation.

Vorher muss er mal etwas gemacht haben, was er nicht weiter tun wollte, was vielleicht der Menschheit oder der Umwelt schadet, wofür er nicht mehr verantwortlich sein wollte. Er hat alles mitgenommen, was man braucht, um ein einfaches Leben zu führen, hat sich eine Werkstatt eingerichtet. Ab und zu besucht ihn mal jemand von den Nachbarn. Früher war mal eine Frau bei ihm, und er hat sich dann vollends von der Welt verabschiedet, als die gestorben war. Er wird mit der Zeit alt, ist dann nicht mehr in der Lage sich selber zu versorgen. Er wartet bis es zu Ende geht oder macht dem selber ein Ende.

Er glaubt nicht, dass er den Entschluss bereut, sich zurückgezogen zu haben, denn er will an dem Leben, das drum herum stattfindet, nicht teilnehmen, so wie das die anderen tun. Aber er weiß im Grunde, dass es ein Rückzug ist. Er hat kaum Außenwirkung, leidet unter der Einsamkeit, hat keine Gesellschaft, keinen Inhalt, es fehlt der Sinn. Er macht es nur fertig, weil er denkt, er müsse bis zum Ende ausharren. Dieses Rückzugsleben war die Wahl des geringsten Übels, um nicht anderen zu schaden."

Ob diese Imagination ein Bild aus einem vorigen Leben ist oder ein Symbolbild für meinen jetzigen Zustand, vermag ich nicht zu sagen. Ich hatte die Absicht, meinen Lebensproblemen auf die Spur zu kommen. Stattdessen bin ich im Moment total verwirrt und komme mir völlig hilflos vor. Sollte es tatsächlich die Antwort auf meine innere Haltung sein, diese Gesellschaft, so wie sie ist, nicht haben zu wollen, dass die Gesellschaft auch mich nicht haben will? So wie es im Moment für mich aussieht, komme ich durch diese Erkenntnis nicht in die angestrebte Lage, mein Leben verbessern zu können. Das Einzige, was mir zu bleiben scheint, ist tatsächlich wieder nur der Rückzug. Am schlimmsten ist aber, dass nicht einmal ein Beenden des Lebens zu einer Besserung führen würde, wenn ich die Karmagesetze richtig verstanden habe, da ich dann in der Zukunft wieder vor ähnlichen oder noch schlimmeren Problemen stehen würde. Das ist eine furchtbare Sache! Das habe ich nie gewollt! Die soziale Isolation, der Mangel an Freunden, die mangelnde Aussicht auf ein selbständiges Einkommen ohne meine Eltern, das alles greift zunehmend meine Gesundheit an. Mir bleibt wohl nur noch die Aufgabe aller Versuche, endlich zu verstehen und klar zu sehen.

Kai Harster

Ich wuchs zu einem nicht umzuwerfenden Menschen

Diese Geschichte erzählt vom Leben eines Mannes, der heute 67 Jahre alt ist, zur Zeit ein tiefe Trauer erlebt und doch weiß, dass alles gut ist – was immer auch geschah, geschieht, geschehen wird.

Ich bin Kai Harster, lebe in dem kleinen Ort Sülfeld im Kreis Segeberg (Schleswig-Holstein). Ja, ich bin trotz der Trennung von einem sehr lieben Menschen in einem Zustand der Bewegung, der Veränderung, des Neuanfangs. Es geht mir gut.

Ich kam in München als Sohn einer Schauspielerin und eines Journalisten zur Welt. Es waren die letzten Kriegsjahre. Auch heute noch höre ich die heulenden Sirenen, die meine Mutter und mich in den Keller-Bunker schickten, um Schutz vor den Fliegerbomben zu suchen. Ich erinnere mich sogar an die Zeit, als meine Mutter diese Treppen hinuntereilte – ich in ihrem Leib, ich, das noch nicht Geborene, ihre Angst spürend.

Meinen Vater lernte ich erst im Alter von sechs Jahren kennen. Er war in Kriegsgefangenschaft gewesen. Damals lebten mein Bruder Ralf (er ist zwei Jahre jünger) und ich bei unseren Großeltern in Ahrensburg. Ich war so aufgeregt, dass ich mich unter dem Tisch im Wohnzimmer versteckte. Ich hörte die tiefe Stimme des Vaters, der mich bat, ihm doch wenigstens die Hand zu geben. Wie muss dieser Satz auf einen kleinen Jungen gewirkt haben: Sechs Jahre nur Erzählungen über diesen Mann und dann lediglich ein Händedruck.

Diese beiden Erlebnisse, die Angst der Mutter in ihrem Leibe spürend und die Enttäuschung beim Kennenlernen des Vaters, prägten das Verhältnis zu meinen Eltern. Dies soll keine Beurteilung, kein Vorwurf sein – es ist die Aufarbeitung, die Feststellung der damaligen Ereignisse. Sowohl Mutter als auch Vater mussten die Dinge damals so tun und leben, wie sie es vermochten. Aber meine Beziehung zu Frauen und Männern, ganz gleich ob es Verwandte oder Freunde sind, ist nie so gewesen (und ist es auch heute nicht), wie ich es mir gewünscht hätte: Voller Harmonie, Freude und Leichtigkeit. Stattdessen war und ist mein Leben mit ständiger Unruhe und Furcht vor dem Verlassenwerden, dem „nicht mehr geliebt werden" angefüllt. Ist es nicht verwunderlich, dass ich trotzdem sage: „Es geht mir gut"?

Ja, ich habe einige Zeit gebraucht, um mir dessen bewusst zu werden. Eigentlich erst in den letzten zwölf Jahren. Seitdem ich im Vorruhestand bin, nicht mehr als Journalist arbeiten muss, mein Leben sich grundlegend geändert hat. Doch der Reihe nach: Meine Lebens- und Arbeitszeit als verantwortlicher Redakteur in einem großen Verlag, bei einer Zeitung mit hoher Auflage, hat mir zwei wichtige Dinge geschenkt: Das auf den Punkt kommen, ganz gleich, um was es sich für eine Geschichte handelt, und die finanzielle Unabhängigkeit (ich bin trotzdem kein wohlhabender Mann) in der zweiten Hälfte meines Lebens. Dass ich in dieser Zeit mit all ihrer Hektik schon früh weiße Haare und tiefe Falten in meinem Gesicht bekommen habe, sind nur äußerliche Anzeichen. Tiefer sitzen der noch immer unruhige Schlaf und oft die Ungeduld, wenn etwas nicht ganz so schnell klappt, wie ich es mir wünsche.

Nachdem ich 1995 in den Vorruhestand ging, veränderte sich meine Seins-Energie: Ich begann endlich die Kreativität zu leben, die ich mir immer gewünscht hatte. Ich bewegte Farben, Klänge, Rhythmen, Worte. Ich wurde zu einem Performance-Künstler, der aus der Spontaneität schöpfte. Es entstanden Seelenbilder, Traumreisen, erzählte und gesungene Geschichten und ich tanzte. In einem kleinen Restaurant sprach ich auf Vernissagen mit den Bildern verschiedener Künstler – irgendwann dann auch zu meinen eigenen, begleitete mich dabei auf einer südafrikanischen Kalimba (auch Daumenklavier genannt).

Im Laufe dieser Zeit – es waren vielleicht zwei Jahre vergangen – lernte ich eine spirituelle Frau kennen, die meine Kreativität mit ihrer Arbeit als Therapeutin verband. Ich trommelte auf ihren Tanz-Meditationen, ich bekam durch sie den ersten Reiki-Grad, ich machte mich vertraut mit der Cranio-Sackral-Therapie, und ich erfuhr vieles über Reinkarnation und Karma. Es waren innere Krisen, die mich bewegt haben, nach Anhaltspunkten in früheren Leben zu suchen. Das Initial-Erlebnis geschah in Schweden, als ich mit meiner Partnerin in einer kleinen Kirche war. Ganz plötzlich spürte ich, wie sich eine unsichtbare Hand auf meine rechte Schulter legte und eine leise Stimme sprach: „Begib dich auf den Weg der Klärung. All deine Kümmernisse, deine Angst, nicht geliebt zu werden, deine Unfähigkeit, Partnerschaften liebevoll zu leben, werden sich auflösen, wenn du den Weg zu dir, in dein wahres Inneres, gehst." Plötzlich war mir klar, was meine eigentliche Lebensaufgabe war: Ich begab mich auf den spirituellen, den geistigen Weg.

Ich fragte meine Partnerin nach dem Namen und der Adresse einer ihr bekannten Reinkarnationstherapeutin. Zwei Wochen später erlebte ich meine ersten Rückerinnerungen an frühere Leben. Die dort erlebten Geschehnisse haben mich dahin geführt, mich auf den Weg, den ich heute gehe, zu machen. Seit einigen Jahren weiß ich, dass es meine wahre Berufung ist, anderen Menschen zur Seite zu stehen, ihnen zu helfen, wieder in ihre Kraft, in ihre Mitte zu kommen. Natürlich bin ich auch da, um den Menschen Freude zu bereiten mit meiner bewegten Kreativität durch Farbe, Klang, Rhythmus, Wort und Fließen. Auch zu diesem neuen „Ausleben" haben meine Rückschauerlebnisse beigetragen.

Ich werde mich niemals als Heiler bezeichnen. Dieser Begriff ist für mich falsch und überheblich. Denn nur der jeweilige Mensch selbst kann sich heilen. Wir, die wir spirituell arbeiten, können höchstens unsere Klienten dabei unterstützen, ihre seelischen, geistigen und körperlichen Blockaden zu überwinden, um dann wieder in ihre wahre Kraft, ihre eigentliche Mitte zu gelangen. Deshalb bezeichne ich mich als „Energetischer Helfer."

Die Kräfte der Farben, des Klangs, der Worte und des Rhythmus, die ich als Performance-Künstler in Bewegung setzte, brachte ich nun in mein geistiges Wirken ein. Ich spielte auf dem Sonnengong, um damit zahlreiche Klienten wieder in ihre innere, wahrhafte Harmonie zu bringen. Ähnliches erreichte ich durch das Arbeiten mit Farben, die körperliche und seelische Gesundheit beeinflussten.

Die interessierten Menschen kommen zu mir als einzelne Person oder auch in kleinen Gruppen. Auf Wunsch besuche ich sie auch in ihrem Zuhause. Ich arbeite auf Spendenbasis, die sich aus den persönlichen und finanziellen Möglichkeiten ergibt. Eine Einführungsstunde ist kostenlos. Ich verspreche keine Wunder – doch die gemeinsame Arbeit kann viel zum Wohlergehen der Klienten beitragen.

In dieser Zeit entstanden neben zahlreichen Gemälden auch drei CDs, die ich mit verschiedenen Musikern und Klangkünstlern aufnahm. Da gab es „Tatanka Mani", spirituelle Musik von diversen Interpreten gespielt. Auf mehreren Titeln erklingt meine Stimme – mal sprechend, mal singend. Dann erschien die CD „Die Stille hören", meditative Klavierimprovisationen und schwingende Klangschalen-Sounds. Meine Musik wurde von vielen Käufern als idealer Weg zur Entspannung und für Traumreisen empfunden. Außerdem sprach ich Texte zur Musik von meinem Freund Holger Glas, die sich mit der Progressiven Muskelentspannung befasste. Der international bekannte Autor Joachim Ernst Berendt, der so wunderbare Werke wie „Nada Brahma – die Welt ist Klang" veröffentlicht hat, schreibt: „Gott hungert nach Liedern" und „Im Gesang der Musik wächst die Welt". Ich würde mich freuen, wenn ich mit meinen Klängen nur einen ganz kleinen Teil dieser kosmisch-musikalischen Harmonie beigetragen habe...

Die Rückführungen und mein heutiges Leben

Im Rahmen mehrerer Rückführungen erlebte ich mich als mystischer Lehrer in Ägypten, etwa vor 3000 Jahren. Im Gegensatz zu dem damals herrschenden Glauben an mehrere Götter, vertrat ich öffentlich die Meinung, dass es nur einen Gott, eine kosmische Kraft, einen einzigen Glauben gab. Diese These und Überzeugung brachten mich vor Gericht. Das Urteil wurde von meinem Vater gesprochen, der dieses Gericht leitete. Doch auch dort machte ich aus meiner Meinung keinen Hehl und wurde erneut angeklagt. Diesmal warf man mich in eine Schlangengrube. Als mich die erste Schlange gebissen hatte und das Gift durch meine Adern floss, erstarrte ich zu Stein. Mein Körper wuchs zu einer riesigen Skulptur. Wie durch ein Wunder erhob ich mich aus der Grube und schwebte in die Nähe einer Pyramide, ließ mich neben einer gewaltigen Ramses-Statue nieder.
Die Parallele zu meinem heutigen Leben: Ich versuche bei meiner geistigen Arbeit für absolute Klarheit zu sorgen. „Glaubt nicht an irgendwelche Gurus, Meister, Führer – sie können euch nichts versprechen, sie können euch nicht heilen. Nur ihr selbst, euer kosmisches Bewusstsein, eure ganz eigene Kraft führt zu euch. Nur so könnt ihr euch heilen." Damit habe ich, wenn ich anderen spirituellen Mitmenschen von dieser Überzeugung erzähle, schon die größten Schwierigkeiten bekommen. Man beschimpfte mich als Scharlatan, als Lügner, als geistigen Verbrecher. Man bestrafte

mich, indem diese Menschen nicht mehr mit mir sprachen, mich mieden, mich öffentlich verurteilten, in Worten und Taten. Doch ich blieb bei meiner Überzeugung und wuchs zu einem nicht umzuwerfenden Menschen.

In der nächsten Rückführung war ich ein indianischer Schamane, der hoch auf einem Berg stand, mit erhobenen Armen in die aufgehende Sonne schaute, ihre allmächtige Kraft in sich aufnahm und sie weitergab an die Menschen, die am Fuße des Berges warteten und zu ihm aufblickten.

Die Parallele dazu ist denkbar einfach: Ich nehme die strahlende Kraft der Sonne bei meinen Arbeiten mit den Klienten genauso auf – oft über den Klang des Sonnengongs oder auch draußen in der Natur (was ich ganz besonders gern mache) – und lasse sie durch mich in sie strömen. Ich empfinde mich dabei als energetischer Transformator, also wieder ein Helfer, kein Heiler!

Dann erlebte ich mich als ein Ritter, der mit seinem Schwert Streitigkeiten schlichtete. Dabei gebrauchte er die Waffe nicht kriegerisch oder gewaltsam – er hob das Schwert nur hoch ins Licht, ließ die Kraft und das Strahlen sich darin spiegeln und sandte sie in alle Sinne der gegnerischen Parteien. Ohne ein Wort zu sagen, ein Urteil zu sprechen, lösten sich die Zwistigkeiten ganz allein auf.

Und so verfahre ich auch heute – in vielem, was ich tue. Ich versuche Menschen, die zu mir kommen und sich über ihre Partner, Mitmenschen oder Arbeitskollegen beschweren (weil sie meinen, dass sei die Ursache für ihre eigenen Probleme) zu überzeugen, indem ich sie in einer Meditation ins kosmische Licht der Liebe schauen lasse. Erstaunlich, wie oft danach ihre Blockaden, Schmerzen oder Ängste geringer werden. Für mich jedes Mal wieder ein Wunder.

Meine Arbeit als Klang- und Farbenhelfer spiegelt sich in einer der wunderbarsten Rückführungen wieder: Ich war keine Person mehr - nur noch Energie, die nichts Körperliches mehr hatte. Ich verwandelte mich in einen Dom von aufsteigenden Säulen, die aus überirdischer Musik und gleißenden Kaskaden unglaublichen Lichts und nie gesehener Farben bestanden, vibrierten, schwangen. Alles vereinte sich zu einer wahrhaft paradiesischen Einheit. In diesem Moment war ich Gott sehr, sehr nahe und unendlich dankbar.

Die wohl fantastischste Reise durch zahlreiche menschliche Existenzen, durch tierische Seins-Zustände, immer wieder geboren werden und sterben. Zu Stein und Wasser werden, bis sich dann der letzte Riss in der absoluten Vollkommenheit schließt und eins wird mit dem All der Liebe. Ein Symbol der Ewigkeit, der Unendlichkeit, des Einverstandenseins mit der göttlichen, kosmischen Kraft!

Ich mag diese eben erwähnte Reise nur andeuten. Sie war zu gewaltig, um in Worte gefasst zu werden. Nur soviel: Es ist die Kraft, die mir die Gewissheit gibt, dass die Trennung von dem geliebten Menschen (den ich zu Beginn erwähnte) ein neuer Weg, eine Wandlung, ein nochmals neues Leben schenken wird. Ich bin dieser wundervollen Frau dankbar, dass ich jetzt die Chance habe, trotz meiner 67 Jahre wieder ins Glück, in die kosmische Harmonie zu fließen – und alle meine Unruhe und Furcht, nicht mehr geliebt zu werden, hinter mir lasse. Ich spüre eine große Zuversicht, dass alles was geschieht gut ist!

Marie-Sabine Gerber

In den Klauen des Systems

Als ältestes von zwei Kindern, die im Abstand von sechzehn Monaten geboren wurden, kann ich mich an unzählige Spielsituationen mit meinem Bruder erinnern, in denen es um die Thematik von Arbeit ging. Im Vordergrund der Erinnerung blieb: ich war immer die Tonangebende, mein Bruder schien mir viel jünger, wir arbeiteten sehr eng und vertraut zusammen und meine Rollen waren klassisch weiblich: Mutter und Lehrerin.

Wenn auch auf der Sekundarschulstufe sozial schlecht integriert, u. a. da immer wenigstens ein Jahr jünger als meine Klassengefährten, so war mir Schularbeit Freude und die Rolle der Schülerin eine angenehme. Ich liebte das Lernen und verehrte Lehrpersonen, die zu begeistern verstanden, wobei mir das sprachlich-bildliche Denken näher stand als das Mathematische. In der Freizeit las ich stoßweise Romane mit historischen oder kultur-geografischen Hintergründen. Mit dreizehn Jahren wurde mir im Rahmen der Berufswahlkunde die Aufgabe gestellt, eine Person zu interviewen, die den eigenen Traumberuf ausübte. Ich besuchte eine schweizweit bekannte Schriftstellerin, die lange in Indonesien gelebt hatte, und daraus künstlerisch schöpfte.

Mit vierzehn Jahren beendete ich die obligatorische Schulzeit und wechselte an die Mittelschule. Zu dieser Zeit gab es im Kanton Bern neben den verschiedenen gymnasialen Typen, die zur Matura, dem schweizerischen Abitur, führen, das Lehrerseminar. Dieses führte in einem weiteren Jahr als ein sprachliches oder naturwissenschaftliches Gymnasium zu einem Maturaäquivalent ohne Latein. Gleichzeitig bot dieses Lehrerpatent die Berechtigung, an Primar- und Oberstufen niedrigen akademischen Niveaus als fachliche Allrounderin vollverantwortlich angestellt zu werden. Dorthin wurde ich geschickt. Es scheint mir bis heute nicht meine eigene Entscheidung. Sie wurde äußerlich von meinen Eltern – was gleich zu setzen ist mit: „meiner Mutter und ihrem Diener" – getroffen und nie eine professionelle Berufsberatung einbezogen. Ich war sehr gern und erfolgreiche Babysitterin, schien also auffallend guten Zugang zu Kindern zu haben. Von meinen akademischen Leistungen her wäre mir aber ebenso ein Gymnasiumstyp mit Latein und Griechisch möglich gewesen. Hätte man meinen Traumberuf des Schreibens ernst genommen, so wäre ein Hochschulabschluss zum Beispiel in Journalistik oder Germanistik eine bessere Grundlage gewesen. Aber geprägt durch die Art und Weise, wie die Geschlechterrollen in dieser Familie gelebt wurden und durch die Art meiner Mutter, sich die Willen der Familienmitglieder fügsam zu machen, akzeptierte ich die Wahl zunächst fraglos. Unausgesprochen ging man von der Annahme aus, beim Mädchen sei die künftige Partnerwahl letztlich wesentlicher als die Entwicklung der eigenen Fähigkeiten. Zudem stand dem Mädchen ein Bildungsaufstieg gegenüber dem Vater nicht zu, während er vom sehr viel weniger daran interessierten Sohn erwartet wurde.

Ich hatte das Gefühl, dass meine Fähigkeiten unterdrückt werden sollten. Dennoch bin ich bis heute Lehrerin.

Die Ausbildung hatte eine stark künstlerische Ausrichtung und, wie ich später merkte, war eine große Gruppe des Lehrkörpers mit der Anthroposophie verbunden. Die Schule wurde zu meinem Zuhause.

Nach einem Jahr als Gastschülerin in den USA, stellte ich mich mit neunzehn Jahren finanziell auf eigene Beine. Ich bezog ein winziges Zimmer in einer Wohngemeinschaft, hatte eine zunehmende Anzahl Nachhilfeschülerinnen und -schüler, auch andere wechselnde Jobs, in Küche, Service, Altenpflege und als Vertreterin an Sprachschulen für Deutsch für Ausländerinnen und Ausländer oder Englisch. 1990 hatte ich die Cambridge Proficiency Prüfung bestanden, die mir die Lehrberechtigung brachte. Ich erinnere mich an meine ersten Erfahrungen im Unterrichten von Menschen, die älter waren als ich. Auch durch die Rückmeldungen aus den Berufspraktika gewann ich Selbstvertrauen in der Rolle der Lehrerin schon vor dem Abschluss, der kurz vor meinem 21. Geburtstag erfolgte. Das Gefühl, einen Beruf zu haben, mit dem ich mich finanziell durchbringen kann, blieb bis zum heutigen Tag bestehen.

Mit 21 stand „Aufbruch" groß an und nicht das Interesse, in einem Schulzimmer nur den Platz zu wechseln. Ich übernahm zwei Stellvertretungen in mehrklassigen, ländlichen Situationen mit dem Ziel, Geld für eine Reise zu verdienen. Ich hatte im Sommer zuvor meinen Freund verlassen und begann meine „Ehe" mit dem Wesen Schule. Erstmals tauchte die Frage meines Umgangs mit dem Männlichen bezogen auf Arbeit auf. Da gab es einerseits die lauten Tonangeber für mich zu gewinnen, andererseits erhielt ich den ersten von mehreren Blumensträußen ins Schulzimmer geliefert - diesen vom Buschauffeur, der mich morgens hinfuhr. Ich bekam echte Disziplinschwierigkeiten und kann mich an Schultaschen voller Papierflugzeuge erinnern, deren ich nicht Herrin wurde.

Nach etwa acht Monaten in Indien, Thailand, Malaysia und Burma entschied ich mich für einen Weiterflug ostwärts mit der Absicht, in dem mir unbekannten Neuseeland Arbeit zu finden. Ich hatte in Burma die seltene Möglichkeit einer Visumsverlängerung erhalten, um meine in Indien begonnene buddhistische Meditationspraxis zu vertiefen. Ich war dadurch in Erfahrungszustände gekommen, die mich zum Weiterschreiten aufforderten. Auf der Flugreise nach Auckland unterhielt ich mich mit einem Schulvater der größeren Steinerschule dieser Stadt. Ich verstand dies als Aufforderung, meine seit Jahren intensive spirituelle Suche mit meinem Beruf zu verbinden. Kurz danach saß ich in meinem ersten anthroposophischen Arbeitskreis in einer anthroposophischen Arztpraxis und wurde auf Händen getragen. Mehrere Menschen bemühten sich aktiv, mir Tür und Tor zu anthroposophischem Tun in Lesekreisen, an Vorträgen, bei Eurythmie und Malen, an Wochenenden bei Mitarbeit auf einem Hof zu öffnen, denn man hielt mich für begabt. An Anschlagbretter geheftete, handschriftliche Annoncen brachten mir private Sprachschüler, daneben hatte ich wechselnde Jobs in Kinderkrippen und als Stellvertreterin in Staatsschulen. Bedingt durch mein Angebot, über eine Volkshochschule einen Deutschkurs anzubieten, hatte ich eine offizielle Arbeitsbewilligung erhalten. In diese Zeit fallen meine ersten Erfahrungen mit Ängsten, Arbeit zu erhalten, und der Übung von Zuversicht. Für die Arbeit an einer Steinerschule reichten meine Qualifikationen nicht. Also zog ich nach sieben Monaten weg von Auckland und begann das Taruna Waldorf Teacher Training in Havelock North. Daneben baute sich rasch wieder eine zunehmende Zahl Privatschüler auf und ich unterrichtete französische Aussprache an einer Gesangsschule.

Nach einem absolvierten theoretischen Jahr beschloss ich ein Praktikumsjahr an der einzigen Waldorfschule Neuseelands, die sich frei von staatlichen Geldern gehalten hatte. In diese Zeit fällt meine erste Erinnerung an eine durch Finanzen bedingte soziale Hässlichkeit: Ich hatte mich bereit erklärt, an dieser kleinen Schule eigenverantwortlich einen Förderbereich für die in die Klassen integrierten seelenpflege-bedürftigen Kinder einzurichten und nach der Epochenzeit als Deutschlehrerin in die Klassen zu gehen.

Während des Sommers kümmerte ich mich um einen kleinen autistischen Jungen. Nach den Ferien wurde mir erklärt, der vereinbarte finanzielle Betrag sei leider für die Schule nicht zu leisten. Es gab niemanden, den ich zu meiner Hilfe hätte einbeziehen können, ich war 23jährig. Dennoch war klar, dass ich dort mithelfen wollte. Extreme Bescheidenheit in der Lebensführung fiel mir von jeher nicht schwer. Ich mietete sehr günstig ein winziges Häuschen mit offener Feuerstelle unmittelbar an traumhaft schönem Strand, pflegte dessen Rasen und die Zitronenbäume, legte in fruchtbarer Vulkanerde etwas Gemüse an und lernte wild wachsende Kräuter kennen. Bald konnte ich sogar ein altes Klavier kaufen. Zusammen mit einer lieben Schülermutter wurden die Wände des kleinen Raumes, der meinem Förderunterricht dienen würde, bemalt, Vorhänge genäht und Materialien gesucht. Die Arbeit begann mit einem epileptischen Mädchen und einem Jungen mit Downsyndrom. Rasch stieg die Zahl der Kinder, die einzeln oder in Kleingruppen zu mir geschickt wurden.

Bis zum heutigen Tag gilt mir das Jahr als Praktikantin an der Titirangi School als mein schönstes Lebensjahr. Ich war sozial gut integriert, konnte kreativ arbeiten, erfuhr Wertschätzung in der Arbeit und lebte in erholsamer Natur.

Ende Dezember 1995 kehrte ich in die Schweiz zurück. Die Klassenübernahme an einer Waldorfschule war meine Absicht. Zu meiner großen Überraschung war die anthroposophische Landschaft in der Schweiz völlig anders als in Neuseeland. So sagte man mir in Zürich im Januar 1996: „Gehen Sie noch etwas ins Staatsschulsystem üben." Ich empfand dies zwar als Erniedrigung, fühlte aber gleichzeitig meine eigenen Widerstände, mich mit dieser Schule zu verbinden. Nach einer kurzfristigen Vertretungsstelle in einer staatlichen Schule übernahm ich für ein Quartal eine siebte Klasse an einer Internatsschule für „schwierige Kinder," die mit dem Waldorflehrplan arbeitet. Zunächst bestand die Idee, dort länger zu bleiben. In den Strukturen der Schulführung sah ich bald starke Widersprüche zu den Idealen. Ich verließ den Ort und erhielt kurz darauf die Aufgabe einer Sonderklasseneröffnung für fremdsprachige Kinder in einem Vorort Berns. Um freie Zeit stand es nun aber anders bestellt als noch in Neuseeland. Im Kanton Bern war damals auch der Samstag ein halber Schultag. Einen Teil des Sonntags verbrachte ich in der Schule für Vorbereitungen. Intensive Zusammenarbeit mit Sozialarbeitern war nötig, Elterngespräche brauchten oft Dolmetscher. Meine meditative Arbeit versuchte ich zu vertiefen. Meine Suche galt allzu hohen Idealen.

An meiner Aufgabe an der Vorstadtschule erlebte ich starke persönliche Kräftegrenzen und Schwierigkeiten, mit der Herausforderung des sunnitischen Islams und einer extremen Macho-Haltung umzugehen. Die Klasse war nicht nur altersmäßig sehr heterogen, sondern auch kulturell. Täglich konnte ein neues Kind überraschenderweise dazu kommen, während die Aufenthaltsdauer oft zeitlich nicht zu definieren war. Die Auseinandersetzung mit Folgen politischer Krisengebiete und individuellem Umgang ungerechter Verteilung materieller Güter war intensiv und spannend. Was war zu tun, wenn die achtjährige Tochter einer brasilianischen Prostituierten den neunjährigen somalischen erstgeborenen Sohn zu Verhalten reizte, das sich nicht gut mit der aufgeklärten Haltung einer Schweizer Lehrerin vertrat? Wie war innerfamiliären Hierarchien zwischen Geschwistern in der Schule beizukommen? Konnten zunehmende Gewaltdrohungen gegen Schweizer Kinder, die verhältnismäßig in Luxus leben, nicht auch als verzweifeltes Unverständnis über die wirtschaftliche Ungerechtigkeit verstanden werden? Ich befand mich in einem Auftrag, mich um Menschen am Rand der gesellschaftlichen Norm zu kümmern. Selber sah ich mich aber in hohem Maß auch als Randphänomen. Ich vermochte mich mit den Heimatlosen genau so zu identifizieren, wie mit gewissen Aspekten von Seelenpflegebedürftigkeit.

Die pädagogische Aufgabe bot viele Möglichkeiten, intensives Gebetsleben in der Praxis fruchtbar zu machen. Dennoch schienen sich die Systemstrukturen meinen Bemühungen entgegen zu stellen. Im Kollegium gab es zwei Gruppen, wobei Macht, Mobbing und gegenseitige Vorwürfe Thema waren. Ich war keiner Gruppe zuzuordnen. Der jüngste des Schulleitungstrios, ein musikalischer Mann, war von mir berührt und enttäuscht, als ich schon im zweiten meiner Jahre eine Kündigung zum Schuljahresende einreichte. Bis zum entsprechenden Termin hatte sich eine Kleingruppe zusammen gefunden, die den Aufgabenbereich änderte. Initiative zur Veränderung zu ergreifen und dadurch auch andere dazu anregen, scheint mit zu meinen wiederholten Aufgaben zu gehören. Die Weiterreichung der aufgebauten Arbeit konnte diesmal, wie auch in Neuseeland sehr positiv erfolgen.

Kurz vor Weihnacht 1997 war ich erstmals in Emerson College (England) zur Vorbereitung einer Tagung. Es folgte eine Einladung auf ein Gut in Nordfrankreich, um im Kreis von fünf Menschen aus vier Nationen einige Tage zu verbringen und das Jahr 1998 zu erwarten. Unsere intensiv betriebene Studienlektüre waren Sagen des Artuskreises, die abends bis spät an offener Feuerstelle besprochen wurden. Diesem Umkreis fühlte ich mich karmisch tief verbunden.

Ich kehrte in die Schweiz zurück, doch meine Sehnsucht nach England nahm ich mit. Ab Sommer 1998 lebte ich als Waldorfklassenlehrerin in der Kleinstadt Winterthur. Interesse an regelmäßigen gemeinsamen Meditationsstunden empfand ich nicht mehr. Zwei Mal jährlich reiste ich während der drei Schuljahre in Winterthur nach England. Ich suchte nach einer Heimat innerhalb der anthroposophischen Gesellschaft, da ich die Verhältnisse in der Schweiz als zu verhärtet erlebte. Diese Hoffnung und Gewissheit, es gäbe für mich einen passenden Ort auf jener Insel, half mir durch schwierige Erfahrungen an der Steiner Schule Winterthur. Schon sehr bald stand ich in einer Polarität. Einerseits erlebte ich meine Verbindung zur den Kindern und der Elternschaft der Klasse wie ein Wunder. Ich erlebte eine enorm starke Unterstützung durch die Eltern, arbeitete aber ständig bis an meine Kräftegrenzen. Dadurch stellten sich mir viele Fragen zum Fluss von Ätherkräften, vor allem die Frage von Raubbau, betrieben durch die Strukturen im Kollegium.

Nach dem ersten Schuljahr in Winterthur verbrachte ich den Sommer in Sussex, begegnete dort dem Schriftsteller und Karmaforscher Jostein Saether und erfuhr durch seine Art der Karma-Arbeit in der Gruppe einen überwältigenden inneren Durchbruch. Mit 21 hatte ich eine sehr starke Christus-Erfahrung im Gefühlsbereich erlebt, die mich in der Folge trug, mit 28 erhielt diese Beziehung eine ganz neue Dimension.

Die Öffnung war so stark, dass ich für den Rest des Sommers täglich in neue Aspekte eines imaginativen Erlebens kam und sich meine ganze Sicht der Welt und mein Denken rapide veränderten. Gleichzeitig war die Überwältigung groß. Ich empfand den Drang, mich mitzuteilen und suchte nach Ansprechpartnern. Ich wurde wiederholt nicht verstanden. Was sollte ich tun mit dem mich sehr stark bedrängendem Wissen, für das es keine Ohren gab?

Mein gesundheitlicher Zustand verschlechterte sich, während die Klasse blühte. Ohne meine Klassen-Elternschaft hätte ich das dritte Jahr nicht mehr geschafft. Von einer Ärztin, die glücklicherweise meine inneren Erfahrungen nicht verurteilte, wurde ich als erschöpfungs-depressiv diagnostiziert. Ich hatte einen alten, weißen Mercedes-Combi gekauft, außer einigen Kisten mit Schulmaterialien wurde alles verschenkt, das nicht ins Auto passte. Mein Ziel war England, in der Absicht, dort zu bleiben. Ich war unterdessen 30jährig und tief verletzt und enttäuscht durch die Arbeitsumstände, die ich an meinen Idealen maß, die ihnen nicht entsprachen. Heute lese ich meine eigenen Projektionen darin und erkenne meine Unfähigkeit meine Kolleginnen und Kollegen liebevoll zu begleiten. Die Situation hatte mich überfordert.

Was ich suchte waren Menschen, mit denen ich zusammen arbeiten könnte, aus der Kraft gegenseitigen Erkennens und der daraus resultierenden Liebe. In England lebten starke Spuren der Anfänge anthroposophischer Heilkunst, die aus Karmaerkennen geboren war. Es war abgemachte Sache, dass ich als Hausmutter in einem neuen pädagogischen Projekt für schwererziehbare, sozial schlecht integrierte Straßenjungen aus den Vorstadtteilen der großen Industriestädte unweit der dortigen Klinik einsteigen würde. Ich hatte die Initiative besucht und war von manchen Aspekten des Konzeptes sehr begeistert. Umso schwieriger war mein Erwachen, dass die Führungsstrukturen denjenigen von Winterthur glichen. Macht und Mann wurden für mich zu einem Synonym und zur Wand, die ich nicht durchbrechen konnte, die mich zerstörte. Gleichzeitig merkte ich, dass ich eine gewisse Macht durch weibliche Verführungskraft besaß. Diese einzusetzen brachte aber auch Gefahren. Dennoch begann ich in dieser Zeit ein Spiel mit der Grenze zwischen meiner Hinwendung zu Ästhetik und dem Einsatz meiner Wirkung als Frau in stark durch Männer geprägtem Umfeld. Ich widmete mich nicht nur den eintreffenden Jungs, sondern räumte das Haus auf und besorgte die dringend nötige innendekorative

Gestaltung. Deutlich wurde mir, das Weibliche ist dringend nötig, auch in der Berufswelt, aber es besteht eine große Verwirrung was es eigentlich ist. Eines der Muster von Unterdrückung ist Anpassung. Spiele ich mit Verführung als Macht, degradiere ich das Weibliche und läutere die Energien nicht. Nach zwei Monaten verließ ich den Ort, denn die Führungsmuster waren derart angelegt, dass die Jugendlichen bei Problemen herum geschoben wurden. In diese Entscheidungen wurde ich als Hausmutter nicht einbezogen. Die Arbeitspartnerin, die mir im Haus zur Seite gestellt wurde, war für mich eine zusätzliche Schwerstlast.

Nun war ich in England, stand aber nicht nur ohne Arbeit da, sondern auch noch immer ohne Arbeitsbewilligung. Die pädagogische Einrichtung hatte meinem Drängen, dies vor meiner Einreise zu erledigen, nicht entsprochen. Ich hatte in Stourbridge ein Konto eröffnet und einen Lohn bezogen. Dies soll erwähnt werden, da dieser Lohn, obwohl ich sogleich als ich es bemerkte Nachricht gab, über meine Zeit in der Einrichtung hinaus ausbezahlt wurde. Das Fließen von Geld und das Leisten von Arbeit zeigten sich als zwei getrennte Elemente. Darin liegt für mich ein zentraler Punkt, Arbeit und Geld zu verstehen.

Während ich einerseits mich durch einen Fernkurs der University of York in das Phänomen der Dyslexie, einer Form der Legasthenie, vertiefte, und einen Jungen intensiv bei sich zu Hause begleitete, fand angeregt durch kleine Annoncen wieder eine kleine Gruppe Kinder zu mir. Zudem nahm ich privat ein, zwei Putzdienste an und ertastete meine Möglichkeiten zu unterrichten. Verschiedene Hospitationen an der lokalen Steinerschule fanden statt. Aber auch mit diesem Schulwesen wollte ich mich nicht verbinden. Mit Erstaunen erkannte ich, dass sich England und die Schweiz in gewisser Hinsicht nicht stark unterscheiden, oder dass ich noch immer die gleichen Themen anzog. Die staatliche Anerkennung meiner Lehrberechtigung erwies sich als schwierig, da ich nicht EU-Bürgerin bin. Nach enorm hohem Aufwand hatte ich schließlich entgegen allen Widerständen dank einer Grundschule und einer Lehrerbildungsstätte einen Stempel für eine dreijährige Aufenthaltsdauer, Studium und Teilzeitarbeit im Pass. Dies zu erreichen war sehr nervenaufreibend. Es galt in vielen Warteschlangen Geduld zu üben und das Phänomen von Landesgrenzen hautnah als Hindernis zu erfahren. Getragen wurde ich einzig von meinem Eindruck, auf alte Freunde gestoßen zu sein.

Ich hatte vermutlich dem Artusstrom gedient, so sagten meine inneren Bilder. Ich trug die Gefühle in mir, die der Besuch Tintagels und anderer Küsten in Wales ausgelöst hatten. In einer Meditation hatte sich ein hohes Engelwesen zu mir gesellt, das nicht mehr im Sinne seiner ursprünglichen Impulse wirken konnte und von dem ich glaubte, dass es durch mich zu einer neuen Wirksamkeit gelangen könnte.

Die organisierte spirituelle Arbeit, die ich im Ort erlebte, befriedigte mich nicht, Austausch gab es auch hier nicht für meine inneren Erfahrungen. Kurz vor Ostern 2002 entschied ich mich zur Rückkehr in die Schweiz, wo mein Lehrerabschluss anerkannt war. Um diese Zeit nahm ich am Gründungstreffen des Arbeitskreises für geistige Forschung von Heide Oehms teil, die ich durch ihr Buch „Karma-Erkenntnis - Warum?" kennen gelernt hatte und mit der ich seit Herbst 2000 arbeitete.

Kein Jahr war vergangen seit meiner „Auswanderung", ich fand mich auf neue Art unfähig zur Eingliederung in verhärtete Strukturen und musste weitere Illusionen zerbrechen, sowie meinen Umgang mit den karmischen Bildern neu bedenken. Warum überhaupt darüber reden? Warum Zusammenarbeit wünschen? Lebte in meinem diesbezüglichen Anliegen nicht auch der Wunsch etwas Besonderes darzustellen? Ist ein „reden darüber", wenn sich nicht alle Beteiligten in gleicher Weise äußern können, etwas anderes als Machtausübung? Muss meine innere Arbeit nicht noch in hohem Maß an Tiefe gewinnen, bevor es möglicherweise nach außen gehen wird?

An oberster Stelle meiner Prioritäten in den Tagen der Neuorientierung war, keine Nacht im Haus meiner Eltern zu verbringen. Dies war die nächste Bindung, die in aller Tiefe und umfassend angegangen werden musste. Ich übernahm zwei Stellvertretungen an Sonderklassen und erlebte mich sehr nackt ohne „anthroposophische Hülle". Wohin konnte ich in der Schweiz ausweichen? Mein nächster Fluchtversuch war die Suche einer mehrklassigen Landschulstelle irgendwo zwischen Tälern und Bergen. Ich dachte mit Wehmut an „meine Kinder" in Winterthur und kam mir gescheitert vor. Der weiße, unterdessen sehr durchgefahrene Mercedes wurde verschenkt. Nach einem Gespräch mit meinem Bruder meldete ich mich in der gleichen Luzerner Landgemeinde, in der er im großen Schulhaus arbeitete, zur Übernahme einer Vakanz an einer Außenschule. Das Schulhäuschen umfasste nur zwei Zimmer, wobei ich die kleineren Kinder von der ersten bis zur dritten Klasse unterrichtete, und ein anderer Lehrer die größeren Kinder bis zur sechsten Klasse. Den Vertrag hatte ich unterschrieben, es graute mir vor der Sommerpause so allein und ich entschied, meine letzten Geldreste aufzuzehren und einen Monat mit kleinem Rucksack Ägypten zu bereisen.

Im folgenden Jahr wohnte ich in der Entlebucher Talgemeinde und unterrichtete ein Pensum von offiziellen 110Prozent, nicht einberechnet, dass ich drei Jahrgänge betreute und große stoffliche Löcher zu füllen waren. Ich war erneut morgens die erste, abends die letzte, die das Schulhaus verließ. Mein meditatives Leben war durch die hohe Arbeitsbelastung abgeflacht.

Nach nur einem Jahr verließ ich die Rolle der dorf-bekannten Lehrerin, um Studentin (Allgemeine Pädagogik, Neueste Weltgeschichte, Pädagogische Psychologie) zu werden. Noch immer gefangen in der Vorstellung, es müsse monatlich Geld auf mein Konto gelangen, suchte und fand ich eine Teilzeitstelle in Bern und zog ich in ein winziges Studio.

Die Stelle, die ich in meiner Selbstüberschätzung antrat, brachte mich in ein Gefühl von Missbrauch durch männliche Jugendliche, wie ich sie nie zuvor erlebt hatte. Es war ein tägliches Betreten von Höllengegenden, um dort, im Sonderschulbereich der oberen Mittelstufe, Serben, Kroaten, Albaner, Brasilianer, Türken und Kurden, Söhne von Arbeitslosen, Inhaftierten und Putzfrauen oder Bauarbeitern zu besänftigen. Der junge zwei Meter große Klassenlehrer nahm meine Anregungen einer Weihnachts-theateraufführung mit dem Motto der Herbergssuche auf und wir besuchten zusammen eine Anzahl der Elternhäuser. Äußerlich scheiterte ich dennoch und gab nach einem halben Jahr auf. Eine neue Dimension von pädagogischen Problemen ohne Lösungsansätze hatte sich mir eröffnet. Kurz nach meinem Weggang musste auch der schwierigste Schüler aus dem Umfeld entfernt werden. Ich trage ihn seither in meiner Erinnerung als den ersten Schüler, an dem ich auf meine eigene Gewalttätigkeit gestoßen bin.

Meditativ vertiefte sich in dieser Zeit meine Beziehung zu einem Aspekt der Maria-Sophia, die in den Erdtiefen reinigend wirkt. Ich versuchte die Umwandlung der dunklen Kräfte als meine Aufgabe anzunehmen. Wiederum dehnte sich der Begriff der Arbeit in ganz andere denn bezahlte Aufgaben aus.

Ohne Anstellung meldete ich mich zunächst arbeitslos und begann die Suche einer Teilzeitstelle. Der Wegfall der Lehrerrolle ermöglichte Intensivierung des Studiums, das mich in vieler Hinsicht nicht befriedigte. Ich wollte es also gern schnellstmöglich hinter mich bringen. Bald spürte ich, dass ich die durch das Arbeitsamt vorgeschriebene Anzahl Bewerbungen schrieb, mit dem Wunsch die Stelle nicht zu erhalten. Das kam mir sehr verlogen vor und ich meldete mich ab. Nun wusste ich, es galt mein Erspartes so einzuteilen, dass es mich durch meine Studienzeit tragen würde. Zunächst brachte das eine starke Verkrampfung. Zunehmend lernte ich, Arbeit und Geld neu zu denken. Letztlich geht es immer um Karma. Ich hinterlasse Spuren, entweder Spuren des Nehmens oder des Gebens, des Schuld Aufbauens oder Abtragens. Vom Kosmos erhalte ich, was ich brauche. Ganz unmöglich kann ein Mensch, der Reichtum hortet oder viel für sich beansprucht, spirituell sein. Denn er nimmt mehr als er gibt. Alle spirituellen Traditionen, denen ich in Ost und West begegnet bin, sprechen sich aus gegen Hausbesitz oder anderes Anhaften. Finanzielle Schulden deuten immer auch auf karmische hin. Vielleicht haben wir letztlich nur eine begrenzte Anzahl Fäden zur Verfügung, mit deren Hilfe wir Verbindungen eingehen. Knüpfen wir Bindungen an materielle Werte, Gedanken und Gefühle oder an spirituelle? Die drei Jahre an der Uni Bern wurden zu einem Läuterungsprozess von hergebrachten Werten und das schloss auch Gegenstände ein. Ich zog erneut um und reduzierte meinen Besitz noch weiter. An der Hochschule übernahm ich eine unbezahlte politische Aufgabe als Studierendenvertreterin dreier Institute, die sich zu einer Fakultät zusammen schlossen. Bald durchschaute ich die Strukturen so, dass ich mir ausrechnete, in wesentlich kürzerer Zeit als üblich, den Studiengang abzuschließen. So rannte ich völlig arbeitsbesessen vor der Umstrukturierung in Bachelor und Master-Studiengänge her. Tatsächlich ließ ich mich nicht einholen, selbst wenn ich einen Teil der Zwischenprüfung zwei Mal antreten musste. Dabei enthüllte sich die einzige Professorin, die ich erlebt hatte und die ich ihrer Stellung und ihrer äußeren Attraktivität wegen verehrte, als ein Folterknecht, der mir gegenüber härter auftrat als alle Männer, die ich in dieser Position erlebte. Der Durchgang durch das Studium in nur sechs Semestern gelang, allerdings stand ich nun bezüglich meiner Berufsidentifikation weit nackter da denn zuvor. Ich war nur noch Mensch, nicht mehr Lehrerin. Mehrere Kisten Schulmaterialien wurden verschenkt.

Weihnacht 2005 und 2006 verbrachte ich bei einer gespendeten Suppe mit den Ärmsten der Stadt. Es gibt Momente, da schmerzt es, kein Privatleben aufgebaut zu haben. Der Kontakt zu meinen Eltern, meiner Großmutter und meinem Bruder musste auf ein Minimum reduziert werden.

In der Absicht mich für eine Promotion mit dem Lehrstuhl größter Ausstrahlung zu verbinden, verließ ich Bern und damit die Gegend meines Dialekts, eine mir sehr vertraute Stadt.

Die meditative Sicht auf Zürich, elitäres Ballungszentrum der Finanz- und Wirtschaftsmacht Schweiz, war erschreckend. Wie schon in der Bundeshauptstadt Bern erkannte ich, dass mir die ganze Stadt Arbeit war, ich mit dem hässlichen Stadtgeist ins Gespräch treten konnte. Das Tragen von Gegenden erlebe ich als zu meiner Aufgabe gehörend. Die Unis durchziehen wie Spinnennetze die Städte.

In dieser Zeit kam ich in Kontakt mit einer neuen freien Schulinitiative östlich von Kiel. Dies stimmte mich sehr freudig und es entstand der Eindruck in mir, meine jahrelange Sehnsucht nach Schulgründung sei dorthin geflossen und durch Menschen umgesetzt worden. Eine spätere Mitarbeit an diesem Projekt schien mir möglich und wünschenswert. Wie oft weiß ich nicht wirklich, woran die vielen Aspekte meines Menschenwesens mitbauen - sind wir nicht eine durch und durch verbundene Menschheit an gemeinsamer Arbeit?

Zunächst aber erkundigte ich mich auf dem Arbeitsamt in Zürich nach den Bedingungen, mich Teilzeitarbeit suchend zu melden neben der Promotion. Es wurde deutlich, dass ich mich nicht in dieses Netz rein zu begeben hatte. Was mich tragen würde, um meine Brötchen und die achtzehn Quadratmeter Wohnfläche in einem Kellerzimmer rechtmäßig zu verdienen, war mein Lehrerberuf.

Im Dezember 2006 übernahm ich eine Stellvertretung an einer Sekundarklasse. Während ich an meiner letzten Festanstellung notenfrei beurteilen durfte, war das in dieser Situation nicht möglich. In mancher Hinsicht sah ich, wie krank das System ist, das ich unterstützte, während mir wache Jugendliche gegenüber saßen, die sehr viel der Unlogik und Verlogenheit durchschauten. Noch niemals wie in diesen kurzen zwei Wochen empfand ich den Lehrerberuf als den eines schlechten Gärtners, der Bäumchen zurechtstutzt, wo und wie es ihm befohlen wird und dies obwohl er weiß, dass er der Heilung der Erde entgegenwirkt. Nicht nur war ich in den Klauen des Systems, wie an der Uni, sondern wirkte als Repräsentator des Systems auf die Heranwachsenden. War das vertretbar? Ich hatte erlebt, dass sich in diverser Hinsicht die aktuelle pädagogische Forschung vieler Systemfehler bewusst ist. Manche Grenzen und Widersprüche sind bekannt. Aber oft fehlen Alternativen. Die Distanz zwischen Theorie und Praxis ist groß und Bildungssysteme sind in ihrer Entwicklung extrem träge. Internationale Interdependenzen zwischen Schulsystemen nehmen zu. Alle sind sie historisch jedoch aus nationalen politischen Eigenheiten gewachsen. Unser staatliches Schulsystem versteht sich als demokratische Aufgabe und beruft sich auf ein Menschenrecht. Tatsächlich wirkt es aber stark gleichschaltend. Von wirtschaftlichem Wettbewerb dominierte Angstmechanismen werden legitimiert.

Was will ich Jugendlichen wirklich vermitteln? Dürsten sie nicht genau so wie ich damals nach echtem Brot anstatt Steinen, nach lebendigem Wort, sehr viel aktivem Tun und vor allem nach kreativen, suchenden, authentischen Menschen, die keine veralteten Theaterrollen spielen, aus deren Abdrücken sich die jungen Menschen später nur allzu mühsam befreien müssen. Sie suchen nach aufrechten, konfliktfähigen Individuen, nicht nach abhängigen halben Portionen. Sie suchen nach vielfältigen Begegnungen, die sie zu kreativen Möglichkeiten anregen – allem voran zur Möglichkeit, sich selber zu finden als einmaliges Wesen.

In meiner Standhaftigkeit meinen ureigenen Weg zu vertreten liegt meine Aufgabe. Aber wie, wenn Schulsystemstrukturen dagegen wirken?

Nach wenigen Monaten hatte ich meine Umarmung Zürichs und des Lehrstuhls allgemeiner Pädagogik erfolgreich erfüllt und wurde wieder entlassen. Die Promotion zwar nicht erarbeitet, aber frei von der Idee diese zu brauchen, stehe ich momentan einmal mehr „draußen vor der Tür."

Für den nächsten Schritt habe ich die Geografie nach meiner inneren Neigung gewählt. Viele kleine Zeichen deuten darauf hin, dass meine Aufgabe mit der Schweiz abgerundet ist. Ich ziehe Ende Juni 2007 in eine Meeresgegend, bleibe dem deutschen Sprachraum und der pädagogischen Sache treu und möchte sie in heilende Richtung weiter führen.

Die Schulgründungsidee habe ich unterdessen aufgegeben. Meine neue berufliche Vision ist die Eröffnung eines Arbeitsraumes. Darin möchte ich mit Kindern einzeln arbeiten in einer Art, die echte vertiefte Zusammenarbeit mit den Engeln der zu mir Geführten zulässt.

Phillip Sander

Reisender sein

Ich entstamme einfachen Verhältnissen, bin ein Nachkömmling, Nesthäkchen, das sechste Kind der Familie.

Mit meinen Augen schaue ich in die Welt. Was ich sehe, erscheint mir zufällig, vereinzelt.

Ich fühle mich nicht zugehörig, beobachte, bin für mich, eher scheu, zurückhaltend.

Die Eigenheiten meines Vaters atme ich seelisch tief ein, das Mütterliche bleibt verborgen hinter Arbeit, dem „das Leben meistern müssen".

Soziale Kontakte sind rar. Wir sind gut katholisch.

Ich soll es einmal besser haben. Die Eltern bauen ein Haus, unter unsäglichen Mühen. Es gibt einen schönen Garten. Ein Paradies soll es für mich sein. Mich mutet es nach einer ausweglosen Insel an.

Vor der Volksschule gehe ich ein Jahr in den Kindergarten. Ich solle andere Kinder kennen lernen, hat der Kinderarzt meiner Mutter gesagt. Ich fühle mich befangen.

Schule. Es ist mir ein Rätsel, was ich hier soll. Schulische Leistungen fallen mir schwer.

Nach der vierten Klasse gehe ich auf meinen Wunsch hin gleich meinen Brüdern auf ein Internat, beende das Dasein der häuslichen Enge.

Mit nun zehn Jahren bin ich mehr oder weniger auf mich selbst gestellt. Den Autoritäten, Lehrern und Erziehern, kann ich mein brav sein und mein helfen wollen anbieten. So habe ich meine Ruhe. Gleichwohl bleibt mir der Sinn schulischer Leistungen weiter verborgen. Somnambul schlage ich mich so durch. Pubertierend mache ich mir eine gewisse Schlitzohrigkeit zueigen. Der Stillhaltepakt mit den Autoritäten bricht; Zigaretten, Bier. Der erste Kuss.

Mit der Mittleren Reife in der Tasche gehe ich wieder einen Schritt weiter hinaus in die große weite Welt.

Was will ich werden? Geld verdienen und Moped fahren sind dran. Klamotten. Ich jobbe.

Markenzeichen: Der einsame Wolf. Was will die Welt von mir? Ich will nur meine Ruhe. Und habe das große Sehnen. Nach was? Ich bin unterwegs. Innerlich, äußerlich. Zornig, wütend. Was soll ich denn hier! Leere. Ratlosigkeit, auf der Suche nach Liebe, Glück, Geborgenheit. Ich finde Anschluss an zwei Freundeskreise, ein Weichbild sozialer Orientierung entsteht.

Berufssuche. Mein Vater war bei der Bahn. So absolviere ich eine Ausbildung bei der Bahn. Dann kommt die Bundeswehr. Ein Bruder ist Krankenpfleger. Ich werde Krankenpfleger. Helfen wollen, das kann ich ja. Hierarchien, Karriere, das berufliche soziale Miteinander befremdet mich. Ich schaue diesem Treiben erst verständnislos, dann enttäuscht zu, vermag dem nichts entgegenzusetzen.

Ich steige aus.

Sechs Monate bin ich unterwegs. Ich explodiere in die Welt hinein und die Welt umarmt mich. Farben, Klänge, Gerüche, Milieus, Menschen, Städte, Landschaften, Kulturbauten.

Ein Schleier fällt. Ich fühle mich eins mit Allem. Jetzt suche ich das Lebendige in dem, was mir gegenübersteht. Und Alles behält sein Geheimnis für sich. Die Mauern, an denen ich entlang laufe, schweigen. Ich trete nicht ein durch die Türen und Tore. Wieder bin ich der Beobachter, einsam, aber ich weiß um Leben.

Oft, viel wandere ich nun durch Landschaften, Städte, befreunde mich mit ihnen, werde dankbar. Jeder neue Eindruck weitet mich, lässt mich ungeahnt an unerschöpflichen Lebensfunken teilhaben.

Nach diesen sechs Monaten unterwegs werde ich Erzieher, entdecke in neuen kirchlichen Zusammenhängen Antworten auf Lebensfragen, fühle mich erstmals angekommen, zugehörig, authentisch.

Dem äußeren Unterwegssein bleibe ich treu. Es ist mir ein zuhause geworden. Immer wieder ziehe ich durch Frankreich, Spanien, durch die Alpen, Italien. Ein Weg nach Irland, England, Schottland. Indien. Zentralamerika.

Ich suche Gemeinschaft, gemeinschaftliches Leben. Heimat. Bin zu Gast, begegne vielen Menschen.

Spirituell erlebe ich hier verschiedene Strömungen, die mich inspirieren. Durch vielseitige Anregungen wird mein Blick zu mir selbst, nach innen gelenkt. Innenwelten werden mir erlebbar. Ich komme mir näher, lasse mich an die Hand nehmen, entdecke innere Landschaften, Empfindungen, Vergewisserungen, Widersprüche, Abgründe, Schatten.

Durch dieses innere Erwärmen, anfänglich beweglich werden gestalten sich meine Fragen an die äußere Welt durchlässiger. Es scheint ein anderer Horizont dahinter auf, die äußere Suche stillt sich.

Die eigene Mitte finden und aus ihr heraus leben zu lernen wird mir Sinn und Aufgabe.

Sicherheit und Vertrauen. Dem äußeren, dem inneren Weg folgen?

Das Urbildhafte von Gemeinschaftssuche leuchtet auf, hindurch durch das einsam sein.

Wenn ich einen Schritt zurücktrete und auf mein Leben schaue, geht es mir recht gut.

Seit langen Jahren lebe ich in einer Partnerschaft, die ich als vielseitig, erfüllend, anstrengend, fruchtbar erlebe; als Lernfeld, Katalysator. Ich bin dankbar dafür.

Und beruflich? Ein Flickenteppich. Patchwork klingt besser. Immer wieder vor neuen Anfängen stehen. Nach Abgründen. Es ist schon Lebensmuster geworden.

Daraus aufzubrechen, das wäre es. Ich habe Glück gehabt bisher. Wie an einem Fallschirm bin ich durch obere, mittlere, untere Etagen gesegelt, vermochte mich auszuprobieren und einzubringen. Bin mal hart aufgeschlagen, mal weich gefallen. Aber so konnte ich meinen Platz nicht wirklich finden.

Je mehr der soziale Bereich zu einem Dienstleistungssektor, zu privatisiertem Wettbewerbs-Ort hin strukturiert und etabliert wird, in dem jeder Mensch auf Gedeih und Verderb zum Kunden reduziert wird, desto weniger mag ich dies.

Das Wesenhafte des Sozialen wird aufgelöst.

Hier kann mir nur ein innerer Umstülpungsprozess, den ich selbst zart und kraftvoll anrege und erbitte, völlig neue Wege ins Offene, in Neues weisen.

Imagination:

Es zeigt sich ein großer, schwarzer Tunnel, der geht nicht weg.
Ich kann da hineingehen, könnte auch darüber hinweggehen, aber dann würde ich ihn nicht akzeptieren, der Aufgabe aus dem Weg gehen.
Ich versuche hineinzugehen. Es ist alles schwarz, ich gehe vorwärts, es weitet sich. Obwohl ich nichts sehe, ist es nicht mehr nur eine Tunnelröhre, sondern eine riesige schwarze Blase. Sie verwandelt sich in solche Dächer, wie sie in Arabien üblich sind, Zwiebeldächer, nach oben ganz spitz, nicht mehr schwarz, sondern golden, diamantenbesetzt.

Die Dächer sind stabil, darunter ist es mehr zeltartig mit geraden Wänden. Kein Tempel mehr, sondern Savannenlandschaft, ohne Wälder, ziemlich kahl, aber nicht unangenehm.

Man kann in diesem zeltartigen Gebäude ein- und ausgehen wie man will, es gibt keine Tore. Andere Menschen sind da, die nehmen nicht sonderlich Notiz von mir. Ich bin Beobachter, gehöre nicht dazu, fühle mich aber wohl. Kuppeln deuten gen Himmel als mögliche Daseinsform.

Ich habe keinen Kontakt mit den Menschen, komme wie aus einer anderen Zeit, habe nur für diese Kuppeln Interesse. Ich habe ein feinledriges Gewand an, hellbraun, Strumpfhosen, auf dem Kopf eine Art Lederhut, fühle mich männlich, Mitte dreißig.

Ich muss gerade dort angekommen sein, habe keine Verbindung dazu, aber es ist das, was ich gesucht habe, ein irdisches Abbild des Geistigen. Ich bin angekommen auf der Durchreise. Die Kuppeln sollen mich nur hinweisen auf das, was ich suche, ein Weg, eine Vergewisserung, eine Antwort auf eine Frage, ein Bild. Ich will was wissen, das wird mir durch die Kuppeln klar, die verbergen das im Irdischen, was sie im Geistigen meinen.

Da ist eine Ästhetik, Eleganz, Klarheit, Wahrhaftigkeit, die ich auf einer anderen Ebene verinnerlichen möchte. Mir fehlen die Mittel dazu, ich sehe nur das Bild, es ist, wie wenn eine Leiter in den Himmel fehlen würde. Das Begreifen, was gemeint ist, fehlt mir. Wenn ich es da nicht finde, finde ich es nirgends.

Die Menschen dort wollen mich einladen, mit ihnen zu leben. Verstandesmäßig erklären könnten sie mir auch nicht, was ich wissen will. Ich müsste es über ein Miterleben erkennen. Es bleibt mir nichts anderes übrig als dort zu bleiben. Das fällt mir nicht leicht, ich komme woanders her, es sind andere Sitten und Gebräuche, andere Kleidung.

Ich merke schnell, wie dieses Spitzende der Kuppeln mich in eine Art Dauer entlässt, in der das Irdische aufgehoben ist, wo ich in einem Bereich bin, in dem ich mich sehr beheimatet fühle. Ich könnte da bleiben, aber dann würde ich mich völlig aus diesem irdischen Bereich abkapseln, abschotten, wegziehen, wie wenn ich durch die Spitzen dieser Kuppeln in dieses Geistgebiet entlassen werde. Dann bin ich im Irdischen nicht mehr präsent. Es ist kein Mangel, im Gegenteil sehr angenehm, aber ich habe den Anspruch, mich zu manifestieren.

Ich habe begriffen, wie dieses Gefühl der Dauer ist und bin zurückgegangen dahin, wo ich hergekommen bin, nach England. Es war im 17./ 18. Jahrhundert, eine eher feuchte, kalte Gegend.

Ich bin wieder aufgenommen worden, das war eine spirituelle Gemeinschaft. Ich gehöre dazu, habe meinen früheren Platz wieder eingenommen, habe gelernt, gelesen, studiert, aber nichts so greifbar auf den Boden gebracht. Es ging um Religiöses, das den Anspruch hatte, spirituell zu sein, es musste aber einen gesellschaftlichen Zweck haben. Es war eher sozial, als dass es auf Machtfülle oder Machterhalt ging.

Das Erleben dieser Zeltkuppelgeschichte war weiterhin da, aber das hatte nur für mich persönlich einen Raum in diesen Zusammenhängen. Es wäre schön gewesen, wenn das Allgemeingut geworden wäre, aber die anderen waren zu sehr mit ihren alltäglichen Dingen beschäftigt. In Mauern leben gehört dazu zum Irdischen, aber dem Geist folgen, den Geist suchen ist das Wesentliche.

Nachtodlich empfinde ich: Die Inkarnation war erfüllend, aber in ihren Gesetzmäßigkeiten beschränkt. Jetzt soll ich mich ganz auf das Lichte, auf das Helle konzentrieren, in die irdische Welt integrieren, nicht zu sehr im Himmel leben, das fällt in eins zusammen. In jeder Begegnung, in jeder konkreten Situation das Geistige mit sehen als offenbares Geheimnis.

Silvia Vereeck

Gedicht

Immer
Im Meer
Des Provisorischen
Im Pro visierend
Am Strandgut
Des Stillstands
Randgut
Des Fortschritts.

Christiane Feuerstack

Gelassen wie ein Baum

Als ich mit sechzehn den Entschluss fasste, Eurythmie zu studieren, war ich überzeugt, die für mich bestmögliche Wahl getroffen zu haben. Eine Zeit des Suchens war vorausgegangen, obwohl ich bis zum Schulabschluss noch gut zwei Jahre Zeit hatte. Viele in Frage kommende Möglichkeiten waren mir zu einseitig, zu langweilig oder zu stressig. Mit der Bewegungskunst Eurythmie schien es mir möglich, sowohl alle meine Interessen vereinbaren zu können, wie beispielsweise Musik, Sprache, Bewegung, Pädagogik und viele interessante Nebenfächer, als auch einen zwar weitgehend unbekannten aber zukunftssicheren Beruf zu ergreifen. Während der damaligen Ausbreitung der Waldorfbewegung und des gesamten alternativen Umfelds schien es einen nahezu grenzenlos wachsenden Bedarf zu geben. Mit achtzehn begann ich mein Studium, beendete es nach vier Jahren mit einem Diplom, sammelte noch einige Erfahrung im Bühnenbereich, gab Kurse für Erwachsene und verdiente mein Geld hauptsächlich als Pianistin im Eurythmieunterricht von Kollegen, bevor ich mit 23 Jahren meine erste Stelle als Lehrerin an einer Waldorfschule antrat. Zwei Jahre später hatte ich das Bedürfnis, mich noch in therapeutischer Richtung fortzubilden. Ich absolvierte ein Aufbaustudium in Heileurythmie, das ich ebenfalls mit einem Diplom abschloss.

Es folgte die Zeit der Familiengründung. Meine beiden Söhne kamen im Abstand von einem guten Jahr zur Welt. Ich war froh, ganz für sie da sein zu können und konnte auf berufliche Ambitionen gut verzichten. Damit will ich nicht sagen, dass die äußeren Lebensumstände in irgendeiner Weise gesichert oder einfach gewesen wären. Im Gegenteil: Schon während meiner ersten Schwangerschaft wurde mein Mann arbeitslos. Nach verschiedenen befristeten Arbeitsverhältnissen machte er sich selbständig mit einer kleinen Computerfirma. Dank einer sehr günstigen Wohnmöglichkeit und äußerst bescheidenen Ansprüchen gelang uns das folgende Überlebenstraining immer besser. Manchmal blieb nur die Hoffnung auf ein Wunder. Und immer wenn es scheinbar keinen Ausweg mehr gab, geschah ein solches. Sei es, dass meine Großmutter aus heiterem Himmel einen größeren Scheck schickte, ohne Weihnachten oder Geburtstag! Sei es, dass jemand sich erinnerte, dass wir ihm mal vor Monaten ein antiquarisches Buch angeboten hatten, was er jetzt kaufen wollte. Wir lernten darauf zu vertrauen, dass es irgendwie immer weitergeht.

Als mein jüngster Sohn drei Jahre alt war, absolvierte ich mein Anerkennungsjahr als Heileurythmistin an einer Schule für mehrfach behinderte Kinder. Danach machte ich mich selbständig mit dieser Bewegungstherapie, allerdings nur in geringfügigem Rahmen, soweit ich es eben neben den Kindern bewältigen konnte.

Als nach einigen Jahren die Nachfrage rapide nachließ, suchte ich zuerst die Ursachen bei mir. Bis dahin war alles glatt gelaufen. Ich hatte alle meine Wünsche mehr oder weniger zielstrebig verwirklicht. Innere Krisen oder auch Zweifel an meinem Beruf hatte es schon vorher reichlich gegeben, aber nie die Unsicherheit, dass es nicht mehr genug Arbeit geben könnte. Die nachlassende Nachfrage stellte sich als bundesweiter Trend heraus. Es gab immer weniger Geld für solche Therapieformen. Das war aber nicht der einzige Grund, mich zu fragen, ob nicht doch noch etwas ganz anderes dran wäre. Ich hatte mir nebenbei auf vielen Gebieten Kenntnisse und Fähigkeiten erworben, die das Interesse an meinem Beruf zu überlagern begannen. So hatte ich inzwischen gemeinsam mit meinem Mann einen Edelsteinladen gegründet, war im Einkauf, Verkauf und Beratung tätig, lernte die Heilkraft der Steine aus eigener Erfahrung kennen und setzte sie bei Entstörungen und Harmonisierungen geopathologischer Zonen in Wohnräumen ein.

Ich war 35 Jahre alt, als der Jüngste in die Schule kam und damit mein Freiraum für eine berufliche Tätigkeit größer wurde. Anstellungsmöglichkeiten gab es kaum in diesem Beruf, schon gar nicht in erreichbarer Entfernung. Ich konnte also weiterhin nur auf freiberufliche Tätigkeiten setzen. In dieser Zeit hatte ich ein einschneidendes Erlebnis durch die Begegnung mit der Karmaarbeit, wie sie meine Mutter, Heide Oehms, zum damaligen Zeitpunkt entwickelt hatte. Mit dem Gedanken an wiederholte Erdenleben war ich seit meiner Jugend vertraut. Es war etwas Selbstverständliches, was mir half, manche Phänomene des Lebens besser zu verstehen. Früh schon hatte ich die Gewissheit, bestimmte Menschen aus früheren Leben gut zu kennen. Ich litt darunter, wenn sie mich nicht ebenfalls erkannten und sich aufgrund der Rollenverteilung im jetzigen Leben eher distanziert verhielten, obwohl sie mir doch innerlich so nah waren. Manchmal empfand ich dieses Leiden wie eine Strafe und fragte mich, was ich wohl Schlimmes getan haben könnte. Damals hatte ich noch eine sehr unvollständige Vorstellung von karmischen Gesetzen. In einem Fall versuchte ich durch eine Meditationsübung, die ich bei Rudolf Steiner gelesen hatte, zu konkreten Erinnerungen und dem Durchschauen der Zusammenhänge zu kommen. Ich sah die betreffende Person deutlich in ägyptischer Kleidung und Kopfschmuck, aber meine Beziehung zu ihr und das damalige Geschehen konnte ich nicht wahrnehmen. Später war es mir nicht mehr so wichtig, Genaueres zu wissen. Wozu auch? Ich war doch nicht neugierig! Karmaarbeit, das ist was für Leute, die Probleme haben und damit nicht allein klar kommen, dachte ich. Das brauch' ich nicht, denn erstens habe ich keine Probleme und zweitens komme ich alleine klar, falls doch mal welche auftauchen!

Dann ergab es sich doch, dass ich eine Freundin, die gerne mit meiner Mutter arbeiten wollte, begleitete und bei dieser Gelegenheit selber diese Art der Karmaforschung kennen lernte. Hatte ich vorher geglaubt, keine Probleme zu haben, jetzt hatte ich welche! Besser gesagt, sie wurden mir bewusst. An einem einzigen Wochenende wurden mir einerseits viele Lebensrätsel geklärt, was zu einer spontanen Erleichterung führte. Andererseits war es fast wie ein Schock, mein unmittelbar vorhergehendes Leben sehr zeitnah an meinem jetzigen wahrzunehmen, verbunden mit dem niederschmetternden Gefühl des Versagthabens und der dringenden Aufgabe, das Versäumte jetzt nachzuholen. Zumal ich zum Zeitpunkt dieser Erkenntnis genau am selben Ort des früheren Versagthabens lebte und mit den Auswirkungen des vergangenen Lebens beständig konfrontiert wurde. Es war mir keineswegs sofort klar, was ich jetzt an diesem Ort zu tun hatte. Ich fuhr verwirrt und aufgewühlt nach Hause. Das Erlebte arbeitete in mir weiter. Es wurde mir deutlich, dass es zunächst meine Aufgabe war, diese karmische Forschung ernsthafter zu betreiben, erst für mich selbst, aber dann auch, um in anderen das Bewusstsein für diese Zusammenhänge zu wecken. Ich lernte bald alleine, zu Erinnerungen an frühere Leben zu gelangen und belastende Anteile aufzulösen. Immer wenn es möglich war, übte ich auch mit meiner Mutter weiter und ließ mich von ihr in dieser Methode ausbilden. Ich nutzte jede Gelegenheit, jede auftauchende Verstimmung oder Unzufriedenheit im Alltag, um nach den tiefer liegenden Ursachen zu forschen und alte Blockaden zu verwandeln.

Ein rasanter Lernprozess setzte ein. Täglich wurde ich gefordert, mein Inneres zu durchforsten und mit alten Hemmnissen aufzuräumen. Immer mehr lernte ich die karmischen Gesetzmäßigkeiten aus eigener Anschauung kennen und meiner inneren Führung zu vertrauen. Eines Tages bat mich meine Freundin, die mit mir zusammen diesen Weg begonnen hatte, ihr bei einem anstehenden Schritt zu helfen, da sie alleine nicht weiter kam und die weite Fahrt zu meiner Mutter nicht immer möglich war. Es folgten weitere gemeinsame Übungen, auch mit anderen Bekannten, die mir weitere Sicherheit auf diesem Weg verliehen. Es war ein unerschöpfliches Lernen von großen Zusammenhängen und karmischen Gesetzmäßigkeiten, wie sie in keinem Buch zu finden sind, was mich immer wieder in Staunen und Ehrfurcht versetzte. Ich ergänzte meine freiberufliche Tätigkeit um dieses Angebot, Menschen auf dem Weg karmischer Selbsterkenntnis zu begleiten und meine Erfahrungen damit weiterzugeben. Es war mir inzwischen klar geworden, dass dies meine eigentliche Aufgabe war, wenn ich das damals Versäumte in einer der heutigen Zeit angemessenen Weise aufgreifen wollte. Zum einen empfand ich die Wichtigkeit solcher Erkenntnisse, die das eigene Dasein schlagartig in ein neues Licht rücken und ihm einen neuen Sinn verleihen, zum andern sah ich auch die Lösung vieler sozialer Probleme in der Bewusstmachung karmischer Zusammenhänge. Die Möglichkeit, innerhalb eines Kollegiums an diesen Fragen zu arbeiten, erwies sich als Illusion. In der heutigen Zeit sind es meist nur einzelne Menschen, die wirklich reif dafür sind. Man kann es nicht verordnen als soziales Heilmittel.

1999 trat ich zum ersten Mal mit dieser Arbeit an die Öffentlichkeit. Ich nahm in Stuttgart an einer Podiumsdiskussion zum Thema Reinkarnation und Karma teil, und etwas später als Referentin und Kursleiterin bei einer Tagung zum selben Thema. Die Anfragen mehrten sich. Gleichzeitig fiel mir auf, dass sich mein Bekanntenkreis schlagartig änderte. Alte Freunde konnten mit meinem neuen Weg nichts mehr anfangen, neue fanden sich gerade deswegen ein. Diese Erfahrung wiederholte sich bei weiteren Schritten.

Anfang 2000 zogen wir um nach Eckernförde an die Ostsee. Nicht etwa deshalb, weil dort ein fester Arbeitsplatz gewunken hätte, im Gegenteil: in Stuttgart hatten sich die Zeichen gemehrt, dass Veränderungen fällig wurden. Mein Mann bekam nicht mehr genug Aufträge, Kunden zahlten nicht und die Kredite verschlangen die spärlichen Einnahmen. Die Firma musste aufgegeben werden. Gleichzeitig starb unser damaliger Nachbar und Hausbesitzer, dessen Erben uns dann schonend auf den bevorstehenden Verkauf des Hauses vorbereiteten, was auf jeden Fall einen Umzug bedeutete. In Stuttgart hielt uns eigentlich nichts mehr, wenn nun auch noch außer der Firma diese günstige Wohnmöglichkeit wegfallen sollte. Es zog uns sehr nach Schleswig-Holstein, wo wir seit Jahren immer wieder Urlaub gemacht hatten und wir inzwischen auch einige Freunde hatten. Aber wie sollte das gehen, ohne Arbeit, ohne Geld, mit einem Schuldenberg und der Aussicht, zum Sozialamt gehen zu müssen? Die letzten Ersparnisse wurden zusammengekratzt für eine weitere Reise nach Schleswig- Holstein, um dort nach konkreten Möglichkeiten Ausschau zu halten. Mit Arbeitsmöglichkeiten sah es schlecht aus. Ich bewarb mich an einigen Waldorfschulen, eher halbherzig als aus wirklicher Überzeugung, was letztlich auch erfolglos blieb. Es blieb nur die Hoffnung, dass der Verkauf des Hauses an eine Baufirma erfolgen würde, für die es keine Schwierigkeit bedeutete, uns den Umzug zu bezahlen. Wir hatten keine Wahl als auf ein Wunder zu hoffen.

Erstmal blieb nichts übrig als der Gang zum Sozialamt. Man kann es vielleicht nicht glauben, aber das kam mir damals wie ein ungeheurer Luxus an Sicherheit vor. Jeden Monat Geld auf dem Konto! Nicht mehr von Tag zu Tag fragen: „Und was essen wir morgen?" Neben diesem Luxus habe ich auch alle Schikanen des Sozialamtes voll ausgekostet. Der erste Sachbearbeiter, der mir einen Job vermitteln sollte, überflog meine Unterlagen und sagte freundlich bedauernd: „Tja, überqualifiziert und für uns nicht vermittelbar. Aber vielleicht kann Ihnen meine Kollegin weiterhelfen." Die Kollegin, ein junges Geschöpf von Anfang zwanzig, musterte erst meine Unterlagen und dann mich mit abschätzigem Blick und sagte dann von oben herab: „Hm. Sie haben ja noch nicht mal eine richtige Ausbildung. Lernen Sie doch erstmal eine ordentliche Bewerbung schreiben!" Was bin ich nun, über- oder unterqualifiziert? Auf jeden Fall war ich verunsichert, verwirrt und fühlte mich gedemütigt. Eingedenk meiner Überzeugung, dass die Lebensumstände, in die ich gerate, ein Spiegel meines überbewussten höheren Willens sind, konnte ich nicht umhin, diese Demütigung als Aufforderung zum Üben von Demut zu erkennen. Wenn ich es selbst bin, die diesen Film inszeniert hat, erlebe ich Demütigung als Folge meines Mangels an Demut. Nicht Demut diesen unbewusst funktionierenden Menschen gegenüber, sondern dem Schicksal gegenüber, dessen Werkzeuge sie sind. Dem Teil des Schicksals gegenüber, den man nicht mehr in der Hand hat, dem man sich beugen muss, indem einem die Ruder aus der Hand genommen werden und eine unheimliche verborgene Strömung einen in unbekannte Richtung mit unbekanntem Ziel fort trägt. Demut dem gegenüber, was ich nicht fassen kann, weil sein Sinn mir noch verborgen ist.

Endlich fiel es einer dritten Sachbearbeiterin ein, mich für eine Vollzeitstelle als Nachbarschaftshelferin vorzusehen. Ich war im Prinzip immer bereit, alles zu tun, was wirklich gebraucht wird und was ich mit meinem Gewissen vereinbaren konnte. Aber dass meine Kinder den ganzen Tag sich selbst überlassen wären und mir außerdem die Möglichkeit genommen würde, in meinem Beruf zu arbeiten, obwohl ich auch diesen Verdienst aus der freiberuflichen Arbeit zur Anrechnung auf die Sozialhilfe angegeben hatte, das wollte mir nicht einleuchten. Ich erkundigte mich bei der katholischen Nachbarschaftshilfe unseres Stadtbezirks. Dort betrug die Aufwandsentschädigung für ehrenamtliche Arbeit deutlich mehr als der so genannte „Lohn" der Stadt! Glücklicherweise wurde es vom Sozialamt akzeptiert, dass ich dort in Teilzeit arbeitete. Es war eine schöne Erfahrung für mich mit vielen herzlichen und ungewöhnlichen Begegnungen. Einkäufe erledigen, Hausarbeit, Kinderbetreuung, alles, was ich jahrelang ohne jegliche Bezahlung geleistet hatte, wurde auf einmal „entlohnt"! In was für eine Welt bin ich hier geraten?!

Da es aber keine feste Stelle war, sah ich mich weiter nach einer Möglichkeit um, einerseits Geld zu verdienen, andererseits noch genügend Spielraum für meine freiberufliche Arbeit zu haben. Es schien mir eine verlockende Idee, Briefzustellerin zu werden. Ich suchte also die nächste Postfiliale auf und trug dem verdutzten Schalterbeamten mein Anliegen vor. Ich bekam eine Telefonnummer und fragte mich weiter durch. Ja, es sei eine Vollzeitstelle in der Zustellung frei, allerdings in einem weit entfernten Stadtbezirk, bekam ich zu hören. Auf der Fahrt zum Bewerbungsgespräch wurde mir aber klar, dass das unmöglich zu bewältigen war, zumal der Ort mit öffentlichen Verkehrsmitteln zu so früher Morgenstunde kaum erreichbar war. Ich entschuldigte mich bei meinem Gesprächspartner, dass ich seine Zeit in Anspruch nehme, aber mir sei unterwegs klar geworden, dass ich keine Vollzeitstelle annehmen kann, schon gar nicht so weit entfernt. Er bot mit daraufhin eine Teilzeitstelle in meinem Stadtbezirk an, nicht in der Zustellung sondern als Briefsortiererin, was eine viel leichtere Arbeit war, allerdings befristet als Vertretung. Immerhin war es besser als gar nichts. Ich sagte zu. Kaum war ich zu Hause, klingelte das Telefon. „Es hat sich alles geändert." Sagte mein neuer Chef. Ich bekam schon Angst, dass er einen Rückzieher machen würde. Aber ich wurde nicht nur vertretungsweise, sondern fest eingestellt, weil eben eine Kollegin gekündigt hatte!

Es war ein angenehmes Betriebsklima in diesem Zustellstützpunkt, leichte körperliche Arbeit tat meinem Kreislauf gut, ohne allzu anstrengend zu sein. Ich genoss es, einmal eine solche Arbeit zu haben, wo ich nur zu funktionieren brauchte wie ein Rädchen im Getriebe, ohne große Verantwortung, aber doch als ein Teil eines sinnvollen Ganzen. Ich lernte meinen Stadtbezirk und dessen Bewohner auf ganz neue Weise kennen. Es gab viel zu lachen. Italiener, Griechen und schwäbische Originale gaben eine reizvolle Mischung ab. Am besten gefiel mir die Arbeitszeit: von halb sechs bis halb neun Uhr morgens konnte ich ohnehin keine anderen Termine machen, und wenn der Tag richtig anfing, hatte ich mich bereits wach gearbeitet. Nach einigen befristeten Verträgen hätte ich dort eine feste Stelle haben können. Nichts sprach dagegen, außer -unseren Umzugswünschen!

Auch mein Mann hatte eine befristete Stelle als Statistiker beim Arbeitsamt gefunden. Solche Arbeiten kann man überall machen, dachten wir uns, dafür sind wir nicht von einem bestimmten Ort abhängig. Aber zunächst ließ der Hausverkauf auf sich warten. Der Denkmalschutz musste bemüht werden wegen des historischen Gewölbekellers. Nach Monaten lag endlich die erforderliche Abrissgenehmigung vor. Eine Baufirma reichte Pläne ein. Nach weiteren Monaten stellte sich heraus, dass die gesamte Straße als historischer Ortskern denkmalgeschützt war und Neubauten nur als exakte Nachbauten der bestehenden Häuser genehmigt wurden, was bei diesem Haus schlechthin ein Witz war. Die Baufirma zog sich zurück. Die Erbengemeinschaft suchte nach einem privaten Käufer. Plötzlich ging alles sehr schnell. Ein Interessent fand sich, der seine Zusage, das Haus zu kaufen, daran koppelte, dass wir möglichst schnell ohne großen Ärger ausziehen. Es war ihm eine Menge wert, uns das schmackhaft zu machen. Er bot uns eine großzügige Abfindung an, und zwar je schneller wir ausziehen, umso mehr! Das Wunder war geschehen! Einem Umzug stand nichts mehr im Wege.

Es war kurz vor Weihnachten, als wir uns so unvermittelt vor dem Ziel unseres Wunsches sahen. Nun, da es so konkret wurde, machten sich doch allerlei Ängste bemerkbar, aber dafür war es zu spät. Der Vertrag war unterschrieben. Ich fand nach abenteuerlicher Suche unter Zeitdruck und absonderlichen Umständen ein Haus mitten in Eckernförde, so wie ich es mir gewünscht hatte. Wie wir allerdings die Miete bezahlen sollten, wenn unser Startpolster aufgebraucht sein würde, war uns noch schleierhaft.

Ich war zum Zeitpunkt des Umzugs knapp vierzig, exakt genauso alt, wie mein Vater war, als er seine Schreinerei aufgeben musste und wir aus unserem Heimatort Manderscheid in der Eifel nach Wahlwies am Bodensee umzogen. Familienkarma? Als Kind fand ich diesen Umzug sehr aufregend und spannend, genauso wie alle weiteren Umzüge und Umbrüche, die meine Kindheit geprägt haben. Die Sorgen und Nöte meiner Eltern, die mit vier Kindern von den spärlicher werdenden Erträgnissen einer kleinen Dorfschreinerei leben mussten, waren mir zu dieser Zeit nicht so bewusst. Vielleicht habe ich schon damals das Vertrauen gelernt, dass es immer irgendwie weiter geht und dass das Verlassen des Gewohnten ungeheure Energien frei setzt. Nun mutete ich meinen Kindern ebenfalls ein Verlassen des Gewohnten zu, wenn auch unter anderen Vorzeichen. Mein Vater verließ damals eine unsichere selbständige Situation zugunsten einer sicheren Anstellung. Ich verließ eine unsichere, teils selbständige, teils angestellte Situation zugunsten der absoluten Freiheit und Ungewissheit, dem Sprung ins totale Nichts!

Es war in Eckernförde keineswegs so leicht, wie wir uns das gedacht hatten, einfach dieselbe Arbeit zu tun wie vorher in Stuttgart. Weder bei der Post noch beim Arbeitsamt gab es entsprechende Stellen. Wir meldeten uns erstmal arbeitslos, bereit, alles zu tun, was man uns eben anbot. Nur leider kamen keine Angebote. Vorübergehend nahm ich eine Krankheitsvertretungsstelle als Putzfrau, oder wie es heute so schön heißt, Raumpflegerin, bei der Stadtbücherei an. Es dauerte einige Monate, bis ich wieder eine Stelle bei der Post fand. Ich musste zwar nach Schleswig fahren, 25 Kilometer sechs bis sieben Mal pro Woche, weil es manchmal auch nachmittags Dienst gab. Aber es wurde mir versprochen, sobald eine Stelle in Eckernförde frei würde, könnte ich wechseln.

Die Arbeit war die gleiche wie in Stuttgart und machte mir Spaß. Das Betriebsklima war allerdings schrecklich, von Misstrauen, Angst und Gehässigkeiten geprägt. Es gab Neid und Schikanen von Kolleginnen, die nach der Kündigung einer älteren Kollegin Anspruch auf deren Stelle zu haben glaubten, die nun durch mich als Anfängerin wieder besetzt wurde. Wenn ich mich in dieser Zeit nach meiner Aufgabe fragte, so schien es mir darum zu gehen, während der Arbeit mit den Händen ein Bewusstsein davon zu entwickeln, dass jeder Umgang mit Materie zur Durchlichtung der Erde beitragen kann, wenn man es mit entsprechendem Bewusstsein tut. Es war gar nicht so einfach, inmitten dieser Schikanen zentriert und liebevoll bei der Sache zu sein. Ein großes Lernfeld! Ich hielt tapfer durch, immer den Trost vor Augen, dass ich bald nach Eckernförde wechseln könnte, wie es mir versprochen war. Daraus wurde nichts. In allen Filialen wurden massiv Stellen abgebaut, so dass selbst mein Verbleib in Schleswig nur unter sehr viel schlechteren Bedingungen möglich gewesen wäre. Meine Kompromissbereitschaft hatte ein Ende! Und damit auch meine Anstellung. Ich wollte nicht mehr Sicherheit um jeden Preis, nicht, wenn ich dabei mich selbst verleugnen musste.

Die neuerliche Arbeitslosigkeit ließ mich verstärkt nach meiner eigentlichen Aufgabe fragen, bzw. danach, wie diese bereits erkannte und für mich wichtige Aufgabe so ausgebaut werden könnte, dass ich mich ihr widmen kann ohne Existenznot und den Druck des Arbeitsamtes im Nacken. Natürlich hatte ich meine freiberufliche Arbeit auch in Eckernförde wieder aufgenommen. In unserem großen Haus war genug Platz für die Einrichtung eines Praxisraumes, so dass ich sowohl Heileurythmie als auch Karmaarbeit anbieten konnte. Die Nachfrage war aber unbeständig und insgesamt nicht ausreichend zur Existenzsicherung. Mein Mann hatte auch noch keine Arbeit gefunden, aber da damals sowohl Arbeitslosengeld als auch Arbeitslosenhilfe nach dem vorherigen Einkommen berechnet wurde, konnten wir insgesamt über die Runden kommen. Für mich wurde immer deutlicher, dass ich endlich ernst machen sollte mit dem, was mir wirklich wichtig war, aber das Sicherheitsbedürfnis und die Verantwortung für die Familie ließen mich vorsichtig vorangehen. Auf die Selbständigkeit als Heileurythmistin zu bauen, war nicht nur völlig unrealistisch, es war auch nicht mehr mein zentrales Anliegen. Die Karma-arbeit brachte gelegentlich, durch das Buch meiner Mutter, Menschen aus weit entfernten Weltgegenden zu mir, aus Deutschland und der Schweiz, aber sogar auch aus Bolivien und Amerika. Das war eher selten und wenig zuverlässig. In Stuttgart hatte ich noch einige Interessenten, auch ein Raum-angebot, so dass ich beschloss, mehrmals jährlich für ein paar Tage dort zu arbeiten. Daraus wurde später mehr, aber zunächst suchte ich weiterhin nach einem „Broterwerb".

Ich begann als Aushilfe in der Altenpflege im Haus nebenan, in der Hoff-nung, dort einmal eine Teilzeitstelle zu bekommen. Dem Arbeitsamt hatte ich sowohl die freiberufliche Arbeit als auch diese Aushilfstätigkeit gemel-det und die Einnahmen daraus wurden auf das Arbeitslosengeld angerech-net. Da schützte mich aber nicht vor den Zwangsmaßnahmen eines so genannten Arbeitsvermittlers. Er verordnete mir kurzfristig ein völlig sinn-loses achtwöchiges Bewerbungstraining einschließlich Praktikum. Ich ver-suchte ihm klar zu machen, dass damit alle meine bisherigen Bemühungen um Arbeit wieder zunichte gemacht würden, denn ich hätte bereits einge-gangene Verpflichtungen, die mich weitergebracht hätten, wieder kurz-fristig absagen müssen. Mein mehrfacher Widerspruch nützte nichts. Ich bekam eine Sperrzeit, die sofort in Kraft trat, während ich auf die Antwort zu meinem Widerspruch über ein halbes Jahr warten musste. Diese Erfah-rungen trugen nicht gerade dazu bei, vom Arbeitsamt etwas anderes als Reglementierungen zu erwarten. Wirkliche Hilfe gab es praktisch nie.

Ich verstärkte meine Bemühungen um eine feste Anstellung in der Alten-pflege. Zwischenzeitlich hatte ich eine Ausbildung als Schwesternhelferin absolviert. Bei meiner Aushilfsstelle wurde mir ein Teilzeitjob in Aussicht gestellt, der dann aber intern vergeben wurde. Bei einem anderen Alters-heim hatte ich bereits einen Vorstellungstermin vereinbart. Ich versuchte nach all den vorangegangenen Erfahrungen immer mehr, mit meiner inne-ren Führung in Kontakt zu bleiben und auf die Stimme meines Herzens zu hören. Aber sie war noch sehr leise und zaghaft, denn Existenz sichernde Verstandeserwägungen drängten sich immer noch lautstark in den Vorder-grund. In meiner Unsicherheit bat ich um ein „Zeichen des Himmels", um mir die Entscheidung zu erleichtern. Ich ging sogar so weit, die Art des Zeichens selbst festzulegen: wenn das Vorstellungsgespräch abgesagt würde, weil die Chefin krank ist, sollte es für mich ein Zeichen sein, diesen Weg nicht weiter zu verfolgen. Und tatsächlich, der Termin rückte näher, ich stand schon fertig angezogen im Hausflur, als das Telefon klingelte und ich die Nachricht von der Krankheit der Chefin bekam.

Nun gut, aber was stattdessen?

Wieder bat ich um ein Zeichen, eine Anfrage oder ein Angebot einer Tätigkeit, die meinen Fähigkeiten entspricht, egal was, und sei es noch so absurd! Wenn ich hier auf der Erde noch weiter leben soll, habe ich auch ein Recht auf eine angemessene Arbeit und ein Recht, davon zu leben, so schimpfte ich damals mit dem Himmel! Es mag unglaublich klingen, ist aber wahr: Am nächsten Tag klingelte das Telefon. Ein Eurythmiekollege, den ich gar nicht kannte, fragte mich, ob ich in einem Kindergarten in Kappeln den Eurythmieunterricht für zwei Gruppen übernehmen möchte. Er habe sie selber erst kürzlich übernommen, hätte aber jetzt ganz überraschend ein Angebot in Japan bekommen, so dass er kurzfristig umziehen müsste.

Eurythmie? Kindergarten? Das schien mir alles sehr weit weg und war nicht gerade das, was ich erwartet oder erhofft hätte. Unter normalen Umständen hätte ich müde abgewinkt, zumal eine Stunde Autofahrt zu einer Stunde Arbeit in keinem Verhältnis stand, selbst wenn diese Stunde so gut bezahlt wurde wie ein Tag im Altersheim. Einen „richtigen" Job hatte ich damit auch nicht, im Gegenteil, der Spagat mit dem Arbeitsamt wurde dadurch nur größer. Aber da ich um eine angemessene Aufgabe gebeten hatte, musste ich diesen Anruf ernst nehmen. Ich fuhr also hin, um mir diesen Kindergarten anzuschauen, und fühlte mich sofort am richtigen Platz. Eine Woche später begann ich dort und war hellauf begeistert über diese Arbeit. Bisher hatte ich nur Schulkinder unterrichtet. Kindergartenkinder kannte ich lediglich aus der Einzeltherapie. Zur selben Zeit kam ein zweiter Kindergarten auf mich zu, und da die Arbeit mir großen Spaß machte, wünschte ich mir mehr davon. Ich schrieb alle Kindergärten der Umgebung an, bot Probstunden an und sammelte viele schöne Erfahrungen. Auch eine freie Gruppe bot ich in meinem kleinen Praxisraum an. Zeitweise hatte ich sieben Gruppen pro Woche, aber das meiste war befristet, denn die Kindergärten hatten kein Geld für so etwas. Ich musste also weiter suchen nach einer Arbeit, die es mir erlaubte, sowohl die Kindergartentätigkeit als auch meine inzwischen aufgebaute Karmaarbeit in Stuttgart aufrecht zu erhalten.

Die einzig sinnvolle Möglichkeit schien mir, wieder eine Lehrtätigkeit in einer Schule anzustreben, mit geregeltem Stundenplan und viel Ferien. Das sagte mir mein Verstand, der meine inneren Widerstände zum Schweigen brachte. Ich gab wieder eine „Bestellung beim Universum" auf: Bitte eine Stelle als Eurythmielehrerin an einer Waldorfschule, aber bitte nicht mehr als zwei Tage in der Woche! Dafür bin ich dann auch bereit, eine längere Strecke zu fahren, da die Waldorfschulen in Schleswig-Holstein nicht so dicht gesät sind. Ich bekam genau das, was ich mir gewünscht hatte, aber ob es das war, was ich wirklich brauchte? Wahrscheinlich schon, denn die Erfahrungen, die ich dort gemacht habe, waren so grauenhaft, dass sie mir zum endgültigen Abschied von meinem Sicherheitsdenken und faulen Kompromissen verholfen haben.

Seit ich mich auf den spirituellen Weg begeben hatte, musste ich immer wieder die Erfahrung machen, in meiner jeweiligen Umgebung wie eine Art Katalysator zu wirken, der Reaktionen in der Umgebung auslöst und die Menschen teilweise gegen mich oder auch gegeneinander aufbringt. Selbst wenn ich gar nichts sage oder tue, gibt es solche Reaktionen, die die Menschen dazu bringen, Stellung beziehen zu müssen im Hinblick auf das real erlebbare Geistige. Da ihnen das nicht direkt zum Bewusstsein kommt, ist meine Person eben oft der Stein des Anstoßes. So erfuhr ich eines Tages nichts ahnend, dass das gesamte Kollegium meinetwegen gespalten und zerstritten sei. Der äußere Anlass schien mir so banal, dass ich es erst gar nicht ernst nahm und dachte, die würden sich schon wieder einkriegen. Ich selber fühlte mich völlig unbeteiligt an diesen Auseinandersetzungen und bewahrte meine Gelassenheit. Es spitzte sich aber immer mehr zu, Missverständnisse führten zu gegenseitigem Misstrauen und erzeugten weitere Missverständnisse. Es schien ausweglos. Die entscheidenden Menschen verweigerten Gespräche mit mir, und die anderen fühlten sich hilflos. Ohne meine innere Arbeit hätte ich wohl sehr schnell kapituliert. Aber durch mein Karmaverständnis sah ich gerade in einer solchen Situation eine gewaltige Lernaufgabe, nicht nur für mich, sondern für alle Beteiligten.

Mein persönlicher Lernprozess bestand vor allem darin, zu lernen, meine eigene Wahrheit auszusprechen und Stellung zu beziehen, ohne zu kämpfen und ohne die Flucht zu ergreifen. Kämpfen war nie meine Sache. Dagegen besitze ich einen ausgeprägten Fluchtinstinkt. Äußerer und innerer Rückzug waren meine vertrauten Verhaltensmuster. Dahinter steckt die Erfahrung vieler Inkarnationen, in denen das Aussprechen der Wahrheit das Leben kosten konnte, oder zumindest den Verlust der Gemeinschaft. Aber auch das Nichtaussprechen kann Folgen haben, die zu Ausgrenzung, innerem Rückzug und Isolation führen. Äußere Zugehörigkeit ist dann im Widerspruch mit dem inneren Erleben. Das war ein wesentliches Problem schon in meiner vorhergehenden Inkarnation gewesen, in der ich auch in einem Kollegium war, in dem ich meine Integrität nicht leben konnte, aber aus Gründen der Existenzsicherung auch nicht weggegangen bin. In einer ähnlich verlogenen Situation befand ich mich auch jetzt wieder, wobei ich weggehen nicht als die Lösung der Wahl betrachten konnte, da es ohnehin meinem Fluchtinstinkt entsprochen hätte. Ich wollte es schaffen, meine innere Wahrheit so aussprechen zu lernen, dass es um meinetwillen und um dieser Wahrheit willen geschieht, nicht aus dem Anspruch heraus, verstanden zu werden oder Recht zu behalten. Ich bekam reichlich Gelegenheit, das zu üben. Meine innere Arbeit war sehr intensiv in dieser Zeit. Ohne diese spirituelle Arbeit und die Einsicht in das zu lösende Karma hätte ich wahrscheinlich nicht durchgehalten.

Ich klammerte mich mit aller Gewalt an diesen Job, nicht nur aus finanziellen Gründen, sondern weil ich meine Aufgabe aufgrund meines Erlebnisses des Versagthabens in dem vorigen Leben in der Bewältigung dieses Konfliktes sah. Das Trauma des unmittelbar vorherigen Lebens war zur Aufgabe für dieses Leben geworden, natürlich ergänzend zu den langfristigeren Aufgaben aus den Urtraumata vieler früherer Leben. Es war aber von der Schul-Seite gar keine Lösung gewünscht. Man wollte mich nur noch loswerden. Glücklicherweise konnte ich erreichen, dass ich fast ein halbes Jahr mein bescheidenes Gehalt weiter gezahlt bekam. Das verschaffte mir etwas Luft, so dass ich nicht gleich wieder den Druck des Arbeitsamtes im Nacken hatte. Ich musste große innere Anstrengungen unternehmen, um mir jegliche Existenzängste geradezu zu verbieten. Ich wollte nicht gleich wieder in Panik auf eine frustrierende Jobsuche gehen und mich an äußeren Möglichkeiten oder Unmöglichkeiten orientieren, die keine echte Perspektive versprachen.

Also beschloss ich, ganz auf meine innere Stimme zu hören, was jetzt wirklich zu tun sei. Ich fühlte mich zum ersten Mal ganz frei von allen Notwendigkeiten karmischer Art. Die Belastungen des vorigen Lebens fühlte ich schlagartig von mir abfallen, als ich diese Schule verließ. Auch wenn die Aufarbeitung und Erlösung anders vonstatten gegangen war, als ich es mir vorgestellt oder gewünscht hatte, hatte ich den Eindruck, befreit zu sein von diesem alten Druck. Was ich auf der äußeren Ebene als Misserfolg gewertet hatte, schien in anderen Dimensionen seine Wirksamkeit zu entfalten und Bewusstseinsprozesse in Gang zu setzen, für die ich den Anstoß geben konnte.

Ich hatte nun keine Ambitionen mehr, es noch einmal in einer anderen Schule zu versuchen. Es gab nichts mehr zu verlieren! Ich wollte nun endgültig keine Kompromisse mehr machen, sondern mich im Vertrauen auf meine innere Stimme üben, um zu tun, was dieser Wahrnehmung entspringt. Während dieser Zeit der inneren Besinnung war ich äußerlich nicht untätig, machte nebenbei noch eine Ausbildung in Fußreflexzonenmassage und in eine weitere in Astrologie. Aber ich wusste, dass dies alles nur Bausteine für etwas Umfassenderes werden sollten, was mir noch verborgen blieb.

In meinen Meditationen wurde ich auf das Akzeptieren eines absoluten Ruhezustandes verwiesen. Ich sah mich selber wie ein kleines im Boden ruhendes Samenkorn, wohlig geborgen und in der vollkommenen Gewissheit, von der Sonne geweckt und hervorgelockt zu werden, wenn die richtige Zeit gekommen ist. Meine Aufgabe bestand lediglich darin, ganz in mir zu ruhen, mein inneres Licht wahrzunehmen und mich nicht um äußere Dinge zu kümmern. Dem zukünftigen Wachstum sollte eine innere Konsolidierung, Sammlung und Reifung vorangehen. Dann kam eine Zeit, in der ich gezielt meine geistigen Führer um eine neue Aufgabe bat. Zuerst kam es mir vor, als belächelten sie mein Ansinnen, weil ich doch in ihren Augen so klein war. Gut, sagte ich, dann bitte ich eben um eine kleine Aufgabe, die meiner eigenen Kleinheit angemessen ist! Ich bekam etwas ins Herz gesenkt, was ich wiederum als Samenkorn empfand. Es gab mir eine große Sicherheit, dass etwas im Werden war, auch wenn ich noch nicht wusste was.

Später tauchten Bilder auf, in denen ich mich zu vielen Menschen sprechen sah, was in der Realität nun nicht gerade mein Ansinnen war, geschweige denn meine Fähigkeit. Ich verstand nur soviel, dass es weiterhin meine Aufgabe sein würde, das Aussprechen meiner eigenen Wahrheit zu üben, aber nicht mehr nur in alltäglichen Begegnungen, sondern öffentlich. Ich sollte lernen, über real erlebte Spiritualität zu sprechen, über Dinge, die man heutzutage eher verschweigt, wenn man nicht für verrückt oder überheblich gehalten werden will. Oft schon hatte ich in der Karmaarbeit die Erfahrung gemacht, dass es gerade die alten Schwächen und Blockaden sind, die bei entsprechender Verwandlung zu der neuen Aufgabe hinführen. Ich musste gar nicht nach Gelegenheiten suchen. Sie kamen wie von selbst auf mich zu. Zuerst wurde ich gebeten, für die Zeitschrift „Lazarus" ein Interview zu geben, in dem ich über meine Erfahrungen mit karmischen Realitäten berichten konnte. Daraus ergaben sich Kontakte, die mir später eine Ausweitung meiner Arbeit ermöglichten.

Dann wurde ich gefragt, ob ich jemanden kenne, der einen Vortrag über den Grafen Saint Germain halten könnte, in dem nicht nur historische Gegebenheiten, sondern auch esoterische Strömungen und Sichtweisen zu diesem Thema zur Sprache kommen. Ich hatte mich schon seit längerem mit dieser Gestalt beschäftigt und wusste, wie komplex das Thema war. Etwas in mir sagte: Ergreife deine Chance, so etwas kommt so schnell nicht wieder! Gleichzeitig stieg Angst in mir hoch, Angst vor der vielen Arbeit, die das mit sich bringen würde, ohne entsprechende Bezahlung natürlich, und Angst, vor vielen Leuten über so ein heikles Thema zu sprechen. Ich antwortete zunächst sehr zögerlich: „Nein, ich kenne niemanden. Aber ich denke mal darüber nach." Tagelang habe ich mit mir gekämpft, bevor ich schließlich anbot, es selbst zu versuchen. Schließlich war meine Freistellung bei weiterer Gehaltszahlung ein Geschenk des Schicksals, wofür ich gerne der Welt etwas zurückgeben wollte. Es folgten monatelange Forschungen und schriftliche Ausarbeitungen für den Vortrag, der anlässlich eines Konzertes mit Musik des Grafen Saint Germain in Eckernförde gehalten werden sollte. Ich suchte Kontakte und Gespräche mit Vertretern der unterschiedlichsten esoterischen Strömungen, um ein möglichst umfassendes Bild zu gewinnen, was Menschen heute mit dem Namen Saint Germain verbinden.

Der finanzielle Aufwand überstieg beinah das zu erwartende Vortragshonorar. Doch ich verbot mir weiterhin jegliche Gedanken an das, was nach dem Vortrag kommen würde, ob und womit ich jemals wieder Geld verdienen würde. Ich versuchte nach Möglichkeit, ganz in der Gegenwart zu leben und mich ganz auf dieses Projekt zu konzentrieren, trotz der ungewissen Zukunft. Das Vortragsskript war schon weitgehend fertig gestellt, als ich einen ersten kleinen Probevortrag in Stuttgart hielt, der spontan organisiert war und auf große Resonanz stieß. Bei meiner Rückkehr nach Eckernförde empfing mich mein Mann mit der Nachricht, dass er zu günstigen Konditionen die Übernahme eines lokalen Verlags angeboten bekommen hatte. Gleich wurde die Idee geboren, aus meinem Vortragsskript das erste Buch herzustellen, möglichst noch bis zum Vortragstermin. Wir arbeiteten auf Hochtouren. Alles fügte sich wie ein Wunder so perfekt, dass meine Überzeugung, das Richtige getan zu haben, gestärkt wurde, auch wenn ich immer noch nicht wusste, was nach dem Vortrag kommen würde und wovon wir überleben sollten. Die letzten Ersparnisse waren für den Druck des Büchleins[24] aufgebraucht worden und zwischenzeitlich saß mir wieder das Arbeitsamt im Nacken.

Durch das Interview im „Lazarus" hatte ich unter anderem Kontakt zu Daniel Häni in Basel bekommen. Er lud mich ein, im „unternehmen mitte" den Vortrag über Saint Germain zu wiederholen und am nächsten Tag einen Vortrag über meine Arbeit zu halten. Außerdem bekam ich dort Gelegenheit, mit Interessenten Einzelgespräche zu führen. Es war ein durchschlagender Erfolg. Viele Interessenten mussten auf einen späteren Termin vertröstet werden. Ich plante also weitere Aufenthalte in Basel sowie in Stuttgart ein. Wenn ich auf Reisen war, meldete ich mich als Freiberuflerin vom Arbeitsamt ab. Dadurch gewann ich etwas Spielraum, denn ich entkam durch das ständige An- und Abmelden erneuten Schikanen. Ich war fest entschlossen, mich selbständig zu machen, versuchte es aber so lange wie möglich hinauszuzögern, um die wirtschaftliche Existenz der Familie nicht früher als nötig aufs Spiel zu setzen.

Schließlich wagte ich den Schritt in die Selbständigkeit mithilfe eines Existenzgründungszuschusses vom Arbeitsamt. Meine Tätigkeit setzt sich zusammen aus Eurythmiekursen (hauptsächlich Kindergarten), Karmaarbeit mit einzelnen Menschen und seit zwei Jahren zunehmend in Seminaren. Es wechseln Zeiten mit über fünfzig Stunden Arbeit in einer Woche mit ganz ruhigen Zeiten ab. Ferien mache ich meistens zu Hause an der Ostsee, wo ich in unmittelbarer Strandnähe wohne. Arbeit gibt es am meisten auf Reisen, denn da die meisten Leute nicht zu mir fahren können, fahre ich herum. Diese extremen Wechsel sind gewöhnungsbedürftig. Manchmal wünsche ich mir, es wäre gleichmäßiger verteilt und es gäbe die Sicherheit, dass immer genug zu tun ist. Aber Leben besteht aus Rhythmen. Machen es nicht die Bäume genauso, dass sie zuweilen alle Blätter abwerfen und Ruhe halten, um dann wieder umso frischer weiter wachsen zu können? Was können ihnen der Wechsel der Jahreszeiten und das Wetter schon anhaben?

Die Gelassenheit eines Baumes in mir spüren zu lernen, sehe ich als meine derzeitige Lernaufgabe an. Manchmal gelingt es gut, aber in Flautezeiten ertappe ich mich gelegentlich noch dabei, dass ich heimlich Stellenanzeigen studiere. Ein letzter Rest von Sicherheitsbedürfnis hat mich manchmal noch im Griff. Da denke ich an die Vorteile, die ein Gefängnis auch haben kann, hätte ich doch meinen Job in der Schule niemals freiwillig losgelassen, wenn mich das Schicksal nicht mit einem Fußtritt hinaus befördert hätte. Heute kann ich dafür nur dankbar sein, dass ich dieser „Mühle" entronnen bin.

Sabine Wandelt-Voigt

Leben – Atem - Arbeitsbiografie

Das Neue,
das durch uns geschehen will
das noch nicht Gedachte
lässt sich nicht vorausplanen
es will
empfangen werden

Roter Faden

Ob ich zum Thema Arbeit schreiben will? Ich will. Seit Tagen befrage ich Leute: Was heißt für dich Arbeit? Das Ergebnis erschreckt mich. Mehr als die Hälfte antwortet spontan etwa so: Arbeit? - eine lästige Notwendigkeit. „Ich muss halt meine Arbeitskraft verkaufen, um meine Existenz zu sichern...", antwortet der Gartennachbar, während er seit drei Stunden in der Erde wühlt - zum Spaß natürlich. „Wenn ich nicht müsste, würde ich nie arbeiten; ich bin von Natur aus faul!" sagen Freunde, die sich leidenschaftlich engagieren können. Die palästinensische Studentin strahlt: „Wenn ich einer Freundin ein ganzes Wochenende beim Tapezieren helfe – das ist für mich keine Arbeit!" Also selbst studierte Köpfe reflektieren nicht unbedingt, dass sie den Begriff Arbeit am Geldverdienen festmachen.

Der Werdegang meiner Arbeit kann je nach Standpunkt als holprig oder schöpferisch angesehen werden. Sie wandelt ihr Gesicht alle sieben bis zehn Jahre, und hat doch immer mit demselben zu tun: mit Sprache. Managergehälter und Einkommen auf Sozialversicherungsniveau wechselten einander ab. Aber was genau hat Einkommen mit der eigenen Arbeit zu tun?

Ich glaube, solange wir diese zwei Fakten nicht unterscheiden, ja trennen, besonders in der Bewertung unsrer Arbeit und unsres Selbstwerts, solange binden wir erhebliche Kräfte in uns, die wir brauchen für ein selbst bestimmtes, erfülltes Dasein in Zufriedenheit - mit mehr oder weniger Geld.

Bei mir dauerte es lange. Mit dreißig hat es begonnen, dass ich verwirklichen konnte, was ich wollte. Seit früher Jugend hatte ich ein sicheres Gefühl für die Qualitäten, die mir am Herzen liegen. Doch mir fehlten konkrete Bilder. Es gab dafür kein Berufsbild. Ich wollte therapeutisch wirken. Das Medium, das ich liebte, waren die darstellenden Künste. Und ich sehnte mich brennend nach neuen sozialen Räumen.

Während der langen Suche litt ich unter einer hohen Spannung zwischen meiner Sehnsucht, einer diffusen Vision, die ich wie einen Auftrag erlebte, und Zweifeln an meinen konkreten Schritten. Erst im Nachhinein wurde mir der rote Faden erkennbar.

Meine Arbeit ist ein Gewebe geworden. Wie bei einem Zopf kommt mal der eine Strang in den Vordergrund, während der andere in den Hintergrund tritt, um dann Jahre später umso kraftvoller wieder in den Vordergrund zu treten. Zusammen bilden die Stränge eine Verbindung von Fähigkeiten, die ich heute je nach Bedarf anders gemischt zur Verfügung stelle.

Ich habe meine Tätigkeitsfelder fast nie auf dem direkten Weg gefunden. Meist kamen sie auf mich zu. Nie im Leben hätte ich das planen können. Es kam immer anders, als ich mir vorstellte. Das erste Spielfeld für sieben Jahre bot sich in einem Wirtschaftsunternehmen. Ironie des Schicksals: Ausgerechnet die Ausbildung in der scheinbar weltfremden Eurythmie verschaffte mir Managereinkommen.

Vom Spinnen der Fäden und den daraus entstandenen Geweben will ich erzählen. Ich hoffe, damit zu inspirieren besonders junge Menschen, vertrauensvoll die Unsicherheiten zu tragen und mutig ihren ureigenen Weg zu gehen.

Ich beginne mit dem heutigen Tag, dem 11. Juni 2007:

Ich bin zum Schreiben in den Garten gegangen, ahne, dass es mir neue Einsichten – Übersicht schenken wird. Ich freue mich, wie wenn es zur Ernte geht. Der Zeitpunkt passt. Vorgestern war die Premiere der Solofassung meines Theaterstücks. Es hat bestanden - vorm Publikum und vor mir. Das ist also in 48 Jahren die bisher gelungenste Verflechtung meiner Lebensanliegen. In nichts fühle ich so sehr „meine Arbeit" wie in dieser Produktion.

Ich spiele ein Theaterstück, selbst verfasst aus bewegenden Gesprächen mit Menschen, deren Leben geprägt ist von sexuellen Machtübergriffen im Kindesalter. Mir geht es um Heilung. Ich erzähle Geschichten von der Kraft des In-Dividuums = des Un-Zerteilbaren. Von der Möglichkeit, sich beharrlich an die Heilkräfte in sich selbst anzuschließen. Ich weiß, dass Menschen an diesen Abgründen zerbrechen können. Ich kenne die Wirkung Ich-zerstörender Kräfte. Umso wichtiger scheint es mir, von Menschen zu erzählen, die durch die Hölle gingen und heute sagen können: Ich weiß nicht, ob ich so tief gekommen wäre in dem, was mir am Herzen liegt, wenn ich nicht dieses Schicksal gehabt hätte. Diesen Satz habe ich von unterschiedlichsten Menschen gehört. Ihre Geschichten will ich in die Welt bringen.

Gesprächsrunden gehören zum Abend dazu, nicht mehr frontal, sondern im Kreis sich zusammenzusetzen, um auszutauschen, was auf der Seele brennt oder sonst im Hals stecken bliebe. Von Aufführung zu Aufführung entsteht eine Gesprächskultur, für die ich brenne seit meiner Jugend. Kreis statt Pyramide. Eine Atmosphäre „weg von Gesprächsleitung" – „hin zu Wachheit aller für das Ganze". Das Gespräch war gelungen in dieser Hinsicht. Kurz vor der Vorstellung hatte mir ein fünfjähriger Freund einen herzförmigen Stein geschenkt, den hatte er gefunden, der sei für mich. Diesen Stein legte ich in die Mitte der Gesprächsrunde als Sprechstein – warum sollen wir nicht von den Indianern lernen.

Was ich mir noch wünsche für dieses Projekt, ist ein Seminar direkt im Anschluss an das Theater, um die Resonanz auf das Stück gemeinsam tiefer zu verarbeiten; es ist auch ein kollektives Thema. Die mir zur Verfügung stehenden Mittel sind die körperpsychotherapeutische Atemarbeit mit Gespräch und die aus der Meditation entwickelte körperzentrierte Herzensarbeit. Ich denke an ein Leitungsteam, durch das andere Methoden ergänzt werden.

Von Anfang an

Ich durchleuchte die Phasen meines Lebens unter dem Fokus Beruf. An einen Berufswunsch als Kind erinnere ich mich nicht. Mit sechs lernte ich Puppenspieler kennen, echte. Das war deren Beruf! Ich durfte sogar mal mit den Dombrowskies in der DDR im Zirkuswagen mitziehen, da war ich zehn und schlief im Stockbett zusammen mit der Tochter. Die spielten auf einer Burg und die Marionetten waren fast so groß wie ich und viel zu schwer. Zauberwelt – diese Menschen wissen noch, dass alles lebendig ist, auch die Dinge! Das löste helle Freude in mir aus. - Aber dass ich mir das für mich zu tun gewünscht hätte?

Heute bilde ich mich für mein ErzählTheater bei einer Figurentheaterspielerin weiter.

Herkunft

Meinen Vater kannte ich als Volksschullehrer, meine Mutter hatte Schuhverkäuferin gelernt. Als ich zehn bin, entdecke ich anhand von Fotos, dass mein Vater vor der Familiengründung „richtiger Schauspieler" war. Das ist sehr aufregend und rätselhaft, erklärt mir seine Ambivalenz zum Lehrersein. Meine Mutter übernimmt zu der Zeit ungelernt die Leitung einer Altentagesstätte und entwickelt sie zu einer der erfolgreichsten der Stadt. Sie entfaltet ein ausgesprochenes soziales Talent, nimmt an der Volkshochschule Sprachkurse und wagt sich mit fünfzig „Alten" ins Ausland. Sie wird geliebt für ihren Mut und ihr Vertrauen.

Roter Faden

Da gibt es also eine ausgebildete theatralische Ader und ein handfestes soziales Talent im Erbe. In beiden Feldern wird mir eine gewisse Selbstverständlichkeit und natürliche Sicherheit zu eigen. Dennoch brauche ich lange, bis ich anerkenne, dass letztlich die Stärken meiner Eltern mir den Boden für das Verwirklichen meiner Ideale bilden.

Schule versus wirkliche Schule, das Leben draußen, von sechs bis achtzehn

Die Schule macht keinen besonderen Eindruck auf mich. Aus der Grundschule behalte ich die Erinnerung an eine böse Lehrerin, die einen verhaltensauffälligen Jungen gemein behandelt, in dem sie ihn regelmäßig vor der Klasse lächerlich macht. Ein paar andere und ich organisieren passiven Widerstand: wir lachen nicht mit! und gucken ihr ganz ernst direkt in die Augen.

Im Gymnasium erlebe ich nur den Deutsch- und den Musikunterricht als das ausbildend, was sich in mir bilden will. Das Profil ist so einfach wie es schwierig ist. Diese Lehrer brannten für ihr Fach, achteten uns und liebten es, uns ihre Welt ans Herz zu legen. Ich war unerbittlich. Wenn ein Lehrer diese Liebe zur Sache und zu den Menschen verloren hat, ist er mir nicht glaubwürdig. Dann kann und will ich seine Autorität nicht akzeptieren – und lasse ihn das spüren. Ich wollte in einer Welt leben, in der die Menschen lieben, was sie tun oder zumindest darum ringen. Alles andere macht keinen Sinn.

Gegen den Willen der Eltern wechselte ich zur Oberstufe auf ein Gymnasium mit Sozialwissenschaften und Psychologie als Leistungskurs. Zu dieser Zeit dachte ich, Psychologie wäre das Studium, das meinen Drang erfüllte, mich und Menschen überhaupt zu ergründen.

Meine Entwicklung habe ich parallel zur Schule gesucht. Mit dreizehn komme ich zur Burg Waldeck. Mit fünfzehn bin ich neunmal im Jahr dort. D a s war wichtig. Hier sitze ich als eine der Jüngsten nächtelang mit anderen ums Feuer und wir träumen und reden, warum und wofür wir auf der Welt sind. Welche Ausbildungen uns für diese Ziele am besten dienlich sein können von den Angeboten, die es gibt. Unsere Gespräche kreisen um soziale Fragen, um Wahrhaftigkeit in der Begegnung, um die anarchische Schöpferkraft im Menschen, um Sinn.

„Konsumterror" war der Terror, den wir bekämpften. Dass „Terror" für die Gleichaltrigen der nächsten Generation wirklich Schrecken heißen würde und Konsum seinen Zwang schon im Klassenzimmer ausüben, Kinder dem Wahn erliegen würden, dass Markenklamotten für ihre soziale Stellung unverzichtbar seien – all das hätten wir uns nicht träumen lassen. Die einseitige Betonung des Materiellen um uns herum wäre im Grunde nur lächerlich gewesen, wenn sie sich nicht derartig erstickend und deprimierend ausgewirkt hätte. Manche gingen daran zugrunde.

Meine Freundin A. zum Beispiel, gestopft mit Zeug, Hund und Reichtum verhungert sie. Zwischen unserem fünfzehnten und siebzehnten Lebensjahr begleite ich sie, die sich in eine Magersucht geflüchtet hat, durch wechselnde Landeskrankenhäuser, Anstalten und Privatkliniken. Nach drei Jahren dieser Odyssee waren Tabletten- und Alkoholsucht hinzugekommen. Kein Wunder. In Bethel wurde sie völlig entmündigt, in Krefeld „lag" sie in einem 30!!-Bettenzimmer in der mittleren von drei Zehnerreihen mit Tabletten ruhig gestellt neben einer demenzkranken Alten. Sie ist ums Leben gekommen.

Auf die Weise habe ich bereits vor dem Schulabschluss eine Art dreijähriger Feldstudien in westdeutschen Psychiatrien gesammelt. Eindrücke, die die Jugendliche damals nicht verarbeiten konnte. Aber meine Überforderung war nicht ausschlaggebend. Es ging darum, da zu bleiben, wenn fast alle anderen wegbleiben.

In derselben Zeit schließe ich mich einer Gruppe Schüler und Studenten an, die eine Wohnung in einem Haus der Stadt besetzen, um dort ehrenamtlich eine Spielstube zu betreiben. Hier bieten wir nachmittags von 14 Uhr bis 18 Uhr Schulaufgabenhilfe und Spaß für Kinder des sozialen Brennpunkts Nordstadt an. Es funktioniert, wir haben es lustig. Als der Zypern-Krieg ausbricht, haben wir ihn hautnah in der Spielstube, griechische und türkische Kinder, in Deutschland geboren, hauen aufeinander ein. Mit Festhalten und Spielen holen wir die Jungs aus dem Wahn zurück zu uns.

Tanzen und Straßentheater sind die Felder, in denen es unbeschwert zugeht. Hier lerne ich mein Englisch, flüssig, wenn auch mit einem „slight american accent", wie die Kommission in der Schule feststellt, als sie mich der mündlichen Nachprüfung unterziehen müssen. Der Englischlehrer knirscht, hatte er doch behauptet nicht einmal zu wissen, wie ich aussehe. Diese Regeln hatten wir studiert, wie viele Fehlstunden bei welchen Konditionen, um eben doch noch zur Abiturprüfung zugelassen zu werden.

Viele von „uns" verlassen vor dem Abitur die Gymnasien, um Sinnvolles zu lernen. Meist sind es Handwerke, die sie wählen. Ich bin streng mit mir und erlaube mir nur, von der Schule zu gehen, wenn ich weiß, was anstelle dessen tritt. Aus Ermangelung einer Alternative mache ich Abitur, mehr aus Versehen; die Universität lockt mich nicht mehr; die Sozialwissenschaften waren enttäuschend. Die stolze Bekundung der Lehrer, es sei alles schon sehr an der Universität orientiert – desillusioniert mich. Eine der wenigen Erinnerungen an den Leistungskurs ist eine Klausur in der dreizehnten Klasse. Ich lese Text und Aufgabe, halte inne, suche einen Ausdruck für den aufsteigenden Zorn und knicke die Papiere der Länge nach in der Mitte. Über die linke Spalte schreibe ich: „Was Sie hören müssen, um mir eine Note zu geben", über die rechte: „Was ich wirklich denke". Die linke beginnt mit einem bitteren Vorspann: „Ich nehme an, Sie haben neben sich eine Liste liegen, auf der die von uns zu erkennenden Punkte aufgeführt sind, um sie abzuhaken. Also bitte: …" So ratterte ich die Textvorlage entlang, die ich auf der rechten Seite auseinander nahm als eine Art der Anschauung, mit der man niemals dem Wesen Mensch gerecht werden könne. Es ging um Psychologie. Die Arbeit bringt volle Punktzahl. Vom Abitur selber oder einer Abiturfeier habe ich keinen einzigen Eindruck behalten.

Da stand ich nun. Es war nicht genug Zeit gewesen, mich trotz der Schule auf den Ernst des Lebens danach vorzubereiten, so war mein Gefühl. Gott sei Dank lebte ich schon eineinhalb Jahre in meiner Wohngemeinschaft, so dass ich mich auf die Ausbildungsfrage konzentrieren konnte. Ich muss, glaube ich, erwähnen, dass ich ohne einen Pfennig Unterstützung von Eltern oder sonstiger Seite von Außen diese Zeit von Januar 1976 bis zum Abi im Sommer 1977 gelebt hatte. Es war uns selbstverständlich. Ich lebte in einer Szene, in der es üblich war, soziale Experimente zu machen. Wir dachten ja, wir seien nur die Eisbrecher für die, die nach uns kommen. In unserer kleinen Gemeinschaft von Freunden schmissen wir alles in eine

Kasse. Wir lebten ohne privates Geld. Ich verdiente mit meinem Nachhilfeunterricht das Wenigste. Nie auch in den Zerwürfnissen hat mir je einer
vorgeworfen, ich hätte von seinem Geld gelebt. Jahre später habe ich das
erst begriffen und bei Gelegenheit den andern mal gesagt, die lachten aus
vollem Halse, nee, auf den Gedanken wären sie noch nie gekommen.

Roter Faden

Vielleicht hat dieser Einstieg in das eigenständige Leben in mir die Erfahrung
eingeprägt, dass ich vertrauen darf und kann, auch wenn ich nicht immer
präzis kalkulieren kann, wie ich die anstehenden Ausgaben finanzieren werde.

Kreis und leere Mitte – eine Art Vision

Von siebzehn bis neunzehn gehörte ich zu einer Freundesgruppe, die sich
abendlich im ausgebauten Keller einer ehemaligen Fabrik traf, in der einige
von uns lebten. Wir waren mächtig stolz darauf, dass unser Zusammensein
interessanter war als alle TV Programme und sonstigen Ablenkungen von
dem, was Menschen wirklich ernährt. Kontakt, Austausch, Wärme. Beuys
hatte das in Begriffe gefasst. Unsere Mittel waren einfach. Wir lagerten uns
in einen Kreis und wer ein Anliegen hatte, teilte es den andern mit, in dem er
in die Mitte des Kreises ging und die Themen durchspielte. Hier löste ich
zum Beispiel eine Leseblockade, die mich pünktlich vor dem Abitur befal-
len hatte. Ich ließ mich gehen und sprach alles aus, was mir in den Sinn
kam, schimpfte, lachte und weinte drauf los, bis ich plötzlich begriff, was
sich in mir da so verweigerte und warum. Der Knoten war geplatzt. Ab
diesem Abend konnte ich mich auch durch Bücher auf die Prüfungen vorbereiten. Unsere Abenteuer fanden in uns selber und zwischen uns statt.

Es war in dieser Zeit als der Begriff Vision bei uns auftauchte. Während ich
mich fragte, was meine Vision ist, sah ich ein abstraktes Bild:

„Einzelne Säulen – frei stehend – jede mit Himmel und Erde verbunden
und aus beiden Richtungen empfangend – gemeinsam bilden sie einen

Kreis, der sich um seine Mitte ordnet. Die Mitte ist leer. Weder ein Mensch noch eine Idee besetzen sie. So können in der Mitte die Impulse der Einzelnen zusammen fließen und etwas Neues kann entstehen. Auch kann der leere Kreis zum Gefäß werden für Intuitionen für diese Gruppe."

Für mich ist dieses Bild bis heute ein Symbol, dessen Bedeutung sich mir immer weiter erschließt.

Roter Faden

Später einmal hörte ich eine Aussage von Rudolf Steiner, die mich bis in die Knochen traf. Er soll in den Zwanziger Jahren einen Vortrag gehalten haben, in dem er dem jungen Auditorium ans Herz legte: In den Fünfziger Jahren werden Seelen geboren, die hoch entwickelt sind. Sie bringen einen sozialen Impuls mit auf die Erde und werden auf Verhältnisse stoßen, in denen nichts davon verwirklicht ist. Auf diese Umstände werden sie nur mit Verneinung reagieren können. Da sie aber im Inkarnationsprozess ihre Intentionen nicht mehr bewusst erinnern, brauchen sie unter den Älteren dann Menschen, die ihnen helfen sich selbst in dieser Verweigerung zu verstehen, um ihren eigentlichen Impuls be- und ergreifen zu können. Sonst würden diese jungen Menschen in den Psychiatrien, in Süchten und im Selbstmord enden.

Ich hatte damals und jetzt im Schreiben auch wieder das Gefühl, dass das „wir," das ich immer empfand, genau diese Menschengruppe meint. Das ganze Dilemma und teilweise die Tragik dessen, was meine Jugend ausmachte, war in dieser Aussage erkannt und benannt. Ich persönlich hatte einen sehr großen Schutz. Manche der Sensibelsten haben nicht landen können und sind sehr früh und wie ich damals fürchtete, unverrichteter Dinge wieder gegangen. Ich empfand Schmerz und Zorn. Und ich kann sie immer noch fühlen.

In diesen Worten Rudolf Steiners fand ich einen größeren Zusammenhang für die verneinende Haltung gegenüber den Gegebenheiten, die auch in mir vorherrschte und in einer Seelenschicht immer noch fühlbar ist. Dabei ist es ja so, dass die Ablehnung dessen was ist, blockierend wirkt und dem Verfolgen der eigenen Ziele Kräfte abzieht.

Doch lag in dieser Aggression auch große Antriebskraft. Ich bin beim Be-Schreiben meiner Jugend wieder in diese Energie hineingeraten und lasse sie als Kostprobe der Stimmung dieser Zeit so stehen.

Angesichts dieser Empfindungen waren mir Begriffe wie „Karriere" für meinen Lebensentwurf unpassend, eine Ausrichtung darauf sinnlos, weil am Wesentlichen vorbei. Vielleicht mischte sich da auch eine Spur von Hochmut mit ein. Hochmut – der einem Idealismus entspringt.

Ausbildung in der Warteschleife – vom 18. bis 21. Jahr

Das erste selbst verdiente Geld nach dem Abi kam für einen Straßentheaterauftritt. Einen Sommer lang zu dritt auf Tour bei Stadtfesten. In Bremen wurden wir aufgenommen von einer Truppe, die gerade mit Tabori den Hungerkünstler inszeniert hatte. Vierzig Tage hatten sie unter ärztlicher Aufsicht gehungert, für ein authentisches Spiel. Das imponierte mir. Hier traf ich auf Menschen, die mir vorlebten, dass meine Ansprüche erfüllbar sind. Wir durften am täglichen Körper-Stimm-Training bei Alphea Pouget teilnehmen.

Natürlich wollte ich studieren, aber erst, wenn ich genau wusste, was ich will. Womit ich zu tun haben will, das wusste ich. Bewegung, Stimme, Sprache und mit Menschen in einer sozial wirksamen Weise. Forschen, nicht müde werden, bis wir Formen gefunden haben, in denen mehr Menschsein Raum findet, als das um uns herum gewöhnlich der Fall war.

Es begann eine Zeit, in der ich unter meinen Ansprüchen an mich selbst litt. Im Rückblick ist es überschaubar. Damals war es schwer, meinen Weg zu verfolgen. Die andern nahmen ihre Studien auf. Ich zweifelte, scheitere ich oder folge ich unbewusst einer klaren Spur? Mein Arzt schrieb „Jugendliche Depression" in seine Karteikarte.

Dreimal rückte die Zeit der Bewerbung an Unis näher, dreimal verstrich die Frist. Ich wusste zwar jedes Mal mehr, was ich nicht wollte, aber immer noch nicht was? Jedes mal entschloss ich mich zu einer sinnvollen Tätigkeit für ein Jahr. Es gab diese Begriffe noch nicht, heute könnte die Jugendliche sagen, sie mache ein freiwilliges soziales Jahr. Es wurden drei: Ein

Jahr in der Psychiatrienachsorge auf einem Demeter Bauernhof, ein Jahr Arbeitswelt als Briefträgerin und ein Jahr als Hilfslehrerin in einer Schule für Schwerbehinderte.

Markante Eindrücke aus dieser Zeit

Erstmal lernte ich arbeiten. Von den Pflanzen und den Tieren lernte ich das. Von ihnen konnte ich die Notwendigkeit von Rhythmus annehmen. Hier bekam ich Chancen, deren Erfahrung mich der Anthroposophie tief verbunden hat.

Auch lernte ich das holländische Unternehmensberatungsinstitut NPI kennen. Gerade während meines Praktikums führten sie eine Organisationsberatung durch. Aus lauter Neugierde riss ich mich um den Kaffeedienst. Was da auf den flip charts stand, legte den Finger in die Gründe für die beengende zwischenmenschliche Atmosphäre. Das überzeugte mich. Ich rief sofort in Holland an: Das will ich machen! Die Dame am Telefon lachte herzlich. Um bei ihnen zu arbeiten, müsse ich erst ein BWL Studium absolviert haben und danach drei Jahre in der Wirtschaft selbständig tätig gewesen sein.

Zehn Jahre später wurde ich ohne mein Zutun gefragt, ob ich Dr. Lex Bos, einen der NPI Berater in seinem Seminar „Neue Fähigkeiten im Management" begleiten wolle - als Künstlerin. Daraus wuchs die Haupttätigkeit meiner Arbeit in den 90er Jahren. Das war so ein Zeitbogen zwischen Wunsch und Verwirklichung, dessen Weite ich damals überhaupt nicht ermessen konnte.

Bei den Postlern lernte ich noch ganz anders arbeiten. Ich entwickelte Hochachtung vor diesen Leuten, denen ohne großes Aufheben so viele Abläufe leicht von der Hand gingen. Der mich einlernende Briefträger lief als Sozialstation durch seinen Bezirk, während ich hektisch hinterher stolperte. Hier wurde „Abitur" zur Entschuldigung für meine praktische Unbeholfenheit. Das fand auch ich zum Lachen.

In der Schule für schwer behinderte Kinder wird meine Aufgabe das tägliche Märchen zum Abschluss zu erzählen. Wir haben geballte Schicksale im engen Klassenzimmer und viel miteinander zu lachen.

Mein Weg ist der…

Eines Tages quält mich die Ungewissheit meiner Zukunft sehr. Im Vergleich mit meinen Freunden kam ich mir verloren vor. Da fing ich aus meiner Not heraus an lauthals zu improvisieren:

Was ist Dein Weg? – Mein Weg ist der Tibetanische Buddhismus.

Was ist Dein Weg? – Mein Weg ist die Psychologie.

Was ist Dein Weg? – Mein Weg ist die Tanzausbildung.

und Was ist Dein Weg, Sabine? – „Mein Weg ist – der Umweg!" platzte es aus mir heraus.

Wieder verlief das Substanzbildende im Hintergrund, fast im Verborgenen. 1978 fand ich meine Lehrerin. Atemarbeit nannte sie das, was für mich wie ein nach Hause kommen war. Wir saßen im Kreis und übten uns darin, die Sinne nach innen zu wenden. Wahrnehmen, was geschieht, ohne es zu beurteilen. Das braucht lange Übung. Was da alles auftaucht an Wirbel, um einen abzulenken. Sitzen bleiben und dran bleiben. Bis Stille eingekehrt ist und die Bilder von innen aufsteigen. Das gab mir Halt. Das war Orientierung, der ich zweifellos vertrauen konnte. Auch wenn der heiß ersehnte Ausbildungs- und Berufsplan weiter ausblieb, ich lernte vertrauen. Hier entstand eine Form des Gesprächs, die hatte mit dem zu tun, was ich suchte und ersehnte. Wahrhaftig sein. Sich selbst gegenüber. Auch die Spannungen untereinander wahrnehmen, nicht unter den Teppich kehren, anschauen und langsam begreifen. Eine dritte Möglichkeit von Kontakt jenseits von Sympathie oder Antipathie wird erahnbar.

Träume werden wichtig in dieser Zeit. Das Traumtagebuch findet seinen festen Platz neben dem Bett. Eine bis heute kostbare Gewohnheit.

Später werden Träume zu Inspirationsquellen für Theaterstücke werden.

Und Singen. Dass sich bei meinem Gesangslehrer Fritz Jäger Sänger von Opernhäusern der ganzen Republik in seiner Wohnung einfinden, registriere ich nur am Rande. Er sieht in mir das Potential zur Sängerin. Ich merke nur, wie gut es mir tut. Ich singe so gern. Aber Sängerin als Beruf – nein! Das Singen soll frei bleiben von jeglichem Druck.

Dass ich in diesen beiden von mir teuer selbst bezahlten Privatunterrichten Atemarbeit und Singen die Basis für alle meine spätere Tätigkeit lege, weiß ich zu diesem Zeitpunkt mit zwanzig Jahren nicht. Ich tue es einfach, weil ich es liebe und brauche.

Zehn Jahre später werde ich während meines Studiums an der Musikhochschule in Stuttgart den Wert meines Gesangsunterrichts begreifen und das Studium dort für zwei Semester unterbrechen, um bei Fritz Jäger in Wuppertal vertieft Stimmbildung zu studieren. Er wird mir unorthodox die Lehrerlaubnis in seiner Methode erteilen und meine ersten Unterrichte supervidieren.

Mein Interesse an Psychologie bekommt in der körperbezogenen Atemarbeit auf dem Hintergrund der Tiefenpsychologie von C. G. Jung Hand und Fuß. Doch keine Berufsausbildung – noch nicht. Erst 22 Jahre später werde ich extern vor dem Berufsverband der Atemtherapeuten eine Diplomprüfung ablegen. Diese Atemmethode wird zum unmittelbaren Instrument für mein thera peutisches Anliegen reifen; aber erst in vierzehn Jahren, während meiner sozialkünstlerischen Aufgabe in Wirtschaftsunternehmen, in Krankenhaus-Großküchen.

Therapie und Kunst – wie kriege ich das zusammen?

Da ich mich nicht entscheiden konnte zwischen Therapie oder Kunst, schaute ich mir während des Briefträgerjahres einige Ausbildungen zur Kunsttherapie an und erlebte sie als unzureichend für meine Ziele. Ich hatte den Eindruck, auch für therapeutische Zwecke braucht es den Mut zu einer rein künstlerischen Ausbildung! Die Atmosphäre, die ich an den Kunsttherapieinstituten fühlte, kam mir lau vor. Ich vermisste das Brennen im Interesse. Sätze wie: „Ich will ja kein Künstler werden, sondern Therapeut!", schmeckten mir nach Ausweichen. Die Künste wirken immer heilsam, wenn sie aus den Tiefen schöpfen. Ich fühlte, um an die Heilquellen der Kunst heranzukommen, muss man lernen, sich den Durchläufen eines schöpferischen Prozesses radikal auszusetzen, sich ihnen restlos zu stellen. Das benötigt neben Begeisterung und Leidenschaft auch Leidensfähigkeit, Dranbleiben, Stoffdurchdringung. Das alles war mir durch die Atemarbeit ein Begriff. Also Mut! - wage dich zu den Aufnahmeprüfungen an staatlichen Schauspielschulen. In der Hochschule der Künste in Berlin gehöre ich zu den dreißig Ausgewählten aus mehreren hundert Bewerbern für Schauspiel. Schwierig zu verarbeiten: in der letzten Runde fliege ich raus. Ich solle es im folgenden Jahr noch mal probieren, hatte mich der Fachbereichsleiter ermuntert. Was jetzt?

Sprache

Als ich zwanzig war, traf ich auf einen Gleichaltrigen, der alles befragte.

Was willst du mal tun?

Ich will mit Sprache arbeiten, wie genau, weiß ich noch nicht.

Warum denn ausgerechnet Sprache? –

Ich schloss die Augen und ließ die Frage auf mich wirken, selber neugierig auf die Antwort.

Da machte sich ein starkes Strömen bemerkbar. Genauer waren es zwei Ströme. Einer kam vom Raum hinter dem Hinterkopf, strömte im Hinterhauptsloch ein und von da in den Kehlkopf. Ein zweiter hatte seinen Ursprung im Herzen und stieg von da wie aus einer Quelle auf auch in den Kehlkopf. Da mischten sie sich und traten als ein Sprachstrom aus nach außen in die Welt. Der Hinterhauptsstrom war Licht, der aus dem Herzen lichte Wärme.

Helle Freude brach in mir aus, sowohl über den Inhalt als auch über die Art und Weise der Entdeckung. D a s war Gespräch! Einander so zuhören, dass Neues entsteht.

Ich nenne den Kern meines Herzensanliegens Sprache. Eine Art Koordinatensystem der Sprache entfaltete sich mir in diesen frühen Jahren. In der Atemarbeit lernten wir, in einen Dialog mit den Inneren Kräften zu treten. Die Sprache des Unbewussten wie die Sprache der Träume wollte gelernt werden. Gespräche wurden am interessantesten, wenn in ihnen Dinge zur Sprache kamen, die vorher keiner der Beteiligten gewusst hatte. Ob das geschehen konnte, lag mit an der Stimmung des Zuhörens. Und das zu üben, hatten wir Lust.

Der innere Anforderungskatalog an meine Berufsausbildung wuchs weiter. Im Freundeskreis waren unterdessen alle in irgendeine spirituelle Praxis aufgebrochen und zwar in die unterschiedlichsten. Dadurch bekam ich recht intime Kenntnisse verschiedener Schulungswege. Hatten wir in den 70ern etliche Selbsterfahrungsarten erprobt, ging es in den 80ern weiter in geistige Dimensionen hinein.

Die Ausbildung zu meinem Beruf sollte auch die geistige Ebene mit einbeziehen, Spiritualität einen Platz im Schauspielen haben, Schauspiel eine heilsame Wirkung entfalten, ohne moralisch, ideologisch im alten Sinne zu sein.

Auf der Suche nach meinem geistigen Umfeld

Ich fuhr im Sommer nach Griechenland. In Epidaurus fand ich ein Loch im Zaun und schlich mich in die Proben zum Sommertheater in der alten heiligen Stätte ein. Was der Regisseur mir erzählte, imponierte mir. Zu jeder der altgriechischen Tempelanlagen gehörte ein Theater als Ort zur Reinigung der Seele durch das Miterleben und Mitfühlen der dargestellten Schicksale. Theater als Vorhof zum Tempel. Tempel als freier Ort des „Erkenne Dich Selbst". Das traf meine Sehnsucht.

Die Anthroposophen waren die einzigen, die für mich erkennbar aus einer spirituellen Sichtweise und Schulung die gesellschaftlichen Arbeitsfelder neu gestalteten. Um das kennen zu lernen hatte ich schon zwei der praktischen Jahre, die Psychiatrienachsorge und das Schulpraktikum in diesem

Umfeld gemacht. Die in diesen Kreisen vorherrschende zwischenmenschliche Berührungsscheu verursachte mir zwar körperliche Atembeklemmung, doch solange wir zuhause in der WG nackt herumliefen, war das energetisch ausgeglichen.

Mein Atemerleben zur Sprache trug ich wie ein kostbares Geheimnis in mir verborgen. Mir tat es weh, wenn die Schauspielstudenten rumbrüllten und häufig Fäkalsprache benutzten. Welche Inspirationen waren da bei den Anthroposophen zu bekommen. So was nährte meine Liebe zur Sprache. Aber ich konnte nicht wirklich warm werden mit den Menschen dort, wohler fühlte ich mich unter den Menschen in den normalen Künstlerkreisen. Geist gegen Leben? Das konnte doch wohl nicht wahr sein.

Kurz nach der Absage von der Schauspielschule in Berlin bekam ich eine Tagungskarte für die internationale Eurythmietagung in Dornach geschenkt – im Wert von 400 DM. Beeindruckend war diese kleine alte hexenhafte Eurythmistin aus Berlin. Ihre Präsenz füllte die Bühne. Ich erklärte ihr meine Absicht, ich wolle Schauspielerin werden! Aber dieses Wartejahr jetzt, das könnte ich wohl am besten nutzen, wenn ich die Stimme zurückhalten und mit dem ganzen Körper von ihr Sprache bewegen lernte. Ob ich für ein Jahr in ihre Schule kommen könne.

Sieben Jahre Eurythmie von 21 bis 28

Mit dieser Ausrichtung fand ich mich im Herbst 1980 zum Eurythmiestudium in Berlin ein. Aus dem geplanten einen Jahr wurden sieben. Es kam mir vor, wie wenn ich in einem Fluss in eine Strömung geraten sei, die eine ganze Weile lang stärker war als ich. Im dritten Jahr nahm ich monatlich in Hamburg Schauspielunterricht bei Anne Marks. Während ich die Eurythmieausbildung bis zu Ende machte, blieben Atemarbeit und Gesangsunterricht in Wuppertal fester Bestandteile meines Lebens.

Wenn ich mich diesen sieben Jahren Berufssuche in anthroposophischen Institutionen nähere, steigt Groll in mir auf. Unter dem Groll finde ich tiefe Enttäuschung und Traurigkeit, Gefühle von im Stich gelassen, an meinen Idealen verraten worden zu sein, Angst, Resignation und Lähmung. Unter deckelnder Kraftlosigkeit vergraben stoße ich auf meine alte tiefe Sehnsucht.

Eine brennende Sehnsucht, in solchen Erfahrungen wie dieser Sprachst-rom-Antwort, ernst genommen, gehört und gefördert zu werden in einer Berufsausbildung. Es waren ja diese Erlebnisse, in denen alle jugendliche Unsicherheit von mir abfiel und ich wusste, hier bin ich dem Kern meines Wesens nah und dem, was ich auf der Welt will!

Es waren einzig die Anthroposophen, bei denen ich solche Gedanken fand, die etwas davon zu verstehen, mir zu versprechen schienen, hier richtig zu sein unter Gleichgesinnten, die ähnliche Ziele verfolgten.

Wo stand ich jetzt? Das Eurythmiestudium? - Zu viel erfahrbare Substanz um es abstoßen zu können. Die Unterrichtsweise? – ich erlebte sie als alles Schöpferische erdrosselnd. Ich hatte ja Gott sei Dank Vergleichsmöglich-keiten, die ich wie überlebensnotwendig trotz aller Mühe unbedingt bei-behielt. Der häufigste Satz in meinem Studientagebuch:„Heute schon wieder um eine Erfahrung beraubt." Nach dem Studienabschluss fühlte ich mich mit als geistige Wahrheit Behauptetem zwangsgenudelt wie eine polni-sche Gans. Das ging bis ins Physische. Auch meine Leber war überfordert. Und ich war gar nicht in der Lage, direkt weiter zu gehen. Ich brauchte eine Situation, in der ich durch Tun verdauen konnte, um wieder zu mir zu kommen. Mein Bild war, alles auszuscheiden, was meinem System so fremd blieb, dass ich es nicht zu eigener Substanz umwandeln konnte. Den Rest des Gelernten wollte ich zu Eigenem machen. Auf meiner Stellensuchreise hörte ich von einer dringenden Nachfrage der Novalisbühne in Stuttgart. Drei Tage später um acht Uhr früh sprach ich vor, um zehn Uhr sollte ich mit zur Probe. Hochinteressante Inhalte, ich würde die Mysteriendramen mitspielen. Die Proben waren wenig prozessorientiert. Ich hatte längst fertig Gestaltetes möglichst reibungslos eins zu eins nachzuahmen.

Parallel begann ich zu unterrichten. Ich erklärte meine Stunden zum unbe-dingten Forschungsraum, machte mich mit den Teilnehmern auf die Suche nach den Bewegungen der Sprachkräfte. Ich weigerte mich, zu tradieren „wie es geht." Das waren die glücklichsten Augenblicke in der Eurythmie. Hier und nur hier in diesen geschützten Forschungsräumen ist es mir ge-lungen, einen Raum aufzubauen und zu halten, in dem erfahrbar werden konnte: Eurythmie kann ein Tor zu einem erweiterten Bewusstseinszustand sein und uns die ätherische Ebene der Sprache öffnen.

Mein Brennen für Ideale hatte mich zu einer künstlerischen Ausbildung in einem schwerpunktmäßig derart orientierten Umfeld geführt. De facto hatte ich auch die Wirkung und die Gefahren von Ideologien studiert.

Ich will an dieser Stelle darauf eingehen, ohne es in allen Details, die mir bisher sichtbar geworden sind, auszuführen. Doch ich erlebe diesen Stoff als eine Kernsubstanz meiner Lebensaufgabe und je mehr ich das entschlüssele, desto mehr begreife ich die verschlungenen Wege meines Arbeitslebens.

Wenn ich so radikal über meine Eurythmieausbildung urteile, so sage ich das alles nicht nur anklagend. Es wäre gelogen, wenn ich behauptete, ich sei frei von Vorwürfen. Das Thema ist zu sehr mit mir selber verschweißt. Ich bin es ja, die sich so sehr für Ideale begeistern kann, dass sie auch bereit sein kann, den einen oder anderen Mitmenschen gering zu schätzen, kein Wunder gemessen an meinen Idealen. Diese Note kommt auch in der Begeisterung meiner Sturm und Drang-Zeit zum Ausdruck. In dem bereits zitierten Eurythmietagebuch ist auch zu lesen: Ich erlebe mein Sein in diesem Feld anthroposophischer Kunst wie einen großen homöopathischen Heilungsprozess. An dem, was mich so quält, kann ich meine eigene Gefahr erkennen. Und an der Tatsache, dass ich das Quälende so intensiv fühlen muss, kann ich es hoffentlich in mir selber lösen. Ich kann zusehen, wie das ursprünglich Lebendigste in der Lage ist, das Schöpferische zu töten - wie geistig Wahres, wenn sich in den Menschen das Denken verfestigt, zu lähmender Blockierung werden kann.

Zwar in der Atemarbeit übten wir, immer wieder alle Vorstellungen loszulassen, damit neue Erfahrung des Atems (des Ätherischen und des Geistigen) überhaupt zugelassen werden kann. Wie oft erlebt! - dass gerade die tiefe Erfahrung des vergangenen Mals heute zum Hindernis wird, weil ich dran kleben bleibe.

Doch jetzt 1985 sind das getrennte Lebensfelder. Mein Lebensgefühl war unglücklich, wie abgeschnitten von meiner schöpferischen Kraft. Mein Schmerz und Zorn kehrten sich gegen mich selber um in zersetzende Selbstzweifel. Vorübergehend verlor ich Mut und Selbstvertrauen, was mein Ausdrucksvermögen anging. Nach all dem, was ich sozial und kreativ in meiner frühen Jugend hatte leben können, fühlte ich mich jetzt in der Wüste. Zwischenmenschlich konnte ich mich nicht beheimaten.

Und doch gleichzeitig bildete sich ätherisch-energetisch etwas aus. Ich studierte Atem und Lebenskräfte der Sprache leiblich und imaginativ. Das trägt und wirkt heute in meinem Sprechen mit.

30 bis 35: Studium der Sprechkunst an der Staatlichen Hochschule für Musik und Darstellende Kunst

Ich hatte mich nur in der Zeit vertan. Anstelle eines hatte ich mich sieben Jahre aufs Sprechen vorbereitet. Auf das Engagement folgten noch eineinhalb Jahre Unterrichtätigkeit, dann erfuhr ich vom Studiengang Sprechkunst, finanzierte mich weiter mit Eurythmieunterricht und ging an die Musikhochschule. Das Studium Sprechkunst / Sprecherziehung war genau das Richtige für mich. Wie eine durstige Blume das Wasser saugte ich alles in mich auf und entfaltete meine Ausdrucksfreude allmählich wieder. Ich kam gerade richtig. Im ersten Jahr nach der Wende entstand ein begeisterter Austausch mit der Sankt Petersburger Schauspielschule. Projekte mit dem russischen Regieprofessor Jury Andrejitsch Vassiliew und Gastspiele dort brachten mich mit einer Art Theater in Berührung, die mich beseelte. Synchron bekam ich einen dreiwöchigen Lehrauftrag für Eurythmie in Moskau.

Nach langem Stocken kam jetzt alles in Fluss. Meine neu erworbene Lehrerlaubnis in Stimmbildung nach der Methode meines Gesangslehrers öffnete mir den Zugang zum Therapeutenkreis, der sich um einen anthroposophischen Arzt gebildet hatte. In seiner Praxis bot ich Singen als Stärkung der Initiativkräfte und damit des Immunsystems an. Die Patienten kamen auf ärztliche Verordnung. Wir hatten wöchentlich Patientenbesprechungen mit dem Arzt. Das Experiment ging über zwei Jahre. Parallel begann ich in eigener Praxis Stimmbildung anzubieten. Auf diese Weise vollzog sich innerhalb eines Jahres ein Wechsel von Eurythmieunterricht zum Stimmunterricht. Das hatte ich mir so gewünscht. Ich wollte mich während des Studiums an der Hochschule ganz auf die Stimme und aufs Sprechen konzentrieren.

Vom 33. bis 41. Jahr „Eurythmie und Atemarbeit im Wirtschaftsleben" und auch das Geld fließt

Gerade als ich dachte, als Sprecherin lasse ich die Eurythmie ganz hinter mir, kam das Angebot, das ich nicht ausschlagen konnte. Zu groß die Chance. Ein Pilotprojekt im Sozialkünstlerischen.

Einer der holländischen Unternehmensberater des NPI, die zehn Jahre vorher über meinen Wunsch mit ihnen zu arbeiten nur gelacht hatten, suchte eine Eurythmistin für die Begleitung eines Managementseminars. Jetzt musste ich lachen. Mir öffneten sich neue Welten. Mit klaren Strukturen schaffte dieser altersweise Mann Lex Bos eine Sphäre, in der Vertrauen entstand. Meine Bewegungsübungen unterstützen dies. Es folgten weitere gemeinsame Aufträge. Ein Unternehmer, Teilnehmer eines unserer Seminare, wollte genau diese Impulse für seine Personalpolitik nutzen. Es begann eine siebenjährige Zusammenarbeit.

Roter Faden

Während sich mein künstlerisches Wesen im Schutzraum Musikhochschule erholte und langsam zu sich kam, baute ich eine sozialkünstlerische Arbeit in Wirtschaftsunternehmen auf.

Ich war wieder im Fluss wie das Wasser eines Baches, das manchmal fast zu stagnieren scheint, sich im Kreis dreht, um dann sprudelnd weiter zu strömen. Genau genommen wurde mir mein Eurythmiestudium zum Türöffner in das Tätigkeitsfeld Wirtschaft, in dem ich alle bisher erworbenen Fähigkeiten einsetzten konnte.

Mitten rein

Als ich mein Sprechstudium mit einem Soloprogramm abschloss, hatte ich bereits genügend zu tun in den Unternehmen.

Der bereits erwähnte Unternehmer, Geschäftsführer einer Cateringfirma für Krankenhäuser beauftragte mich, meine Arbeit mit künstlerischen Übungen in die Personalentwicklung seines Unternehmens zu integrieren. Er wollte ausdrücklich keine Seminare, die gesondert stattfinden, sondern forderte mich auf, meine Tätigkeit während der laufenden Arbeitsprozesse einzubringen, um die Befruchtung des Arbeitsalltags zu gewährleisten. Ihm lag es am Herzen, alle Mitarbeiter in seinem Unternehmen über das Fachliche hinaus zu fördern, alle bis zu den Tellerwäschern.

Nach einer Etablierungsphase im Management war es im Juli 1994 so weit. Zum ersten Mal sollte ich in einem Produktionsbetrieb arbeiten. Jetzt hatte ich es mit Köchen, Küchenhilfen, Spülern und Servicepersonal zu tun. In der ersten Woche wurde deutlich, dass diese Zielgruppe keine Kapazitäten übrig hatte für komplexe Eurythmieübungen. Mit einer Gruppe von sieben Köchen führte ich ein halbes Jahr lang in den Mittagspausen ein Projekt Geschichtenerzählen durch. Neben der Übung des sprachlichen Ausdrucks im freien Sprechen geschah etwas Verblüffendes.

Ein junger ehemaliger Metzger, der nach der Wende nach frustrierender Arbeitssuche hier als Spülkraft untergekommen war, hatte in der Hühnerleiter dieses Betriebs eindeutig die „Arschkarte" gezogen, wie sie sich gern ausdrückten. Sein dumpfes Schweigen in den täglichen Pausen im Kabuff schmerzte mich. Zwar war zwischen uns Seite an Seite miteinander spülend das Eis geschmolzen, doch sobald die andern dabei saßen, verstummte er wieder. Jetzt überraschte er alle. Er entpuppte ein solches Talent zum Komischen, dass er darin ganz selbstbewusst auftrat. Es begann damit, dass er sich meine Interventionen verbat: Jetzt sei er dran. Ich musste nur lachen, na klar: Bitte Bühne frei. Dieses Rückgrat, das er da zeigte, die Freiheit, die plötzlich aus ihm sprach in den satirischen Anekdoten, fegten seine Außenseiterrolle mit einem Schlag weg. Mit der neugierigen Achtung, die ihm die anderen danach entgegenbrachten, begann er sich an den Gesprächen zu beteiligen. Er war aus seiner Isolation herausgekommen. Glück. Methode daran ist, dass es in verhärteten Sozialstrukturen sehr hilft, den Menschen Gelegenheiten zu schaffen, andere Seiten von sich zeigen zu können.

Für die kurzen Zeitfreiräume der Mitarbeiter galt es, etwas anzubieten, in dem die Menschen nur „da sein" brauchten. Schon Aufmerksamkeit war eine Überforderung, solange sie den Geschmack von Leistung hatte.

Ich bot Atembehandlungen an. Die Erwartungen der Mitarbeiter waren niedrig. Entspannung als Ausgleich zur einseitigen Belastung der Arbeitsbewegungen genügte ihnen schon. Dass sie dabei in ein Strömen eintauchen konnten, aus dem sie erfrischt wie nach einem erquickenden Kurzschlaf auftauchten, überraschte die Menschen. Dass in diesen eng bemessenen Bedingungen im Betrieb der Atem auch tiefere Schichten berührte und jede Begegnung, selbst wenn nur wenige Minuten zur Verfügung standen, sich zu einer in sich abgeschlossenen Einheit gestaltete, wunderte selbst mich.

Atem ist auf geheimnisvolle Weise Leben. Leben ist auch in verhärteten Strukturen anwesend. Ich lernte in den fünf Jahren, dass die Arbeit an der Atemwahrnehmung restlos unabhängig ist von äußeren Bedingungen. Es braucht weder Stille noch abgeschlossene Räume noch sonstige Voraussetzungen. Selbst neben Maschinengetöse bedarf es allein der Achtsamkeit und der Atem entfaltet die selbst heilenden Kräfte.

Mein Auftrag lautete, mit den mir zur Verfügung stehenden Mitteln Qualitäten wie Selbstverantwortlichkeit, Eigeninitiative und vor allem Kommunikationsbereitschaft und -fähigkeit zu fördern. Eigentlich hieß es einfach: „Machen Sie, dass die Leute besser miteinander klar kommen."

Für mich wurden die Küchen mit ihren Mitarbeitern die Chance, die kreative und die Atemarbeit zu erproben. Nachdem dies recht erfolgreich wurde, kamen Verantwortliche des Berufsverbands der Atemtherapeuten auf mich zu und boten mir an, extern meine Diplomprüfung abzulegen.

Was geschieht mit Menschen in einer fremdbestimmten Arbeit?

Was geschieht aus der Perspektive der Atemwahrnehmung, wenn ein Mensch seine Arbeitskraft abliefert und Verrichtungen ausführt, mit denen er sich nicht verbinden kann oder will? Was unterscheidet diejenigen Menschen, die bei gleicher Maschinenbedienung sich ihre psychophysische Gesundheit erhalten, von denen, die abstumpfen und später erkranken?

Die Mitarbeiter hatten fast ausnahmslos starke Verhärtungen in ihrer Muskulatur, besonders, wenn sie die Haltung einnahmen: „Das hier ist nicht mein wirkliches Leben. Wenn doch schon Feierabend wäre." Es war wahr-

zunehmen, dass viele von ihnen sich, ihr Ich aus ihrem Körper raus gezogen hatten. Die grundlegende Arbeit bestand darin, die Wahrnehmung für die Innenräume des eigenen Körpers zu wecken, um sie zu locken, als ganzer Mensch ihren Leib zu bewohnen.
Ein Beispiel für

„Ein Atemgespräch als Beratungsform in einer Entscheidungsfrage"

Situation: Die Cafeterialeiterin einer Rehabilitationsklinik in Brandenburg ist Mitte dreißig, fröhlich verheiratet und Mutter einer vierzehnjährigen Tochter. Mit ihrer Schlagfertigkeit sorgt sie für frischen Wind in der Atmosphäre. Störungen alltäglicher Art spricht sie sich umgehend von der Leber weg. Die Atemarbeit hat sie bisher kaum in Anspruch genommen. Für kleine Gespräche mit mir ist sie hingegen aufgeschlossen. Nebeneinander Küchenarbeiten verrichtend, finden diese Plaudereien mit möglichem Tiefgang statt. Darin zeigt sich, was sich in den wenigen Malen auf dem Hocker bestätigt, sie hat einen zuverlässigen Zugang zu ihrem Instinkt. Der untere Aufbau des Atems stellt sich sofort ein, wenn es ihr gelingt sich aus den quirligen Bewegungen ihrer Kopfkräfte „abzuseilen."

Zum Zeitpunkt meiner Arbeitswoche im Betrieb finde ich eine hochsensible Atmosphäre vor: Der Betriebsleiter sieht sich gezwungen, im Bereich des Küchenhilfspersonals zwei Stellen zu kürzen. Er stellt die Betroffenen vor die Wahl, entweder gehen alle auf achtzig Prozent, sowohl hinsichtlich der Stundenzahl als auch des Lohns, oder er müsse nach den Kriterien der Sozialverträglichkeit zweien ganz kündigen.

Der Betriebsleiter hat mich informiert und bittet mich um Unterstützung in dieser ihm unangenehmen Lage. Mein Angebot ist gefragter als sonst. Schnell begreife ich, nicht die Atemarbeit hat Hochkonjunktur, meine Rolle wird funktionalisiert. Man weiß um meinen guten Kontakt zum Betriebsleiter und hofft schlichtweg, sich meinen Einfluss zunutze machen zu können. Das ist nahe liegend. Für die Frauen rührt diese Situation emotional an Existenzängste, und jede sorgt so gut sie kann für ihre Interessen. Sie tun das offen voreinander.

Auf diesem Hintergrund fragt die Cafeterialeiterin nach einer Atemsitzung. Durch „Reinklotzen," wie sie sagt, hat sie sich zwanzig Minuten Zeit erübrigt. Sie wählt als Ort den sechs Quadratmeter großen Pausenraum, der nur durch eine Glaswand von der Produktionsküche abgetrennt ist. Ich schiebe den Tisch an die Wand, die Stühle zusammen, so dass beide Hocker gerade nebeneinander Platz finden. Das Maschinengeräusch der Spülanlage dringt gedämpft herein. Wir setzen uns mit dem Gesicht zum Fenster und sind dabei selber für alle in der Küche sichtbar. Ich empfinde eine Art Schutzglocke, die durch die Akzeptanz sich außen um uns herum gebildet hat. Ich habe den Eindruck, die Transparenz hat entscheidend dazu beigetragen, dass diese nach wie vor befremdliche Arbeit hier in gewisser Weise integriert ist. Was da passiert, ist schon obskur genug, da tut es sehr gut, dass man jederzeit zugucken kann. Ich beginne mit der Frage: „Was wollen Sie - Was brauchen Sie?"

„Ich will mit Ihnen reden!" und sie beginnt mir ihre Situation zu schildern: Von Neukäufen, abzuzahlenden Raten, der Notwendigkeit beider Gehälter für die Eheleute. Das müssten sie jetzt noch soundso viel Jahre durchhalten, dann wird es lockerer, aber zurzeit ist kein Verzicht drin. Eher sucht sie eine neue Stelle. Sie spricht wie ein Wasserfall in einer nervösen Energie.

Nach zwei Minuten lenke ich ein und gewinne sie dafür, erst einmal zur Ruhe zu kommen.

Ich verspreche ihr, am Thema dranzubleiben. Da schließt sie die Augen und folgt meinen Händen. Es braucht eine Weile, bis mir der Atem von ihrem Kreuzbein entgegenkommt. Ich greife richtig zu, massiere, locke. Als ich Antwort von dort bekomme, lege ich die zweite Hand auf ihr linkes Knie, ermuntere sie, meine Hände als Anker für ihre Aufmerksamkeit zu nutzen. Jedes Abschweifen ihrer Achtsamkeit wird für mich als ein dünner werden der Atempräsenz spürbar. Ich mache daraus ein Spiel, indem ich es jedes Mal ausspreche, wenn ich das Nachlassen ihrer Anwesenheit bemerke.

Das interessiert sie, - dass die Richtung, in die sie ihre Gedanken lenkt - oder laufen lässt, sich auswirkt auf die vertrauten Kräfte im Becken!

- Ja, sie sei diesmal unten gar nicht so bei sich wie sonst. Das tue gut, jetzt spüre sie auch wieder das Strömen in den Beinen bis zu den Füssen. Das beruhige auch.

Ich unterstütze sie darin, dass sie beim Denken ihre Atembewegung wahr-nimmt. Ich erlebe immer wieder, dass diese Frauen, deren Intellekt nicht wis-senschaftlich ausgebildet ist, ihrer Natur unmittelbar nah sind. Diese natürliche Bedingung ist es, auf die ich baue. Ich will nur, dass sie an ihren Atem ange-schlossen bleibt, während sie die Frage in sich bewegt. Mehr weiß ich nicht zu diesem Zeitpunkt.

Sie sitzt, ich lasse meine Hand an ihrem Kreuzbein liegen. Sie wiederholt die Aussagen zum Sachzwang. Sie holt sie wieder. Schlagartig zieht sich der Atem im Becken zurück, ein Sog zum Kopf entsteht.

Ich frage sie: Sind Sie noch im Becken verankert?

- Nein, das ist alles hochgezogen.

Das deckt sich mit meiner Wahrnehmung. Dann können wir davon ausgehen, dass das so ist.

- Ja.

Gut, also, wenn Sie so in die Gedanken gehen wie vorhin, dann verlieren Sie Ihren Boden. Kann ich das so sagen?

- Ja, das kann man so sagen. Das ist ja richtig zu spüren, da wird ja mein Hintern sogar kalt!

Ja, das habe ich auch so wahrgenommen. Gut, noch mal zur Klarheit: Wir beschäftigen uns mit Ihrer Entscheidung.

- Ja.

Wir untersuchen, wir forschen.

- Ja.

Was haben wir bis jetzt herausgefunden?

- Nichts! - lacht sie.

Das sehe ich ein bisschen anders. Wir haben noch kein Ergebnis. Aber wir stehen nicht mehr an derselben Stelle wie vorhin. Wir sind einen Schritt weiter.

Sie schaut mich erstaunt und neugierig herausfordernd an.

Wir haben herausgefunden, dass Sie, sobald Sie in der bisherigen Weise nachdenken, im Körpergefühl Ihren Boden verlieren, stimmt das?

- Ja, aber was soll das heißen?

Wir haben herausgefunden: mit den Gedanken verändert sich das Empfinden im Körper. Jetzt können wir ausprobieren, ob das auch umgekehrt wirkt! Ich möchte wissen, was geschieht mit den Gedanken, wenn Sie in dem verankerten, geerdeten Körpergefühl bleiben?

Das reizte sie auch. Der Sinn war ihr sofort klar, da sie einen ungetrübten Zugang zu ihrem Instinkt hat. Nun nahm sie die Sache selbst in die Hand. Sobald sich die Anbindung im Kreuzbein verflüchtigte, war sie bereit, ihre Gedanken loszulassen und sich um ihre aufmerksame Sammlung im Becken zu kümmern. Sie hatte den Fokus ihrer Aufmerksamkeit geändert. Es bewirkte etwas wie eine Bildstörung in ihren Gedanken, ähnlich der Bildstörung auf dem Fernsehbildschirm, wenn es nur rauscht. Dem folgte eine Leere. Als sie dies einen Augenblick ausgehalten hatte und im Becken verankert blieb, veränderte sich ihre Einstellung. Es brach aus ihr hervor:

- Im Grunde könnte mir nichts Besseres passieren, als dazu gezwungen zu werden, mehr zu Hause zu sein. Meine vierzehnjährige Tochter braucht mich jetzt! nicht in drei Jahren. Allein hätte ich nicht den Mut dazu. Mensch, Frau Voigt, das ist ja ein Ding!

Wir waren beide beeindruckt - und überzeugt von dieser überraschenden Lösung. Sie setzte sie dann ohne weitere Zweifel in die Tat um.

Roter Faden

Solche Erlebnisse beglückten mich durch und durch. Hier war ein Gespräch in mehrere Richtungen gleichzeitig gelungen, miteinander und mit sich selbst. Wenn Gesprächspartner sich jeder in sich der Atemwahrnehmung zuwenden, schließen sie sich damit an die allen innewohnenden Ressourcen eines tieferen Wissens an. Auf diese Weise ist ein Zugang geöffnet, die gegebenen Situationen umfassender zum Wohl aller Beteiligten zu gestalten als das aus vordergründigen Absichten heraus möglich ist.

Dieses Projekt war eine große Herausforderung meiner Kräfte. Ich hatte ja das Soziale gesucht. Ein entscheidender Teil der sozialen Wirklichkeit eines Menschen spielt sich in seinem Arbeitsleben ab. In einem Traum hörte ich: „Es geht darum, die Dinge aus ihrer reinen Nutzeneinbettung heraus zu lösen."

Wenn man dem Wirtschaftsleben eine reine Nutzenorientierung und umgekehrt der Atemarbeit pure Absichtslosigkeit zuordnet, so ist das eine grobe Polarisierung. Natürlich verfolgt die Atemarbeit ebenso Ziele und damit Absichten. Im Vorgehen nur müssen diese Absichten immer wieder losgelassen werden, sonst blockiert man von vornherein den möglichen Erfolg. In gewisser Weise zwingt die Atemwahrnehmung dazu, sich prozessorientiert einzustellen und den resultatorientierten Fokus aufzugeben. Das beschreibt eine tief künstlerische Vorgehensweise.

Lex Bos schrieb: „Im Wirtschaftsleben begegnen wir Menschen uns naturgemäß als bedürftige Wesen in gegenseitiger Abhängigkeit. Keiner kann sich autark versorgen. Es geht nicht nur im Kulturleben, sondern auch in der Wirtschaft darum, den Menschen als Bürger zweier Welten zu begreifen, der die Aufgabe hat, eine menschenwürdige Soziallandschaft zu gestalten."[25]

Dieses Pionierprojekt ist das erste große Herzstück der Arbeitsmöglichkeiten, die auf mich zukamen, in denen ich Vieles von meinen Jugendsehnsüchten gestalten konnte

Jeder einzelne Schritt, den ich bis dahin getan hatte, war hilfreich dafür.

Tod - und der Zopf wird weiter geflochten

In diesen Jahren entwickelte sich in diesem Unternehmen eine Gesprächskultur, die beispielhaft war. Im Laufe der Jahre sammelte dieser Visionär unter den Unternehmern weitere Künstler um sich, die immer wieder für die Personalentwicklung mitarbeiteten. Die Mitarbeiter seiner Firma, wir alle fingen an, uns nicht nur als miteinander Arbeitende sondern als Menschen zu entfalten. Das war seine Vision: In seinem Unternehmen sollten die Menschen sich in ihrem Menschsein entwickeln können.

Durch den Tod eines der Gesellschafter des Cateringunternehmens, der diese aufwendige firmeninterne Weiterbildung befürwortet hatte, endete diese im Jahr 1999. Obwohl ich nie von mir aus aufgehört hätte, war das Ende für mich an der Zeit. Nach sieben Jahren waren die Kräfte wie aufgebraucht und es drängte mich nach Erneuerung.

Mein Wunsch, die üppige finanzielle Situation zu nutzen, um mich selber für künstlerische Projekte freizustellen, ging zu dieser Zeit an den Lebensrealitäten vorbei. Rein zeitlich hätte es gehen können. Aber die Kräfte waren anders kanalisiert.

Der eigene künstlerische Ausdruck, den ich ja eben erst im Studium entfaltet hatte, hatte in dieser Zeit im Hintergrund geruht.

Lehraufträge für Sprecherziehung an Hochschulen und „ErzählTheater Sabine Wandelt"

Nach sieben fetten folgten sieben magere Jahre, doch das war zweitrangig, denn ich wagte den Schritt ins selbst bestimmte künstlerische Arbeiten.

Mit 42 gründete ich das „ErzählTheater Sabine Wandelt" und wurde Gründungsmitglied des Vereins der Freien Professionellen Theater Stuttgart e.V..

Die erworbenen Fähigkeiten im Management fanden noch Folgeaufträge als Freie Mitarbeiterin des Weiterbildungsinstituts study & train, später bei den 12talenten.

Dreimal wurde ich von Kollegen gefragt, ob ich ihre Lehraufträge in Sprecherziehung übernehme. Auf diese Weise unterrichtete ich bald an der Pädagogischen Hochschule in Karlsruhe zur Mutterschaftsvertretung, im Sprachenzentrum der Universität Stuttgart und in Tübingen.

In der Pädagogischen Hochschule flammten meine eigenen Schulerfahrungen noch einmal auf. Ich entwickelte Methoden, die Studenten zu wecken und zu erwärmen für ihre authentische Liebe zur Sache und zu den Menschen.

Heute empfange ich in meiner „freien Praxis für Atem Stimme Sprechen" Menschen und biete ihnen eine jeweils maßgeschneiderte Mischung meiner Fertigkeiten an, um sie zu begleiten, ihre Ziele zu erreichen.

Sukzessive baute ich die eigene künstlerische Arbeit auf.

Seit gut einem Jahr wächst eine Gruppe zusammen, von der etliche Mitglieder aus der darstellenden Kunst kommen. Wir verstehen uns als Forschungsgruppe. Mit dem Mittel der Stellvertreteraufstellungen probieren wir einen künstlerischen Prozess. Das Ganze ist noch nicht spruchreif, braucht noch Schwangerschaftsschutz. Doch ist die Qualität des Gesprächs untereinander von solcher Güte, dass sie mein Jugendherz beglückt. Die aufmerksame Wachheit aller für das Ganze gedeiht unter diesem Stern prächtig. Dafür bin ich dankbar.

Roter Faden

Das Neue, das Noch-nicht-Gewusste doch tief Ersehnte will empfangen werden...
Je öfter sich die Kreise schließen, desto tiefer wird das Vertrauen ins Leben selbst.

Vom Spinnen der Fäden wollte ich erzählen. Beim Schreiben ist mir aufgefallen, wie manche Fäden, die ich damals als abgerissen beklagte, ein Stück später im Muster des Teppichs wieder vorkommen.
Ich wollte therapeutisch wirken. Das Medium, das ich liebe, ist die darstellende Kunst. Und ich sehne mich nach wie vor brennend nach neuen sozialen Räumen. Diese Sehnsucht brachte mich 2003 zu dem Wagnis, mich einer großen Gemeinschaft von achtzig Menschen anzuschließen. Hier, im Zentrum für Gesellschafts-Gestaltung erlebte ich sehr glückliche und sehr unglückliche Tage. Ich habe es in diesem Zusammenhang nicht erwähnt, da es entgegen meiner Hoffnung für meine Arbeit nicht relevant wurde. Nach eineinhalb Jahren beendete ich dies Experiment, da ich, so wie ich damals war in den Verhältnissen, die dort herrschten, einsehen musste, dass meine kreativen Kräfte verkümmern. Danach begann in Stuttgart meine kreativste Phase. Ich habe die Hoffnung noch nicht aufgegeben, aktiv ein Leben in Gemeinschaft mit auf zu bauen. Mein Rilkeprojekt habe ich im Lebenspark Tollense einstudiert. Hier bauen seit 2006 fünfundzwanzig Menschen ein Heilungszentrum auf, in dem sie sich selber mit Leib und Seele engagieren. Ich freue mich, dass sie das tun.

Bei C.G. Jung heißt es, der Heilungsweg jedes einzelnen ist individuell. Vielleicht sage ich besser Ganzwerdungsweg. Mir scheint das gilt auch für den Arbeitsweg also in dem Maß, wie ein Mensch seine Arbeit nicht nur zur Existenzsicherung sondern als Herzensanliegen betreibt.

Kontakt
Einzelarbeit „Seminare" Aufführungen des ErzählTheater
Sabine Wandelt-Voigt, mobil: 0174/3484307 email: sabinewandelt@hotmail.com

Statt eines Nachworts:

Ken Keyes, Jr.

Der hundertste Affe

Eine Geschichte über Sozialen Wandel

Auszug aus dem Buch „The Hundredth Monkey" von Ken Keyes, Jr.

Die Japanische Affenart „Macaca Fuscata" wird seit über dreißig Jahren in der Wildnis beobachtet. 1952 haben Wissenschaftler diesen Affen auf der Insel Koshima Süßkartoffeln in den Sand gelegt. Die Affen liebten den Geschmack der rohen Süßkartoffeln, aber sie fanden die Erde und den Sand, der daran klebte unangenehm. Imo - ein achtzehn Monate altes Weibchen - fand heraus, dass sie das Problem lösen konnte, indem sie die Kartoffeln im nahe gelegenen Fluss reinigte. Sie zeigte diesen Trick ihrer Mutter. Ihre Spielgefährten lernten diese neue Methode ebenfalls kennen und zeigten sie ebenfalls ihren Müttern.

Die Wissenschaftler konnten beobachten, wie diese kulturelle Innovation zunehmend von anderen Affen übernommen wurde. Zwischen 1952 und 1958 lernten alle jungen Affen die sandigen Süßkartoffeln zu waschen, um sie schmackhafter zu machen. Doch nur diejenigen Erwachsenen, die ihre Kinder nachahmten, lernten diesen sozialen Fortschritt kennen. Die anderen Erwachsenen aßen weiterhin dreckige Kartoffeln.

Dann geschah etwas Überraschendes. Im Herbst 1958 wuschen bereits eine bestimmte Anzahl Affen die Kartoffeln – wie viele genau ist unbekannt. Nehmen wir an, dass es eines Tages bei Sonnenaufgang neunundneunzig Affen auf der Koshima Insel gab, die ihre Süßkartoffeln wuschen. Und nehmen wir ferner an, dass im Verlaufe dieses Morgens der hundertste Affe lernte, seine Kartoffeln zu waschen.

Da geschah es!

Am selben Abend begannen praktisch alle in der Sippe ihre Süßkartoffeln vor dem Verzehr zu waschen. Die hinzugekommene Energie des hundertsten Affen hatte irgendwie einen ideologischen Durchbruch erzeugt.

Doch das Überraschendste für die Wissenschaftler war, dass die „Mode" Süßkartoffeln zu waschen über das Meer sprang. Affenkolonien auf anderen Inseln und die Affenpopulation von Takasakiyama auf dem Festland begannen ebenfalls ihre Süßkartoffeln zu waschen.

Wenn eine kritische Anzahl ein bestimmtes Bewusstsein erreicht, kann dieses neue Bewusstsein von Geist zu Geist kommuniziert werden.

Wenn auch die genaue Anzahl verschieden sein kann – das „Hundertste-Affe- Phänomen" bedeutet, dass das Erkennen eines neuen Weges durch eine kleine Anzahl von Menschen auf deren Bewusstseinsfeld begrenzt bleiben kann. Es gibt aber den Punkt, an dem ein Einzelner, der hinzukommt, den nötigen Unterschied ausmachen kann, bei welchem das Feld auf andere überspringt.

Anmerkungen

(1) Rudolf Steiner: „Wie erlangt man Erkenntnisse höherer Welten?" Rudolf Steiner Verlag, Dornach, ISBN 3-7274-6000-8

(2) Alexa Kriele: „Wie im Himmel so auf Erden" Band 1, ch.falk-verlag, ISBN 3-89568-051-6

(3) Eckart Tolle: „Eine neue Erde" Goldmann Arkana, ISBN-10: 3-442-33706-4

(4) Rudolf Steiner: „Wiederverkörperung und Karma" Rudolf Steiner Verlag, Dornach, ISBN 3-7274-6470-4

(5) Rudolf Steiner: „Esoterische Betrachtungen karmischer Zusammenhänge, Band 1"(S.63), Rudolf Steiner Verlag, Dornach ISBN 3-7274-2350-1

(6) Richard Sennett, Der flexible Mensch. Die Kultur des neuen Kapitalismus, Berlin, 1998

(7) Johannes Heinrichs, Die Lösung oder neoliberales Opium für das Volk? Zum Grundeinkommen ohne Arbeit, In: Humanwirtschaft 04/2006, S 14

(8) Günther Moewes, Länger arbeiten für die leistungslose Geldvermehrung der Anderen, In: Humanwirtschaft 04/2006, S.20

(9) Rudolf Steiner, Das Karma des Berufes, Dornach, GA 172, 4. Auflage, 1980, 10 Vorträge von 1916, S.84

(10) Richard Sennett, a. a. O., S.54

(11) Ebenda, S.141

(12) Ebenda, S.151

(13) Ebenda, S.160

(14) Rudolf Steiner, a. a. O., S.99

(15) Richard Sennett, a. a. O., S.159

(16) Gotthold Ephraim Lessing, Die Erziehung des Menschengeschlechts, In: Werke, 2. Band, Wiesbaden, o. J.

(17) Götz W. Werner, Einkommen für alle, Köln, 2007, S. 26

(18) Tanis Helliwell, Take your soul to work, Holbrook, 1999, S. 9

(19) Rudolf Steiner, Nationalökonomischer Kurs, Dornach, 1979

(20) Heide Oehms, Karma-Erkenntnis – Warum? Innere Entwicklung als Grundlage geistiger Fähigkeiten, Stuttgart, 1999. Jetzt im Borbyer Werkstatt Verlag, ISBN 3-924964-23-8

(21)Bernhard Lievegoed: Der Mensch an der Schwelle – Biographische Krisen und Entwicklungsmöglichkeiten, 1986, insbesondere das Kapitel „Aspekte zum Problem der Doppelgänger des Menschen").

(22) Oliver Fritsch: Alles anders – 15 Fragen, die ihr Leben verändern Taschenbuchausgabe 2005, Näheres: www.alles-anders.com

(23) Christiane Feuerstack: „Samenkörner — karmische Bilder" mit einer Einführung in die Karmaerkenntnis, Borbyer Werkstatt Verlag, ISBN 3-924964-24-6

(24) Christiane Feuerstack: „Graf Saint Germain – Im Spiegel der Widersprüche" Borbyer Werkstatt Verlag, 2. Auflage 2006, ISBN 3-924964-22-X

(25) Lex Bos: „Leitfaden für Sozialkünstler" , Dornach, Verlag am Goetheanum

Heide Oehms
Karma - Erkenntnis warum?
Innere Entwicklung als Grundlage
geistiger Fähigkeiten

2. Auflage 2002 (vormals Urachhaus)
Borbyer Werkstatt Verlag
978-3-924964-23-8
10,00 EURO
Borbyer Werkstatt Verlag GmbH
24340 Eckernförde
Telefon: 04351 - 72 62 00

Bücher von Christiane Feuerstack

Christiane Feuerstack
Samenkörner
karmische Bilder

mit einer Einführung in
die Karmaerkenntnis

216 Seiten
Borbyer Werkstatt Verlag
978-3-924964-24-5
14,80 EURO

Christiane Feuerstack
Graf Saint Germain
im Spiegel der Widersprüche

2. Auflage 2006
64 Seiten
Borbyer Werkstatt Verlag
978-3-924964-22-1
10,00 EURO

Der karmische Erkenntnisweg, wie er von Christiane Feuerstack angewandt wird, bedient sich insbesondere auch imaginativer Übungen. Durch gezieltes und methodisches Erarbeiten entstehen Bilder, die mit früheren Erdenleben einen unmittelbaren Zusammenhang haben. Diese Bilder, die oft dramatische Situationen oder besondere Lebensumstände schildern, gilt es in geschichtliche Zusammenhänge zu bringen. Auf dieser Grundlage hat die Autorin ihre karmischen Geschichten, hier Bilder genannt, verfasst. Außer dem oft an Märchen angelehnten Farbenreichtum zeigen diese Geschichten auch in verfeinerter Form eine Möglichkeit auf, sich der imaginativen Karmaerkenntnis zuzuwenden. Wie solche Bilder selbst erzeugt werden können und wie der zur Karmaerkenntnis Strebende damit umgehen kann, erläutert die Autorin im Sachteil des Buches.

Christiane Feuerstack hat vielfältige Erfahrungen im Vermitteln solcher Inhalte und durch Seminare und Einzelsitzungen auch im Umgang mit einer auf Verantwortung beruhenden Methodik. Sie hat ihren Erkenntnisweg in engem Zusammenhang mit ihrer Mutter, Heide Oehms, entwickelt und setzt deren Grundlagenwerk „Karmaerkenntnis - Warum?" [Borbyer Werkstatt Verlag] mit dem vorliegenden Werk in ganz anderer Ausprägung fort.

Dieses Buch ist gleichermaßen für Menschen gedacht, die esoterisch inspirierte Literatur suchen und auch für jene, die bereits auf einem inneren Schulungsweg sind oder einen solchen gehen wollen.

Borbyer Werkstatt Verlag GmbH Eckernförde
St.-Nicolai-Str. 7A   24340 Eckernförde
www.borbyverlag.de   verlag@borbyverlag.de